Rosaria Butterfield

Offene Türen öffnen Herzen

Radikal einfache Gastfreundschaft als Schlüssel für unsere nachchristliche Welt

Rosaria Butterfield

Radikal einfache
Gastfreundschaft als Schlüssel
für unsere nachchristliche Welt

Rosaria Butterfield
Offene Türen öffnen Herzen
Radikal einfache Gastfreundschaft als Schlüssel für unsere nachchristliche Welt

Best.-Nr. 271 752
ISBN 978-3-86353-752-4
Christliche Verlagsgesellschaft Dillenburg

Titel des amerikanischen Originals:
The Gospel Comes with a House Key: Practicing Radically Ordinary Hospitality in Our Post-Christian World

Published by Crossway
a publishing ministry of Good News Publishers
Wheaton, Illinois 60187, U.S.A.
This edition published by arrangement with Crossway.

Wenn nicht anders angegeben,
wurde folgende Bibelübersetzung verwendet:
Elberfelder Bibel 2006, © 2006 by SCM R. Brockhaus in der SCM Verlagsgruppe GmbH Witten/Holzgerlingen.

1. Auflage © 2021 Christliche Verlagsgesellschaft Dillenburg www.cv-dillenburg.de
Übersetzung: Svenja Lueg
Satz und Umschlaggestaltung: Christliche Verlagsgesellschaft Dillenburg
Umschlagmotiv: © shutterstock.com/10EPS ICON
Innenteil: © freepik.com/macrovector (Icon Notizbuch und Kalender)

Druck: CPI Books GmbH, Leck
Printed in Germany

INHALT

Für
Kent Butterfield,

meinen treuen Ehemann, den Leiter unseres Haushalts, den Vater unserer Kinder, der mein mutiger Pastor und ein demütiger Jünger des Herrn Jesus Christus ist.

Nicht eine einzige Seite dieses Buches hätte ohne dich geschrieben oder gelebt werden können.

Dieses Buch ist dir gewidmet, mit all meiner Liebe.

„Wir haben uns sehr daran gewöhnt, ein bequemes christliches Leben zu genießen. Rosaria Butterfield rüttelt uns mit ihrem Buch auf und demonstriert, was für eine Zeugniskraft und Schönheit in einer evangeliumszentrierten Kultur der Gastfreundschaft liegt, die uns etwas kostet."
Ron Kubsch, *Leiter des MBS-Studienzentrums, betreibt den TheoBlog*

„Man muss wissen, wer dieses Buch geschrieben hat. Rosaria Butterfield, eine amerikanische Intellektuelle, ehemalige Professorin für englische Literatur, ehemalige kämpferische Feministin und ehemalige Lesbe, wäre wohl ohne eine liebevolle, durch das Evangelium geprägte Gastfreundschaft nie aus ihrer LGBTQ-Blase herausgekommen, ja, förmlich herausgeliebt worden. Kein Wunder, dass sie nun auch in einer „radikalen einfachen" Gastfreundschaft den Schlüssel zu den Herzen ihrer nichtchristlichen Nachbarn sieht. Was sie schreibt, klingt authentisch, ehrlich, faszinierend, Mut machend."
Hartwig Schnurr, *Bonn, Gymnasiallehrer i. R. und ehemaliger Dozent und Leiter der Bibelschule Wiedenest, heute Biblisch-Theologische Akademie*

„Rosaria Butterfield gibt uns eine Vorstellung von Gastfreundschaft, in der das Herz des Evangeliums selbst schlägt. Wir kennen einen Gott, der uns gesucht und in seine Familie aufgenommen hat, der uns an seinen Tisch gesetzt hat. Diese Vorstellung ist erfrischend und anziehend. Vielleicht erschreckt sie uns auch, aber das sollte sie nicht. Ich frage mich, wie anders unsere Häuser, unsere Gemeinden und unsere Kultur aussehen würden, wenn wir uns diese Vision zu Herzen nehmen würden."
Sam Allberry, *Pastor, Redner, Mitarbeiter von The Gospel Coalition, Autor von „Ist Gott homophob?"*

„Man sollte sich von dem Stichwort ‚Gastfreundschaft' nicht täuschen lassen – dieses Buch ist weit mehr als ein Praxisratgeber für die christliche Hausfrau. Gegründet in solider Theologie und spannend geschrieben zeigt Rosaria Butterfield auf, dass glaubwürdige Evangeliumsverkündigung mit unserem Lebensstil beginnt."
Tanja Bittner, *Lektorin, Studienleiter-Assistentin am Martin Bucer-Seminar, Mitarbeiterin von E21*

„Gastfreundschaft sollte eines der Kennzeichen von Gottes Volk sein. Doch im Zeitalter von Pendlergemeinden, Städten, die durch Einkaufszentren entkernt sind und Leben, die verplant und voll von ständiger Aktivität sind, ist Gastfreundschaft genauso kostbar wie echte Freundschaft. In diesem Buch argumentiert Rosaria Butterfield mit Nachdruck dafür, Gastfreundschaft wieder in den festen Rhythmus des Gemeindealltags zu integrieren. Sie legt die Messlatte sehr hoch – und da bleibt viel Raum für unterschiedliche Meinungen im Hinblick auf einige ihrer Vorschläge und Details. Aber das grundlegende Anliegen, dass Gemeinde eine von Gastfreundschaft gekennzeichnete Gemeinschaft sein soll, wird auf starke Weise präsentiert und überzeugend vertreten."
Carl R. Trueman, *William E. Simon Gastwissenschaftler in Religion and Public Life, Princeton University*

„Offene Türen von Christen können Herzen für Christus öffnen. Basierend auf ihren eigenen Erfahrungen ermutigt Rosaria Butterfield, sich nicht von Nichtchristen abzugrenzen, sondern ihnen die Liebe Jesu in Wort und Tat zu bezeugen. Dieser Aufruf zu gelebter Liebe ist wichtig und inspirierend."
Matthias Lohmann, *1. Vorsitzender von Evangelium21 & Pastor der FEG München-Mitte*

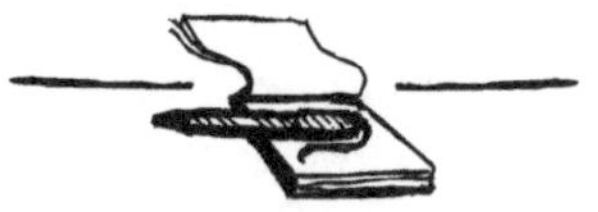

ZUR DEUTSCHEN AUSGABE

Vor Ihnen liegt ein einfaches, aber auch radikal herausforderndes Buch.

Einfach, weil es etwas thematisiert, was eigentlich (fast) jeder Christ tun kann: sein Haus oder seine Wohnung für andere öffnen. Herausfordernd deshalb, weil es unseren individualistischen, distanzierten und bürgerlichen Lebensstil radikal infrage stellt – um des Evangeliums willen. Rosaria Butterfield fordert uns auf, unsere Herzen für unsere Nachbarn und für Fremde zu öffnen, indem wir ihnen unsere Häuser und Wohnungen öffnen. Um so Nähe zu Fernen zu ermöglichen – um so Geburtshelfer für das Evangelium zu werden. Sie weiß, wovon sie spricht. Denn so hat die ehemalige engagierte Feministin und Lesbe selbst Jesus Christus kennengelernt: weil ein Pastorenehepaar ihr Heim für sie öffnete. Bei einem gemeinsamen Abendessen in gemütlicher Atmosphäre kann man auch über schwierige, kontroverse Themen ins Gespräch kommen. Und das hat sie dann, nachdem sie Christ geworden war, gemeinsam mit ihrem Mann persönlich und leidenschaftlich, auch unter bewussten und schmerzhaften Opfern umgesetzt: ein offenes Haus für ihre Nachbarn, aber auch für Fremde, Gefangene und Heimatlose. Dabei ist die Tischgemeinschaft ein zentrales Element, aber nicht das einzige, in dem sich radikal einfache Gastfreundschaft manifestiert.

Gerade in einer Zeit, in der die weltanschaulichen Gegensätze immer stärker werden, in der ein tiefer Riss durch unsere Gesellschaft geht, Kontakte und Nähe verkümmern und Schweigen um sich greift, hat dieses Buch fast etwas Prophetisches – es spricht genau in unsere Zeit hinein. Es spricht von einem Gottessohn, der Nähe wagte, auch wenn seine Geschöpfe von ansteckenden

Krankheiten gezeichnet waren, der heilsame und rettende Worte sprach und so das tödliche Schweigen brach.

Natürlich wird immer noch jeder selbst prüfen müssen, was das alles für ihn persönlich bedeutet – es geht nicht darum, den Lebensstil der Autorin als 1:1-Modell zu übernehmen. Menschen sind so unterschiedlich wie auch ihre Lebenssituationen. Klar ist jedoch: Jeder Christ ist aufgerufen, seine Nächsten zu lieben – und Möglichkeiten zu nutzen und zu schaffen, damit das tatsächlich geschieht. Weil Jesus es so getan hat und uns auffordert, ihm nachzufolgen. Deshalb wird dieses Buch jeden Christen herausfordern, der Aufforderung nach radikal einfacher Gastfreundschaft immer mehr nachzukommen und solche zu unterstützen, die in besonderer Weise ihr Heim für andere öffnen.

Das Buch ist exzellent geschrieben. Der früheren Professorin für englische Literatur ist ein aktuelles und lebensnahes Werk gelungen. Sie erzählt aus ihrem Alltag und spricht in unseren Alltag hinein. Dabei arbeitet sie theologisch gründlich und ist tief in der Bibel verwurzelt. Viele werden dieses bewegende Buch nicht nur einmal lesen.

Der Verlag, Dillenburg, im Juni 2021.

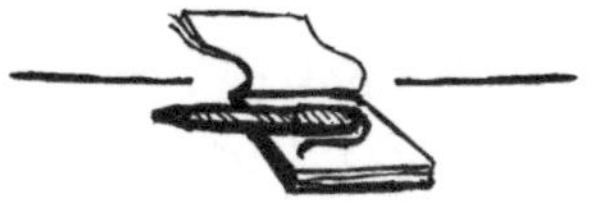

VORWORT

Radikal einfache Gastfreundschaft – wer sie lebt, will Fremde als Nächste und Nächste als Familie Gottes sehen. Er wird sich weigern, eine Person auf eine Kategorie oder ein Etikett zu reduzieren. Er sieht Gottes Bild – widergespiegelt in den Augen eines jeden Menschen auf dieser Erde. Er weiß, dass er selbst nicht anders als ein Crystal-Meth-Abhängiger oder Sexarbeiter ist. Er nimmt seine eigene Sünde ernst – einschließlich der Sünde der Selbstsucht und des Stolzes. Er nimmt Gottes Heiligkeit und Güte ernst. Er sieht die Bibel als seine Lebensgrundlage – ohne Ausnahme.

Wer radikal einfache Gastfreundschaft auslebt, betrachtet sein Zuhause nicht als sein Eigentum, sondern als Gottes Gabe, die es zur Förderung von Gottes Reich einzusetzen gilt. Er öffnet seine Türen, sucht die Unterprivilegierten auf. Er weiß, dass das Evangelium mit einem Haustürschlüssel kommt.* Er nimmt biblische Theologie ernst, ebenso wie die christlichen Glaubensbekenntnisse und Traditionen.

Radikal einfache Gastfreundschaft gehört in unserem Haus zum Alltag. Das beginnt schon morgens früh – damit, dass die Minestrone-Suppe auf einer Herdplatte köchelt und ein Topf Reis auf einer anderen zieht. Es endet spät – damit, dass Kent für eine auf der Reise gestrandete Familie auf den Sofas Bettenlager herrichtet und Luftmatratzen aufbläst. Ein wirklich gastfreundliches Herz rechnet jeden Tag mit christuszentrierter Tischgemeinschaft und Gästen, die echte Not leiden. Ein solches Herz sucht nach Möglichkeiten zu dienen. Radikal einfache Gastfreundschaft führt nicht pingelig Listen oder macht ein großes Theater um Einladungen. Die Einladung gilt immer.

* So der englische Originaltitel.

Radikal einfache Gastfreundschaft spiegelt sich in christlichen Häusern wider, die denen des 1. Jahrhunderts ähneln. Solche Häuser sind gemeinschaftlich. Sie sind tief und breit in der christlichen Tradition und Praxis verwurzelt. Als Christen sind wir ein ausgesondertes Volk und wir tun Dinge anders. Wir machen uns keine Gedanken darüber, was die nichtgläubigen Nachbarn denken, weil die nichtgläubigen Nachbarn direkt mit uns am Tisch sitzen. Und sie sind nur allzu gern bereit, uns zu sagen, was sie denken.

Radikal einfache Gastfreundschaft zu praktizieren macht es erforderlich, Freiraum in den Tag einzubauen – Zeiten, in denen gewöhnliche Routinen gestört, aber nicht zerstört werden dürfen. Dieser Freiraum bleibt offen, damit der Herr ihn füllen kann – um eine ältere Nachbarin zum Arzt zu fahren, spontan babyzusitten, Platz für eine Familie zu schaffen, die durch eine Flut oder eine weltweite Flüchtlingskrise vertrieben wurde.

Wenn wir radikal einfache Gastfreundschaft ausleben, bleibt uns reichlich, um zu teilen, weil wir bewusst unter unseren Verhältnissen leben.

Bei radikal einfacher Gastfreundschaft sind Gastgeber und Gast austauschbar. Wenn Sie zum Abendessen zu mir nach Hause kommen und feststellen, dass ich mit einem Kind noch eine Mathelektion übe, während meine Wäsche ungefaltet auf dem Esstisch liegt, dann krempeln Sie die Ärmel hoch und legen meine Wäsche zusammen. Oder Sie decken den Tisch. Oder räumen die Spülmaschine ein. Oder füttern die Hunde. Radikal einfache Gastfreundschaft bedeutet, dass Gastgeber nicht in Verlegenheit geraten, wenn sie Hilfe bekommen, und Gäste wissen, dass ihre Hilfe benötigt wird. Eine Familie Gottes, die sich täglich versammelt, benötigt jede einzelne Person. Die Grenzen zwischen Gastgeber und Gast verschwimmen.

In Gottes Familie radikal einfache Gastfreundschaft auszuleben heißt: Man versammelt sich täglich, betet kontinuierlich und braucht dazu keine Einladung. Und die, die den Herrn noch nicht kennen, werden zu Essen und Gemeinschaft eingeladen. Das irdische Gut erweist sich als gut. Der Alleinstehende kann sich entscheiden, allein zu sein. Aber er muss nicht ständig einsam sein.

Wir praktizieren radikal einfache Gastfreundschaft, indem wir aus Gehorsam Opfer bringen. Dazu ist Gottes Volk aufgerufen. Wir meinen nicht, wir wären barmherziger als Gott. Deshalb ermutigen wir Leute nicht dazu, gegen ihn zu sündigen oder gegen das zu verstoßen, was Gottes Wort sagt. Wir trauern. Wir wissen in aller Nüchternheit, dass Gott uns dazu ruft, schwere und mühsame Kreuze zu tragen – Selbstverleugnung fühlt sich wie Sterben an. Wir vertrauen mehr auf Gottes Macht als auf unsere eigenen Grenzen. Wir wissen, dass er niemals ein Gebot gibt, ohne dazu die nötige Gnade zu schenken, damit wir es erfüllen können. Doch wir wissen, dass wir den Kampf allein nicht bewältigen können. Wenn radikal einfache Gastfreundschaft ausgelebt wird, dann sagt das den Mitgliedern von Gottes Familie, dass sie in ihren Kämpfen und ihren Freuden nicht allein sind. Radikal einfache Gastfreundschaft geht mit Leiden einher.

Radikal einfache Gastfreundschaft charakterisiert diejenigen, die sich keine übertriebenen Sorgen machen, wenn am Esstisch verschiedene Weltanschauungen vertreten werden. Die wahrhaft Gastfreundlichen schämen sich nicht, Freundschaften zu Menschen zu pflegen, die anders sind. Sie kaufen der Welt den Unsinn nicht ab, der diesbezüglich behauptet wird. Sie kennen den Unterschied zwischen persönlicher Annahme und Zustimmung. Mutig nehmen sie Menschen an, die anders denken als sie, und respektieren sie. Sie machen sich keine Sorgen darüber, dass andere ihre Freundschaft missverstehen könnten. Jesus aß mit Sündern, aber er sündigte nicht mit Sündern. Jesus lebte *in* der Welt, aber er lebte nicht *wie* die Welt. Das ist das Jesus-Paradox. Es kennzeichnet die, die bereit sind, mit anderen um des Evangeliums willen zu leiden, um das Evangelium auszuleben. Es kennzeichnet die, denen Integrität wichtiger ist als der äußere Anschein.

Sich an radikal einfacher Gastfreundschaft zu beteiligen bedeutet, dass wir die Zeit investieren, die notwendig ist, um starke Beziehungen aufzubauen – sowohl zu Menschen innerhalb von Gottes Familie als auch zu Menschen, die anders denken als wir. Es bedeutet, dass wir wissen: Nur Heuchler und Feiglinge lassen ihre Worte stärker als ihre Beziehungen sein, indem sie in den sozialen Medien heimliche Angriffe auf die Kultur starten oder sich in der Nachbarschaft wie moralisierende Gutmenschen aufführen. Radikal einfache Gastfreundschaft zeigt dieser skeptischen, nachchristlichen Welt, wie authentisches Christsein aussieht.

Radikal einfache Gastfreundschaft ist ein Beweis für die Macht Jesu zu retten. Sie verstrickt sich nicht in Politik oder Kultur oder welchen Standpunkt jemand zum aktuellen Zeitgeschehen einnimmt. Sie weiß, was Bekehrung bedeutet, was Identität in Christus heißt und was Buße bewirkt. Sie weiß, dass Sünde trügerisch ist. Getäuscht zu werden bedeutet, von einer bösen Macht gefangen zu sein und ihren Willen zu tun. Gastfreundschaft weiß, dass Menschen von ihrer Sünde gerettet werden müssen und keine guten Ratschläge brauchen, wie man richtige Entscheidungen trifft. Gastfreundschaft weiß, dass Jesus Menschen von ihrer Sünde rettet. Jesus hat uns gerettet. Jesus lebt und regiert. Radikale Gastfreundschaft wird in denen sichtbar, die nicht länger von der Sünde versklavt werden, die sie früher verführt und gebunden hat, indem sie ihre Gefolgschaft erzwang – auch wenn alte Sünden immer noch ihren Namen und ihre Adresse kennen.

Auf den folgenden Seiten lade ich Sie in mein Zuhause ein, in meine Kindheit, in mein Bibellesen, in meine Bekehrung und in meine Lehrpläne fürs Homeschooling, meine Einkaufslisten, einfache Mahlzeiten und alltägliche, chaotische Tischgemeinschaft. Sie werden meine Familie, meine Eltern, meine Kinder, meine Nachbarn, meine Feinde und meine Freunde kennenlernen.

Wenn Maria Magdalena ein Buch über Gastfreundschaft für diese nachchristliche Welt geschrieben hätte, dann würde es sich so wie dieses lesen.

Es ist mein Gebet, dass dieses Buch Ihnen helfen wird zuzulassen, dass Gott Ihr Haus, Ihre Wohnung, Ihre Studentenbude, Ihren Vorgarten, Ihre örtliche Sporthalle oder Ihren Garten gebraucht, damit aus Fremden Nächste werden und aus Nächsten Familienmitglieder. Denn darum geht es – Gemeinde zu bauen und wie eine Familie zu leben, als Gottes Familie. Ich bete dafür, dass Sie aufhören, sich vor Fremden zu fürchten, auch wenn manche Fremde gefährlich sind. Es ist mein Gebet, dass Sie Christus ähnlicher darin werden, alltägliche, einfache, radikale Gastfreundschaft zu praktizieren. Es ist mein Gebet, dass der Herr Sie dafür reich segnen möge, indem er Menschen zu seinem Reich hinzufügt. Dass er segnen möge, indem er eine neue Kultur schafft und bewirkt, dass das Christsein in den Augen einer Welt, die uns beobachtet, einen neuen guten Ruf bekommt. Es ist meine Hoffnung, dass tägliche geistliche Gemeinschaft Ihre Einheit mit Christus wachsen lassen wird. Es ist meine Hoffnung, dass Sie nicht länger ein Christ mit einem Koffer voller leerer Träume sind, die sich schwertun, sich gegen unsere persönlichen Götzen durchzusetzen – und Sie sich bei all dem fragen, ob das alles ist, was das Leben als Christ zu bieten hat. Mögen Sie erkennen, dass das tägliche Praktizieren von einfacher, radikaler Gastfreundschaft mit dem Ziel, dass Fremde zu Nächsten und Nächste zu Gottes Familie werden, das fehlende Puzzlestück ist.

Wenn das passiert, dann ist mein Gebet erhört.

1.

UNBEZAHLBAR

Die Vorzüge von Gastfreundschaft

12. Mai 2016, 5:15 Uhr, Durham, North Carolina

Eine Nachbarin schrieb mir eine SMS: „Was ist los bei Hank zu Hause?[1] Warum hat die Polizei das Haus umstellt? Bist du in Ordnung?“ Doch mein Handy lag ausgeschaltet im anderen Zimmer, sodass mich die Nachricht nicht erreichte.

Ich hörte nur friedliche Schlafgeräusche von meinem Mann und meinen zwei jüngsten Kindern. Sogar die Hunde schliefen. Meine Bibel lag aufgeschlagen da, zusammen mit einer Ausgabe des *Tabletalk*-Magazins und meinem Notizbuch. Meine Kaffeetasse stand in Reichweite auf einem Untersetzer aus Baumwolle, den meine zehnjährige Tochter im Nähunterricht gemacht hatte. Caspian, unsere riesige rotgetigerte Katze, lag ausgestreckt auf dem Tisch, zufrieden vor sich hindösend nach einer hastig vertilgten Dose *Purina Gourmet Gold.* Ich begann meine Stille Zeit an jenem Morgen, wie ich es die letzten 17 Jahre stets getan habe und wie Ken und Floy Smith es mir vorgelebt hatten: Ich betete, dass der Herr mir die Augen öffnen und mir wunderbare Dinge in seinem Wort zeigen würde.

An jenem Morgen hatte ich zunächst fünf Psalmen und ein Kapitel aus den Sprüchen gelesen und fing nun an zu beten. Normalerweise bete ich immer wieder zwischen Bibellesen und Notizenschreiben. Morgens bete ich in konzentrischen Kreisen. Ich beginne damit, dass ich für mich selbst bete. Ich bete, dass der Herr meine Liebe zu ihm vermehren möge, mich in Heiligkeit wachsen lässt und mir Mut gibt, Christus in Wort und Tat als lebendiger Brief zu verkündigen. Ich bete dafür, dass er mich zur Buße führt und mir den demütigen Geist und das Herz Christi gibt und den freundlichen Trost des Heiligen Geistes, damit ich eine hingegebenere und liebevollere Ehefrau, Mutter und Freundin sein kann. Dann bete ich für meine Familie, die Gemeinde, meine Nachbarn, mein Land, für

Missionare im Ausland und Missionsgesellschaften. Ich danke dem Herrn dafür, dass er auferstanden ist, dass er für mich betet und dass er Menschen in mein Leben gestellt hat – angefangen mit den Smiths –, um mich zu ihm zu bringen und mich sicher in seiner Nähe zu halten. Ich danke Gott für den Bund, an dem ich teilhabe. Ich lasse mein Gebetsnotizbuch offen und blättere die Seiten durch, während ich die Namen durchbete.

An jenem Morgen endete meine Gebetszeit bei dem konzentrischen Kreis mit der Überschrift „Nachbarn". Ich betete für meinen direkten Nachbarn, dessen Haus ich von meinem Schreibtisch aus sehen konnte. Ich habe schon immer eine besondere Verbundenheit zu gegenüber wohnenden Nachbarn empfunden. Renee, Julie, Eddie und nun Hank. Ich liebe es, aufzuwachen und den vertrauten Transporter an derselben Stelle geparkt zu sehen. Und während der Himmel allmählich hell wird, geben das Haus und die Menschen darin ihre Morgenroutinen preis (Licht an, Hunde raus, Zeitung hereinholen, ein freundliches Winken, vielleicht ein Kind, das über die Straße angerannt kommt, um eine Tupperdose oder einen Strauß roter Pfingstrosen vorbeizubringen). Seine Nachbarn zu lieben bringt Geborgenheit und Frieden.

Ich saß also da und betete für meinen Nachbarn. Ein typischer Morgen. Abgesehen davon, dass auf meinem ausgeschalteten Handy im anderen Zimmer weiter SMS eingingen, die mich darauf aufmerksam machen wollten, dass im Haus auf der anderen Straßenseite etwas völlig aus dem Ruder lief. Im Haus des Mannes, für den ich gerade betete.

Unser Haus und das von Hank teilen sich eine Sackgasse, die dort endet, wo zwei Hektar Wald beginnen. Als Hanks Umzugswagen 2014 zum ersten Mal rückwärts in seine Einfahrt fuhr, war er noch ein selbsternannter Einsiedler. Er arbeitete in seinem Garten und hob Gräben aus – willkürliche und perfekt runde Löcher, die meine Kinder mit ihrer Plätzchenausstecher-Symmetrie entzückten, nebst den coolen schwarzen Schlangen, die Hank dabei aufstöberte und ihnen zeigte. Er hörte laute Musik. Gelegentlich erhielt er

Handyanrufe, die ihn rasend vor Wut machten und dazu brachten, Obszönitäten herumzubrüllen. Er besaß einen 50 Kilo schweren Pitbull namens Tank, der ohne Halsband oder Hundemarke durch die Straßen lief. Jeder der Nachbarn kann sich daran erinnern, wie er sein Leben an sich vorüberziehen sah, als er Tank zum ersten Mal begegnete und dieser mit Volldampf auf ihn zusprang. Hank mähte seinen Rasen drei Monate lang nicht. Als die Stadt gegen ihn ein Bußgeld verhängte, weil er eine wilde Viehweide angelegt hatte, war kein normaler Rasenmäher mehr dazu in der Lage, die Verschönerungsaktion durchzuführen.

Ehrlich gesagt war Hank nicht gerade der Nachbar, um den wir gebeten hatten, als Eddie das Haus verkaufte und mit ihrer Familie nach Wisconsin zog. Aber wir vertrauten darauf, dass Hank der Nachbar war, den Gott für uns vorgesehen hatte. Wir wissen, dass gute Nachbarschaft das Herzstück des Evangeliums ist. Als Hank einzog, gaben wir ihm also unsere Kontaktdaten, stellten ihm unsere Hunde und Kinder vor und warteten auf eine Erwiderung.

Stattdessen montierte er seine Türklingel ab, damit ihn niemand mehr stören konnte.

Wir beteten für Hank.

Vorsichtig wiesen wir andere Nachbarn zurecht, wenn in ihren Fragen oder ihrer Besorgnis angesichts seiner Zurückgezogenheit Misstrauen durchklang oder sie unfreundlich waren.

Ein Jahr lang war es so, als würden wir gegenüber von Boo Radley, der missverstandenen und geächteten Figur aus *Wer die Nachtigall stört*, wohnen.

Und dann lief eines Tages Tank weg und kam nicht mehr nach Hause. Aus einer Nacht wurden zwei und zwei Nächte wurden zu einer Woche. Die Krise, die durch einen verschwundenen Hund ausgelöst wurde – einen Hund, der zudem der engste Gefährte eines einsamen Mannes war – schweißte uns zusammen. Wir boten unsere Hilfe an und Hank nahm unsere ausgestreckte Hand an. Wir verschickten Tanks Steckbrief über den Nachbarschaftsverteiler und gewannen andere Nachbarn dafür, Hank zu helfen. Unsere zehnjährige Tochter weinte sich jede Nacht in den Schlaf, während sie für

Tanks Rückkehr betete. Sie erzählte Mr. Hank von ihren Gebeten und von Gottes Treue.

Als Tank endlich gesund und wohlbehalten gefunden wurde, wurden wir Freunde. Wir begannen, gemeinsam mit unseren Hunden spazieren zu gehen. Bald darauf aßen wir zusammen, verbrachten Feiertage an unserem Tisch und teilten unser Leben. Wir erfuhren, dass Hank allein lebte und unter schweren klinischen Depressionen, einer posttraumatischen Belastungsstörung und ADHS litt und soziale Phobien hatte.

Hank liebte die Wälder genauso sehr wie die Kinder und ich. Als der Winter dem Frühling wich, führten wir Strichlisten über unsere brütenden Rotschulterbussarde, unsere quakenden Amerikanischen Erdkröten, unsere nach Süden ziehenden und zurückkehrenden Rotkehlchen, Eichelhäher, Spechte, Rötelgrundammern und unsere behäbigen Dosenschildkröten. Hank half uns, unsere toten Bäume zu fällen und das Holz zu stapeln. In seiner Garage hatte er immer irgendwelchen Schnickschnack, den man gebrauchen konnte: ein kleines Blinklicht, das man an eine Warnweste heften konnte, um im Dunkeln zu joggen, oder einen Haken, mit dem man Hundetüten an der Leine befestigen konnte.

Hank war unausgeglichen. Das lag an seiner Depression. Manchmal zog er sich wochenlang in sein Haus zurück. Wir schickten ihm SMS und boten Hilfe an, aber vergeblich. Es gab nur ein einziges Lebenszeichen: dass seine Mülltonne am richtigen Abend am Straßenrand stand.

Während Nachbarn Mitteilungen über bedrohliche Vorgänge rund um Hanks Haus an mein ausgeschaltetes Handy schickten, saß ich an meinem Tisch und betete für Hank.

Ich betete für Hanks Errettung.

Und da fielen sie mir auf: Kräftige Männer, geduckt, um die hintere Seite unseres Hauses herum verteilt. Sie trugen orange Hemden, auf denen „DEA" – *Drug Enforcement Agency* (die amerikanische Drogenbehörde) – stand. In der ruhigen Morgendämmerung blitzten unnatürlich grelle Polizeilichter. Überall wurde gelbes

Absperrband gespannt – „Spurensicherung". Ich ließ meine Bibel bei Psalm 42 offen liegen und lief los, um Kent und die Kinder zu wecken. Ich griff nach meinem Handy und schaltete es ein. Die SMS ploppten auf: „Was ist los bei Hank zu Hause? Ich hab gehört, gegenüber von euch ist ein illegales Crystal-Meth-Labor!"

Was tut nun die konservative, bibelgläubige Familie von gegenüber in einer Krise solchen Ausmaßes? Was sollen wir darüber denken? Wie sollen wir damit leben?

Wir können uns im Haus verbarrikadieren und uns selbst und unsere Kinder daran erinnern, dass *„schlechter Umgang gute Sitten verdirbt"* (siehe 1Kor 15,33). Wir können – wie die „guten" Pharisäer, zu denen wir immer schnell werden – Gott dafür danken, dass wir nicht wie die „bösen" Crystal-Meth-Süchtigen sind.

Wir können unser Zuhause mit unserer eigenen Version eines gelben Tatort-Bands absperren und dadurch die Botschaft senden, dass wir besser als solche sind, dass wir gute Entscheidungen treffen, dass wir uns niemals in solche Schwierigkeiten bringen würden.

Wir können uns mit Angst umgeben: Was, wenn das Crystal-Meth-Labor explodiert und das Kinderzimmer meiner Tochter (das Zimmer, das dem Labor am nächsten liegt) zerstört?

Wir können uns in Selbstkritik üben: Wie konnten wir diesen Crystal-Meth-Abhängigen in unser Herz und unser Zuhause lassen?

Doch das ist natürlich nicht das, wozu Jesus uns aufruft.

Nacheinander kamen Nachbarn in unseren Vorgarten, der zur ersten Reihe in einem sich entwickelnden Drama epischen Ausmaßes geworden war. Währenddessen machte ich Rührei, setzte eine große Kanne Kaffee auf, legte Bibeln aus und lud die Leute ins Haus ein. Wer außer bibelgläubigen Christen kann in einer solchen Tragödie einen erlösenden Sinn sehen? Wer kann in Gottes Verheißungen Hoffnung finden, wenn die realen, greifbaren Umstände aussichtslos scheinen? Wer sonst weiß außerdem, dass die Sünde, die mich selbst zugrunde richten wird, meine eigene und nicht die meines Nachbarn ist, egal, wie groß die Sünde meines Nachbarn auch erscheinen mag?

Und wohin sonst außer in ein christliches Zuhause sollten Nachbarn in Zeiten einer noch nie dagewesenen Krise gehen? Wo sonst ist es sicher, wo sonst kann man es wagen, verletzlich, verängstigt, verloren, hoffnungslos zu sein?

Wie sonst sollen wir unseren Kindern beibringen, wie man den Glauben auf die Tatsachen des Lebens anwendet – ein Prozess, der keine der beiden Realitäten ausblendet, während er Jesus um Hoffnung, Hilfe, erlösenden Sinn und rettende Gnade anfleht? Was für ein Vermächtnis würden wir unseren Kindern hinterlassen, wenn wir jetzt die Rollläden herunterließen und uns mit Medienkonsum betäubten oder uns distanzierten Monologen darüber hingäben, dass wir immer schon gewusst hätten, dass er böse war, oder wie wir selbst immer gute Entscheidungen treffen können? Die Sache mit der Selbstbeschwichtigung durch Selbstbetrug ist die: Das nimmt uns keiner ab, außer uns selbst.

Auf meiner To-do-Liste für diesen Tag standen andere Dinge. Doch nichts davon war wichtiger als das, was ich gerade tat. Nachbarn hereinzuholen, die ganz außer sich waren. Für meinen Freund Hank zu beten.

Schnell und ganz natürlich wurde unser Haus zu einem ganztägigen Krisenstützpunkt.

Nachbarn – Kinder, Alte und alles dazwischen –, die nicht zur Schule oder zur Arbeit mussten, verbrachten den Tag bei uns.

2.

DAS JESUS-PARADOX

Die Dynamik von Gastfreundschaft

5. März 2009, Fairfax, Virginia

Es ist der Tag vor dem 16. Geburtstag unseres neuen Sohnes, und mein Mann Kent und ich werden ihn gleich treffen.

Wir stehen vor einem Übergang, der uns sowohl vertraut als auch fremd ist. Vertraut, weil wir bereits drei Kinder adoptiert haben. Vertraut, weil eine unserer Töchter ebenfalls ein Teenager war, als wir sie kennenlernten. Wir wissen jetzt (oder meinen zu wissen), was auf uns zukommt. Fremd ist die Situation, weil wir als überzeugte Pro-Life-Christen Folgendes wissen: Jedes Leben ist ein Geschenk. Jedes Leben ist geheimnisvoll. Jedes Leben spiegelt Gottes Ebenbild wider. Jedes Leben hält unbeschreibliche Schätze bereit, von denen manche unsere Mauern durchlöchern.

Die aktuelle Wohnsituation dieses uns noch unbekannten Sohnes ist solcherart, dass höfliche Leute sie als „therapeutische Wohngruppe" bezeichnen würden. Sie liegt circa eine Stunde von uns entfernt. Als Kent von der Arbeit nach Hause kommt, setzen wir Mary (drei Jahre) und Knox (sechs Jahre) in ihre Autositze und fahren los. Wir fühlen uns, als würden wir von einer Klippe springen. Das ist das wichtigste Wagnis, das heiligste Risiko und das klarste Bild von Gottes Bund, das ich kenne.

Wir betreten ein Haus, das aussieht wie jedes andere – abgesehen davon, dass die Leute darin einander fremd sind. Die ordentlichen Reihen von Kinderschuhen, die sich um die Veranda winden und von sehr kleinen Schuhen bis zu sehr großen reichen, zeigen, dass das Haus voll belegt ist. Wir werden von einem der Sozialarbeiter, der mit im Haus wohnt, herzlich begrüßt. Er führt uns ins offizielle Wohnzimmer, das stark nach Essigessenz und Latschenkiefer-Lufterfrischer riecht.

Die Schlafzimmer haben keine Türen. Oben erklingen Alarmsignale, wenn Kinder mit Überwachungsgeräten an den Fußknöcheln

Summer auslösen, weil sie sich von einem Ort zum anderen bewegen. So entsteht ein beängstigender Chor, der jede Bewegung enttarnt, ohne dass eine Fluchtmöglichkeit in Sicht wäre.

Niemand darf nach draußen.

Jeder wird die ganze Zeit überwacht.

Die Kinder müssen um Erlaubnis bitten, wenn sie zur Toilette gehen wollen.

Die Regellisten an den Küchenwänden sind endlos und einschüchternd. Jedes Kind hat seine eigene, ordentlich getippte Liste, doch sie alle beginnen so: „Steh um fünf Uhr dreißig auf, mach dein Bett, nimm deine Medikamente." Die Regellisten ziehen sich über die Küchenwände und in den Flur. Dabei bilden sie ein gotisches Paisleymuster im selben Stil wie in *Die gelbe Tapete*, das endloses potenzielles Versagen oder Wahnsinn prophezeit – genau wie bei der Heldin aus jener Novelle von Charlotte Perkins Gilman, die um die Jahrhundertwende entstand.

In dem 6000 Worte umfassenden feministischen Klassiker *Die gelbe Tapete* gleitet die Erzählerin langsam in den Wahnsinn ab. Den Grund ihres mentalen Niedergangs sieht sie in der Tapete. Die Einzelheiten des gelben Paisleymusters der Tapete decken alles ab – so auch die Zehn-Punkte-Regellisten in dieser Pflegegruppe. Regellisten in solchen Gruppenheimen halten auch das Ziel fest, das sich der Staat für das Kind als bestmögliche Zukunftsperspektive vorstellt. Das „Ziel" jedes dieser Kinder wird auf der Liste vor dem Wort „Frühstück" notiert. Zu den Optionen gehören: Wiedervereinigung mit der Herkunftsfamilie, Adoption, dauerhafte Pflegeunterbringung. Diese Ziele sind entweder von Menschen abhängig, die sich bereits als unzuverlässig erwiesen haben, oder von Fremden, deren Aussichten zumindest fragwürdig sind. Wiedervereinigung mit den leiblichen Eltern und Adoption sind so hochriskante Unterfangen – so wenige Teenager schaffen es bis an einen dieser Zielpunkte –, dass es sich hoffnungslos anfühlt, überhaupt zu hoffen. Sie wissen nicht, ob der nächste Tag einen neuen Albtraum oder die Wiederholung eines alten Albtraums bringen wird.

Ich schaue mir die Listen an und kann mir gar nicht vorstellen, wie sie erfolgreich bewältigt werden sollen. Es scheint mir, als könnte kein Mensch die Erwartungen auf diesen Regellisten auch nur ansatzweise erfüllen. Man könnte meinen, Kreativität in jeglicher Form sei der große Feind von Selbstbeherrschung.

Aber diese Kinder sind zu Robotern geworden.

Sie nehmen Medikamente, um wach zu werden, um sich auf die Schule zu konzentrieren, um auf der endlosen Busfahrt nach Hause ruhig zu bleiben und um einzuschlafen.

Sie nehmen Medikamente, um die Vergangenheit zu vergessen, um sich an die Mathelektion zu erinnern und um sich von weiteren zerschlagenen Hoffnungen zu lösen: von Namen, die es wieder zu vergessen gilt, Erinnerungen, die weggewischt werden sollen, und von einer Zukunft, die ihnen zwischen den Fingern zerrinnt.

Ich will das Haus und die Pflegeeltern mögen, die es führen.

Ich möchte mich in sie hineinversetzen.

Aber das hier ist kein Zuhause.

Es ist ein Gefängnis.

Und dabei ist das hier eines der besten staatlichen therapeutischen Kinderheime in einem der reichsten Landkreise in den Vereinigten Staaten.

Der Sozialarbeiter, der das Haus leitet, wiederholt, dass es notwendig sei, auf strenge Regeln und regelmäßige Medikation zu achten. Unser Sohn Knox hat ein Geschenk für Michael mitgebracht: einen olivgrünen Triceratops-Saurier aus Plastik – dank unseres Golden Retriever Sally mit einem abgeknabberten Fuß. Während ich den beschädigten Plastikdinosaurier anschaue, wird mir bewusst, dass in diesem Haus kein Spielzeug zu sehen ist. Nirgendwo ein verirrter Legostein oder ein Matchboxauto, das sich selbstständig gemacht hat. Keine Unordnung.

Lassen Sie mich an dieser Stelle gleich sagen, dass ich weiß, wie wichtig Regeln sind. „Was sind die Regeln?", lautete die erste Frage von jedem Pflegekind, das bereits sprechen konnte, wenn es in unser Haus kam. Ich weiß, dass Sünde im Herzen des Menschen herrscht. Ich weiß, dass wir als Sünder geboren werden. Ich weiß:

„In Schuld bin ich geboren, und in Sünde hat mich meine Mutter empfangen“ (Ps 51,7). Ich weiß, dass Sünde tief in unseren Lebensmustern steckt, sogar in unseren Überlebensmustern.

Doch dieses Haus verstört mich. An der Wand hängen Stickbilder, auf denen in pastellfarbenen und geschwungenen Lettern zu lesen ist: „Home Sweet Home“ – „Endlich zu Hause“. Aber in den Schlafzimmern leben die Mündel des Staates, die bis über beide Ohren mit Medikamenten vollgestopft sind und um Erlaubnis bitten müssen, um zur Toilette zu gehen.

Ich weiß, dass ich mich täuschen kann.

Ich weiß, dass viele Pflegemütter mit Stolz denken: „Das kann ich besser. Meine Liebe ist größer als das hier. Ich kann dieses Kind retten.“

Aber darauf will ich hier nicht hinaus.

Ich weiß, dass ich niemanden retten kann. Jesus allein rettet, und alles, was ich mache, ist, hinzugehen.

Aber hingehen müssen wir.

Und nun, nachdem ich dort hingegangen bin, kann ich Ihnen sagen, dass mir dieses Haus nicht ganz geheuer ist.

Wenn ich mich bedroht fühle, gehen mir Zahlen durch den Kopf. Jetzt denke ich über die 7000 Teenager nach, die aus der Pflegeunterbringung „herauswachsen“ und oftmals im Gefängnis, obdachlos oder tot enden. Ich weiß, dass dieses Haus besser als das Gefängnis oder Obdachlosigkeit oder der Tod ist. Aber trotzdem. Ich sinne über die landesweit 105 000 Pflegekinder nach, die darauf warten, dass der Albtraum aufhört. Ich sitze hier in diesem Haus, mit all den Privilegien, die ich aufgrund meiner gesellschaftlichen Schicht und meiner Rasse genieße. Und ich weiß, was es bedeutet, für diese verlorene Menschheit zu beten – ich selbst als die größte Sünderin von allen – und Gott anzuflehen, mich zu öffnen, damit ich jedem Gutes tun kann (Gal 6,10), damit ich jedermann ehren und achten kann (1Petr 2,17).

Mrs. Jones bringt Michael zu uns, und ich erblicke eines der schönsten Kinder, das ich je gesehen habe. Mit seinen langen Beinen überragt er mich, voller Pickel, die Haare lang im Afro-Look, mit sanften braunen Augen und karamellfarbenem Teint. Und er ist verängstigt. Er schaut direkt an mir vorbei und heftet seinen Blick auf Knox und Mary. Er hockt sich zu ihnen auf den Boden, auf Augenhöhe. Die Welt steht still. Und plötzlich erhellt sich sein Gesicht vor Freude. Mary umarmt ihn, und Knox gibt ihm einen kaputten tarnfarbengrünen Dinosaurier. Es sieht wie eine Familienzusammenführung aus, abgesehen davon, dass wir alle Fremde sind.

Michael springt auf und fleht die Betreuerin an, dass er bitte, bitte, bitte in sein Zimmer gehen und sein Familienbild holen kann. Er redet wie ein Wasserfall, und sein ganzer Körper wirbelt auf der Stelle herum. Er muss es einfach haben, um es diesem Jungen hier, diesem Jungen namens Knox, zu zeigen. Dieser Knox muss seine Familie sehen. Seine Brüder. Er bettelt. Er wirbelt herum. Er drängelt. Er wird nicht aufhören. Sie zögert.

Augenblicke später kehrt Michael mit etwas zurück, das er beschützend in seinen Händen hält. Es ist ein Polaroidfoto, mit deutlichen Spuren von Tränen und verschwitzten Fingerabdrücken. Die Ecken wellen sich. Es ist der einzige Überrest, der beweist, dass Michael ein anderes Leben in einer anderen Welt überlebt hat – in einer vergangenen Welt, deren nicht abgeschlossenen Angelegenheiten ihn verfolgen. Ja, es gab auch gute Dinge. Und diese Dinge rufen seinen Namen. Sie sind zusammen mit ihm in diesem Bild gefangen. Er ist ein Junge, der feststeckt. Er kann nicht in diese Polaroidwelt zurückkehren. Und ohne diese Polaroidwelt kann er sich nicht in dieser jetzigen Welt niederlassen. Jedes Kind, das mir bisher begegnet ist und Zeit in einem Heim verbracht hat, besitzt ein Bild wie dieses. Ein Bild wie eine Falltür, die sich kaum aus den Angeln heben lässt.

Michael wedelt kurz mit dem Bild vor meinen und Kents Augen herum. Dann macht er es sich wieder auf dem Boden bei den Kindern bequem. Er hält seine hohlen Hände beschützend um diesen Schatz. Mit dem Polaroidfoto in den Händen wirbelt er nicht mehr herum. Er atmet tief. Und schwer.

Knox und Mary wissen, dass dies ein heiliger Moment ist. Sie warten darauf, dass Michael ihnen den Schatz in seiner hohlen

Hand zeigt. Sie rechnen damit, dass er eine eben gefangene Kröte oder einen Schokokuss enthüllt.

Als keine Kröte und kein Schokokuss zum Vorschein kommt, beweisen die beiden ein verblüffendes Gespür dafür, nicht enttäuscht zu wirken. Natürlich wissen sie nicht, wie sie das alte Bild von drei Kindern deuten sollen. Dieses Bild von drei Kindern: einem mit buschiger Afro-Frisur, einem anderen mit einem fehlenden Vorderzahn und dem kleinsten mit dem gleichen verträumten Blick, den Knox immer auf dem Gesicht zu tragen scheint, wenn die Kamera blitzt. Der Junge mit dem verträumten Blick trägt ein T-Shirt mit Thomas, der kleinen Lokomotive, drauf. Er hält einen hellbraunen Teddybären mit einer Schleife in rotem Schottenkaro fest. Der Junge auf dem Bild sieht beiden Jungen in diesem Raum erstaunlich ähnlich, meinen beiden Söhnen – von denen ich einen seit sechs Jahren kenne und den anderen seit ein paar Minuten. Von dem Augenblick an habe ich Zwillinge, die durch ein Jahrzehnt getrennt sind.

Michael sagt: „Das ist ein Bild von meinem Bruder Aaron."

Knox sagt: „Ich weiß, dass ich das bin, aber ich habe kein Thomas-T-Shirt!"

Ich weiß, dass ich das bin. – Nein, das ist ein Bild von meinem Bruder. Meinem anderen Bruder, nicht von dir, Bruder. – Dein Bruder bin ich. Ich bin dein Bruder. Du bist mein Bruder, und das da bin ich.

Das Geheimnis des Familienbundes entfaltet sich an Orten wie diesem, mit sichtbarer Erhabenheit, ein Wunder, während im Hintergrund weiterhin leise das Anschlagen der Alarmglocken zu hören ist, die mitteilen, dass ein Kind, das zu Unrecht als jugendlicher Straftäter gilt, um Erlaubnis gebeten hat, sein Zimmer verlassen und die Toilette zu benutzen.

In all den Jahren der Kindererziehung und mit all den Kindern, die ich im Arm gehalten, getröstet, gefüttert, zugedeckt habe, denen ich zugehört und für die ich gebetet habe, hat mich nichts auf diesen Augenblick vorbereitet. Aus Gründen, die ich nicht erklären kann und die kein Erziehungsratgeber kennt, wird meine Identität als Mom vollständig sichtbar, wenn ich einem verängstigten, wütenden, missverstandenen Teenager in die Augen blicke. Ich liebe sie sofort. Kein Erziehungsratgeber, keine Unterhaltung mit erfahrenen Eltern und keine Lebenserfahrung hat mich darauf vorbereitet, was es bedeutet, meinen neuen Sohn, dem ich gerade erst begegnet bin, auf den ersten Blick zu lieben: einen mutigen Jungen, schlaksig und unbeholfen, 30 Zentimeter größer als ich.

Teenager, die im Heim landen, fühlen sich verletzt und ungewollt. Sie haben mir erzählt, dass sie sich wie Aussätzige vorkommen. Sie brauchen den Fürsprecher, Jesus selbst. Oftmals fühlen sie sich gebrandmarkt und schämen sich. Als Außenseiter. Ausschussware. Sogar die Regeln des Systems arbeiten gegen sie. Sie brauchen Gnade. Wir brauchen Gnade. Ansteckende Gnade.

Als Jesus auf dieser Erde lebte, war Aussatz eine der schlimmsten Seuchen überhaupt. Es war nicht nur eine schmutzige, tödliche Krankheit, von der sich niemand wieder erholte. Ihr Erreger verbreitete sich wahllos und unkontrolliert, wodurch geliebte Familienmitglieder im Handumdrehen zu Ausgestoßenen und Umherirrenden wurden. Wie bei Frankensteins Monster waren die Sehnen und Muskeln des Aussätzigen nicht länger von Haut bedeckt. Aufgrund der weiß eiternden Wunden wurde ein geliebtes Familienmitglied über Nacht völlig abstoßend. Aussätzige – moralisch und gesellschaftlich Ausgestoßene, isoliert, abgelehnt, gefürchtet, verachtet – schlossen sich in ihrem Schmerz zusammen, während sie jeder Hoffnung beraubt darauf warteten zu sterben. Aussatz war eine Seuche, bei der die Verhaftung und Zerschlagung der Gruppe rechtlich geboten war. Das Kultusgesetz erachtete den Aussätzigen als moralisch und körperlich unrein. Aussatz war mehr als eine ansteckende Hautkrankheit. Er machte die Person, die davon befallen war, untauglich dafür, Teil einer gesunden Gemeinschaft zu sein. Er machte sie unfähig, an der Anbetung Gottes teilzunehmen. Als Jesus auf dieser Erde lebte, war Aussatz daher eine abstoßende *Verkörperung* der Erbsünde. Aussatz wurde ja nicht durch eine bestimmte Sünde oder ein bestimmtes Verhalten ausgelöst. Er verwies vielmehr auf unser sündiges Wesen, die tickende Zeitbombe in jedem Einzelnen von uns. Die einzige Lösung bestand darin, den Aussätzigen auszuschließen und die noch Gesunden zu schützen. Ganze Kapitel des Gesetzes – 3. Mose 13 und 14 – sind der Frage gewidmet, wie man die Ansteckungsgefahr eindämmen und einen geheilten Aussätzigen wiedereingliedern konnte. Diese Krankheit konnte einen geliebten Vater oder eine geliebte Mutter über Nacht zu einem geächteten Ausgestoßenen machen. Während man sich an einem Tag noch über Zugehörigkeit, Nähe, Anerkennung und Wertschätzung freuen konnte, war man am nächsten so gut wie Abfall.

Aussatz war keine Metapher.

Er war so echt wie Regen.

Und als Gott seinen Sohn Jesus sandte – zugleich wahrer Gott und wahrer Mensch –, damit dieser auf der Erde lebte, da geschahen zwei bemerkenswerte Dinge.

Lukas 5 berichtet, wie ein Mann *„voller Aussatz"* auf Jesus zuging. Halten wir genau an dieser Stelle einmal inne. In dieser Szene besuchte Jesus nicht gerade eine Aussätzigenkolonie. Er ging nicht zu den Ausgestoßenen, hinaus an die Ränder. Nein, hier bewegten sich die Ränder auf die Mitte zu. Der Aussätzige verließ die Aussätzigenkolonie (rechtswidrig und für alle Beteiligten gefährlich). Er steuerte schnurstracks auf Jesus zu und warf sich vor ihm auf den Boden. Der Mann mit Aussatz flehte: *„Herr, wenn du willst, kannst du mich reinigen"* (Lk 5,12). Es erforderte einen Berge versetzenden Glauben und Mut – vielleicht sogar prophetischen Glauben und Mut –, um die Aussätzigenkolonie zu verlassen und sich ins Stadtzentrum zu begeben, die Sicherheit der eigenen Kultur, die eigenen Leute, den zugewiesenen Platz zu verlassen und zu Jesus zu gehen. Während er sich Jesus näherte, muss sein Kopf voller Selbstvorwürfe gewesen sein: *Du stellst eine Gefahr für dich und andere dar; du brichst das Gesetz; du wirst die Menschen anstecken, die du liebst.* Doch sein Glaube trug ihn mutig weiter. Und wir wissen, dass Glaube diesen Mann trieb, denn er nannte Jesus *„Herr"* – ein Ehrentitel für Jesus, den in der Schrift nur die verwenden, die an ihn glauben. Glaube an Jesus ließ den Aussätzigen das Undenkbare tun. Der Aussätzige riskierte die Verhaftung.

Der Aussätzige riskierte es, eine öffentliche Gesundheitskrise auszulösen und andere anzustecken. Der Aussätzige riskierte es, von einem potenziellen Mob zurückgejagt zu werden, der ihm die Tatsachen wieder klar vor Augen führte: Er war beschädigte Ware und hatte keine Hoffnung – außer Christus.

Und der Aussätzige war ein besserer Träger von Gottes Ebenbild als wir.

Er wusste, dass er beschädigte Ware war.

Der Aussätzige wusste, dass er Jesus brauchte, keine soziale Verbesserung.

Und dann tat Jesus das Ungeheuerlichste, was jemals irgendjemand gesehen hatte.

Er berührte diesen Mann – den Mann, der nicht mehr berührt worden war, seit die Seuche seinen Körper verunstaltet hatte, den Mann, dessen Schicksal seit dem Augenblick besiegelt war, als die erste weiße, wunde Stelle erschienen war. Ausgerechnet diesen Mann berührte Gottes Sohn.

„Und [Jesus] streckte die Hand aus, rührte ihn an und sprach: Ich will. Sei gereinigt!“ (Lk 5,13)

Diese Berührung veränderte den Mann. Doch die Berührung tat mehr als das. Diese Berührung veränderte die Welt.

Als Jesus den Aussätzigen berührte, erfand er nicht die Gnade. Das tat Gott der Vater – wir können es im ganzen Alten Testament sehen, sogar in der Heilung von Aussatz. Der große syrische General Naaman wurde dank der geistlichen Weisheit eines namenlosen hebräischen Sklavenmädchens durch Elisa von seinem Aussatz geheilt. Dieses Sklavenmädchen wusste nämlich vor allem eins, dass es in Israel einen Propheten gab, der heilte (2Kö 5,1–14). Lukas berichtet, wie wichtig Naamans Heilung war: *„Und viele Aussätzige waren zur Zeit des Propheten Elisa in Israel, und keiner von ihnen wurde gereinigt als nur Naaman, der Syrer“* (Lk 4,27). Ich vermute, dass Elisa Naaman dem namenlosen hebräischen Sklavenmädchen zuliebe heilte. Ihr Glaube war stark und ansteckender als der Aussatz ihres Herrn. Tatsächlich besaß sie das Vertrauen, dass Elisa etwas tun kann, was er noch nie zuvor getan hatte. Denn das macht echten

Glauben aus: in Zuversicht an einer Verheißung Gottes festzuhalten, die noch in Erfüllung gehen muss.

Es ist entscheidend zu sehen, was Heilung und Rettung beinhalten, wenn sie aus Gottes Hand kommen.

Es ist entscheidend, Augen zu haben, die sehen, was Jesus tat.

Es ist außerdem entscheidend zu sehen, was Jesus nicht tat.

Er sagte dem Aussätzigen nicht, dass Gott ihn liebte und ihn wertschätzte, so wie er war. Jesus sagte nicht, dass das Problem des Aussatzes ein soziales Konstrukt sei, nur im Denken des Betrachters verankert. Er sagte nicht, dass nun, da die „Gnade" gekommen war, „das Gesetz" nicht länger bindend sei. Jesus ermutigte den Aussätzigen nicht dazu, ein größeres Selbstwertgefühl zu entwickeln. Auch tadelte Jesus die Glaubensgemeinschaft nicht dafür, dass sie irrationale Tabus gegen Aussatz aufrechterhielt – eine Aussatzphobie. Nein. Das Problem war die ansteckende Krankheit, und die ansteckende Krankheit war kein soziales Konstrukt. Die ansteckende Krankheit war gefährlich.

Als Jesus auf dieser Erde lebte, hatte er keine Angst davor, leidende Menschen zu berühren.

Er zog Menschen zu sich.

Er begegnete ihnen in ihrer Leere und ließ sie erfüllt zurück.

Jesus stellte alles auf den Kopf.

Das ist das Jesus-Paradox – die Berührung Jesu, durch die diejenigen mit Gnade angesteckt werden, die glauben, Buße tun, umkehren und nachfolgen. Es ist eine Ansteckung mit Gnade, die es dem, der glaubt, ermöglicht, jene zu lieben, die ihn hassen. Sie ermöglicht es zu beten, zu dienen und Opfer zu bringen, damit andere wissen können, was diese namenlose hebräische Sklavin wusste: dass Gott lebt und diejenigen rettet, die zu ihm rufen.

Jesus kann durch seine Berührung eine Ansteckung mit Gnade ins Rollen bringen, weil Gottes Sohn Gottes Gesetz erfüllt hat und sich seines Volkes erbarmt. Denn er weiß, dass wir Sünder sind, nur Menschen, unfähig, uns selbst zu retten. Jesus kam, unberührt von der Erbsünde, die uns entstellt, unberührt von jeder Tatsünde, die uns zerstört, und unberührt von der innewohnenden Sünde, die uns manipuliert. Jesus ist keine Marionette, deren Fäden Satan in der Hand hält, wie das bei uns oft der Fall ist. Und als Jesus das Gesetz erfüllte, indem er am Kreuz starb und wiederauferstand, um zur Rechten Gottes, des Vaters, zu sitzen, da gab er seinem Volk die Kraft, die Sünde zu überwinden, die es versklavt. Er gab sein Blut, um unsere Sünden abzuwaschen. Er gab uns sein Wort, um uns zu unterweisen und uns zu heilen. Und er sandte uns den Heiligen Geist, um uns von Sünde zu überführen, zur Buße zu leiten und uns zu trösten durch die Zusicherung, dass seine rettende Liebe felsenfest ist. Er gab uns unser Erbe – als adoptierte Kinder Gottes, des Allmächtigen.

Aber er ließ uns nicht als Einzelkämpfer der Gnade zurück, die wahllos irgendwelche persönlichen „Kampagnen der Nächstenliebe" starten. Nein, er gab uns seine Braut, die Gemeinde – seine Gemeinde. Wir, die wir glauben, sind dazu berufen, einen Bund der Zusammengehörigkeit mit dieser Gemeinde zu schließen, seine Familie zu werden. Wir sind dazu berufen, zugleich von der Welt ausgesondert und missionarisch in der Welt platziert zu sein. Wir sind täglich dazu berufen, uns um unsere Brüder und Schwestern in Christus zu kümmern, Unterweisung und Tadel (wenn er notwendig ist) anzunehmen, den Pastor und die Ältesten bei Gemeindezucht zu unterstützen, als eine sichtbare Familie Gottes zu leben und andere, die Gottes teure Liebe noch nicht kennen, in unsere Häuser, Familien und Gemeinden einzuladen.

Das Jesus-Paradox macht ansteckende Gnade sichtbar, praktiziert von einfachen Menschen wie Ihnen und mir, die so dringend benötigt wird, insbesondere jetzt in unserer nachchristlichen Welt.

Doch wie können wir als Christen ansteckende Gnade leben?

Wenden wir uns dem Johannesevangelium zu, um das in Aktion zu sehen, um das erste Wunder Jesu mitzuerleben, als er bei der Hochzeit zu Kana simples Wasser in Wein verwandelt. Hier zeigt Jesus, wie ansteckende Gnade durch eine Gastfreundschaft aussieht, die so radikal, so eindeutig ist, dass eine einfache Hochzeit in einem völlig unbedeutenden Dorf zum Ort eines Wunders wird, eines Wunders, das Leere in Fülle verwandelt.[2] Den Schlüssel zu ansteckender Gnade – der Gnade, die den Rändern erlaubt, sich ins Zentrum zu bewegen, der Gnade, die Ihnen gebietet, niemals die Zukunft zu fürchten, der Gnade, die offenbart, dass das, was Sie demütig macht, Ihnen nicht schaden kann, wenn Jesus Ihr Herr ist – den Schlüssel zu jener Gnade haben wir bereits erhalten, wenn wir das tun, was Maria in dieser Szene sagt. Sie weist die Diener an (und der Heilige Geist sagt uns dasselbe): *„Was er euch sagen mag, tut!"* (Joh 2,5).

Einfach, oder? Nein. Wir können uns nicht selbst zu jenem tiefen Gehorsam zwingen, den Gott fordert. Wir können nicht gehorchen, bis wir selbst diese Gnade empfangen und unser Kreuz auf uns genommen haben. Wir können nicht gehorchen, bis wir unser Leben hingegeben haben mit all unseren falschen und weltlichen Identitäten und Götzen. Wir können nicht gehorchen, bis wir uns den Tatsachen stellen: Das Evangelium kommt im Tausch gegen das Leben, das wir einst liebten. Aber wenn wir uns selbst sterben, finden wir die Freiheit zu gehorchen. Wie Susan Hunt erklärt: „Wenn Gottes Gnade unseren Status vom Rebellen zum Erlösten ändert, werden wir durch seinen Geist dazu befähigt, ihm zu gehorchen. Wir werden durch die Erneuerung unseres Denkens (Röm 12,2) in sein Bild verwandelt (2Kor 3,18). Fröhlicher Gehorsam ist der Beweis für unsere Liebe zu Jesus (Joh 14,15)."[3]

Können wir das tun, wenn wir Gottes rettende Gnade empfangen? Können wir geben, bis es wehtut? Ja, weil Gott uns sagt, dass wir stark sind: *„Ich habe euch, ihr jungen Männer, geschrieben, weil ihr stark seid und das Wort Gottes in euch bleibt und ihr den Bösen überwunden habt"* (1Jo 2,14). Wir sind stärker, als wir denken. Sogar in unserem Kampf gegen die Sünde sagt Gott uns, dass wir, seine Kinder, stark sind.

Gehorsam gegenüber Jesus bedeutet, sich selbst zu sterben, zu tun, was immer er will, trotz des heftigen Verlangens unseres Fleisches. Dieser Gehorsam bringt eine Freiheit mit weit geöffneten Armen, mit Broten und Fischen zum Verschenken, mit einer schockierenden Wertschätzung von Ausgestoßenen und Verachteten. Denn wir erinnern uns daran, dass wir selbst einst zu ihnen gehörten. Das galt, als Jesus auf dieser Erde lebte. Und es gilt auch heute in unserer nachchristlichen Welt, in der der christliche Glaube abgelehnt oder verachtet wird und in der christliche Werte als das glatte Gegenteil von Mitgefühl, Fürsorge und Diversität betrachtet werden.

Was ist radikal einfache Gastfreundschaft?

Radikal einfache Gastfreundschaft ist Folgendes: das eigene christliche Zuhause auf eine alltägliche Weise zu gebrauchen, die darauf abzielt, Fremde zu Nächsten und Nächste zu Gottes Familie zu machen. Das macht Gott Ehre. Es dient anderen. Und so wird das Evangelium in Wort und Tat ausgelebt. Wenn es Ihnen nicht möglich ist, Ihren Wohnraum auf diese Weise zu gebrauchen, dann können Sie auch irgendeinen Haushalt in Ihrer Gemeinde, der es tut, auf irgendeine Weise unterstützen. Das Ziel radikal einfacher Gastfreundschaft besteht darin, Gottes Familie aufzubauen, sie zu fokussieren, zu vertiefen und zu stärken. Das geschieht, indem andere auf die bibelgläubige Ortsgemeinde hingewiesen werden und wir in irdischer und geistlicher Hinsicht gut zu jedem sind, den wir kennen.

Wenn die Häuser von uns Christen offen sind, dann machen wir einer beobachtenden Welt gegenüber transparent, was Christus mit unserem Körper, unseren Familien und unserer Welt tut. Wenn wir uns täglich auf natürliche, offene und gemeinschaftliche Weise mit Leuten aus Gottes Familie versammeln und die einladen, die Christus noch nicht kennen, dann begleiten wir uns gegenseitig im Leid. Wir tragen die Lasten des anderen. Wir zeigen einer Welt, die zuschaut, wie leidenschaftliches Gebet klingt – mit Gott zu reden in dem Wissen darum, dass wir durch Christi Verdienste eine gute Beziehung zu ihm haben und dass ihn unsere täglichen Bedürfnisse interessieren. Wenn unsere christlichen Häuser offen sind, dann können unsere nicht geretteten Nachbarn sehen, wie wir mit unseren eigenen Sünden ringen – sowohl den konkreten Tatsünden als auch dem sündigen Wesen, mit dem wir täglich zu kämpfen haben.

Um als Christen in einer Welt, die uns (zumindest) misstraut, ein authentisches christliches Zeugnis zu geben, müssen wir transparent gastfreundlich sein. Das Leben als Christ ist ein Leben, in dem man sein Kreuz trägt. Gottes Wort ruft Gottes Volk zu einem heiligen Lebensstil auf und rüstet es dafür aus. Alle unsere Nachbarn müssen wissen, dass wir anders leben als die Welt. Das werden sie erfahren, wenn wir sichtbar aus den Gnadenmitteln heraus leben, indem wir als Mitglieder mit gutem Ruf uns der Autorität einer Gemeinde unterstellen – und wir müssen unverkennbar gastfreundlich sein.

Zunächst müssen wir unter der Autorität Gottes und der Gemeinde leben, wenn wir andere dazu rufen wollen, anders zu leben. Wir müssen aktive Mitglieder einer bibelgläubigen Gemeinde sein, die einen Teil ihres Einkommens spenden, in verbindlicher Gemeindemitgliedschaft stehen und bereit sind, Unterweisung und Korrektur anzunehmen, wenn es notwendig ist. Wir müssen lernfähig sein. Wir haben kein Recht, unsere Nächsten dazu aufzufordern, anders zu leben, wenn wir es nicht selbst auch tun.

Zweitens müssen wir wirklich darum ringen, unsere Nachbarn kennenzulernen, und wissen, womit sie zu kämpfen haben. Wir wollen Respekt erweisen und Leuten helfen. Christen verstehen das häufig falsch. Oft fragen Christen mich: „Wie kann ich meine Nächsten lieben, ohne ihnen dadurch zu vermitteln, dass ich alles gutheiße, was sie tun?“ Rufen Sie sich erstens in Erinnerung, dass Christen keine guten Antworten auf schlechte Fragen geben können. Niemand heißt alles gut, was andere tun. Niemand. Das ist eine falsche Frage. Die bessere Frage wäre: „Wie können meine Nächsten wissen, dass ihre Geheimnisse bei mir sicher sind, weil ich unter Gottes Autorität und nicht unter den Zwängen meiner eigenen selbstsüchtigen Begierden lebe?“ Die Antwort ist einfach: Lieben Sie den Sünder und hassen Sie Ihre eigene Sünde. Oder wie Markus es ausdrückt: *„Habt Salz in euch selbst, und haltet Frieden untereinander!“* (Mk 9,50).

Radikal einfache Gastfreundschaft mag den Social-Gospel-Praktiken liberaler Gemeinden ähneln und dem, was nichtchristliche Wohlfahrtsorganisationen tun. Denn radikal einfache Gastfreundschaft tut ähnliche Dinge: Wir bringen Menschen nah zusammen; wir versorgen die Armen mit Nahrung und Kleidung; wir nehmen Menschen so, wie sie sind; wir sorgen für ihre leiblichen Bedürfnisse; und wir versuchen, die Würde jedes Menschen zu stärken. Aber es gibt einen großen Unterschied: Von bibelgläubigen Christen praktizierte radikal einfache Gastfreundschaft betrachtet Menschen in Not als Ebenbilder eines heiligen Gottes, die Glauben an Christus allein brauchen, den Glauben an Jesus als den Retter seines Volkes, Buße über Sünde und eine Bundesfamilie in der Gemeinde. Bibelgläubige Christen glauben nicht, dass eine Rasur und eine Mahlzeit Menschen langfristig helfen – oder das sündige Wesen in uns allen sühnen.

Fremde und Flüchtlinge sind ausgezeichnet mit einer Würde, die ihnen der Gott des Universums verliehen hat. Sie sind aber auch von der Verderbtheit aufgrund von Adams Sünde gezeichnet. Um das Evangelium in Wort und Tat zu verkündigen, müssen wir anerkennen, dass wir alle die Hölle verdient haben, so wie sie ist – mit all ihrer Zerstörung, ihrer Ungerechtigkeit, ihrer Armut und ihrem Schmerz. Wir müssen anerkennen, dass nur durch das Blut Christi, das für die Sünden seines Volkes vergossen wurde, und durch die Macht Gottes, die Christus aus dem Grab auferweckt hat, und die er allen zuteilwerden lässt, die sich der Autorität der Schrift unterordnen, überhaupt irgendjemand von uns gerettet wird. Die Häuser von uns Christen sind der Ort, an dem wir die Gemeinde zu den Menschen bringen, während wir versuchen, uns gegenseitig zu unterstützen und zusammenzuhalten.

Christliche Gastfreundschaft verstößt gegen die übliche Wahrung von Grenzen, die durch die Tischgemeinschaft dargestellt wird. Als ich im Graduiertenstudium war, verschlangen wir alle Bücher der Kulturanthropologin Mary Douglas. Ihr Buch *Reinheit und Gefährdung: eine Studie zu Vorstellungen von Verunreinigung und Tabu* war prägend für mein Denken über Insider und Außenseiter, Zugehörigkeit und Ablehnung sowie die Grenzen unserer Häuser und unseres *Habitus* – Normen, Dispositionen, Möglichkeiten und Neigungen, die unser Herz und unser Zuhause und unsere Gemeinschaft ausmachen.[4]

Douglas' Essay „Das Entziffern einer Mahlzeit“[5] war von instrumentaler Bedeutung dafür, die radikale Gastfreundschaft zu entwickeln, die die lesbische und schwule Gemeinschaft in den verwirrenden und Furcht einflößenden 1980er und 1990er-Jahren verband. Damals wurde AIDS als „Schwulen-Krebs“ bezeichnet, und man hielt Leute, die sich als schwul identifizierten, für Überträger einer Seuche.[6] Douglas erklärt, wie Mahlzeiten die Wahrung von Grenzen zwischen Menschen ermöglichen, die unterschiedliche kulturelle Normen vertreten. Sie erklärt außerdem, wie Ernährungsvorschriften den „Gesellschaftskörper“ überwachen. Diesen Essay habe ich immer geliebt. Doch erst Jahre später, als Christin, konnte ich sehen, wie Identitätspolitik Menschen trennt. Eine Tischgemeinschaft, die von Identitätskonformität abhängt, verlässt sich auf ein falsches Verständnis von Persönlichkeit.

Gott bestimmt unsere Identität: Wir sind männliche oder weibliche Ebenbilder eines heiligen Gottes mit einer Seele, die für immer existieren wird, und mit einem geschlechtsspezifischen Körper, der einmal – das gilt zumindest für die, die ihre Hoffnung durch Glauben und Umkehr auf Jesus gesetzt haben – im Neuen Jerusalem verherrlicht und dort aufgenommen werden wird, nachdem Jesus wiedergekommen ist. Im Gegensatz dazu ist Identitätspolitik abhängig von der Vorstellung, dass der soziale Körper übergeordnet sei – dass wir hauptsächlich und in erster Linie Mitglieder eines politischen Körpers und nur in zweiter Linie private Bürger seien.[7] Für mich als Christin ist das revolutionär für mein Denken über Gastfreundschaft geworden. Es bedeutet, dass das Ausschließen von Menschen aus willkürlichen Gründen – also solchen, die nicht im Zusammenhang mit Gemeindezucht stehen (eine wichtige Ausnahme, die ich in Kapitel 6 behandle) – brutal und feindselig ist. Es zerstört Glauben und entmutigt Gläubige. Außerdem widerspricht es der eindeutigen Botschaft der Bibel: Gottes Volk gehörte einst zu den Fremden. Wir wissen, wie weh das tut.

Heute denke ich viel über Mary Douglas nach, da Tischgemeinschaft für mich zu einer täglichen Lebensform geworden ist.

Kent und ich praktizieren alltägliche Gastfreundschaft als Lebensform, weil wir es müssen. Wir erinnern uns daran, wie es ist, einsam zu sein. Wir erinnern uns an den seltsamen Widerspruch:

Am Tag des Herrn gesagt zu bekommen, dass man ein Teil von Gottes Familie ist, aber dann die restliche lange Woche nur mit Mühe und Not durchzukommen wie ein Waisenkind, das um Brot bettelt. Wir wissen, dass chronische Einsamkeit Menschen kaputt macht und ihre Hoffnung und ihren Glauben zerstören kann. Wir glauben, dass uns die hohe Berufung der Bibel zum Singlesein dazu zwingt, so gemeinschaftlich zu leben, wie wir es können, und die Mahlzeiten, die Schriftlesung und das Gebet am Abend mit weit offenen Türen zu feiern. Fasten, eine Glaubensdisziplin, wird am besten durch eine gemeinsame Mahlzeit und Gebet unterbrochen. Wir glauben, dass das Blut Christi dicker ist als Wasser. Alltägliche Gastfreundschaft, wo sich Gemeinde und Nächste versammeln, ist eine tägliche Gnade.

Und wir glauben, dass radikal einfache Gastfreundschaft davon abhängig ist, dass Gottes Familie weiß, wo sie sich versammeln kann. Dass sie weiß, wie spontan und natürlich man mit der Schrift und mit offenen Armen sein kann. Und wir tun das, weil das Ziel radikal einfacher Gastfreundschaft darin besteht, die Hand eines Fremden zu nehmen und sie in die Hand des Retters zu legen, feindselige Welten zu überbrücken, damit Menschen zu Gottes Familie hinzugefügt werden.

Also führen wir, die wir als konservative Christen in der Straße wohlbekannt sind, ein Haus, das von außen aussieht wie eine christliche Kommune. Und wir glauben nicht, dass das exzentrisch ist. Wir glauben, dass es das ist, was die Bibel als *normal* bezeichnet. Wir glauben, dass Christen dazu berufen sind, als Gottes Familie zu leben und Fremde und Nachbarn einzuladen. Wir sollten das mit einem gedeckten Tisch und auf Knien tun, wobei wir Gott anflehen, Gnade über denen auszuschütten, die den Herrn noch nicht kennen, und die zu ermutigen, aufzurichten und zu stärken, die ihn bereits kennen. Wir tun uns zusammen, weil wir es müssen. Christen sind keine einsamen Wölfe.

Und ja, tägliche Gastfreundschaft kann teuer und sogar beschwerlich sein. Sie zwingt uns dazu, uns mehr um unsere Gemeindefamilie und unsere Nächsten zu kümmern als um unseren persönlichen Status in dieser Welt. Allein die monatlichen Ausgaben für Lebensmittel erinnern uns an Folgendes: Das, was uns demütig macht, kann uns nicht schaden. Aber das, was unseren Stolz anschwellen lässt, wird es unweigerlich tun.

Radikal einfache christliche Gastfreundschaft auszuleben bedeutet zu wissen, dass Ihre Beziehung zu anderen so stark sein muss wie Ihre Worte. Das Gleichgewicht darf hier nicht aus dem Lot geraten. Starke Worte in einer schwachen Beziehung zu Ihrem Nächsten sind etwas Brutales. Darin wird die brutale Gedankenlosigkeit unseres von sozialen Medien durchdrungenen Zeitalters abgebildet. So reden Nächste nicht miteinander. So gehen Ebenbilder desselben Gottes nicht miteinander um. Radikal einfacher Gastfreundschaft ist es die Zeit wert, die nötig ist, um in Beziehungen zu investieren, Brücken zu bauen, Buße über vergangene Sünden zu tun, sich zu versöhnen. Brückenbauen und die Erneuerung von Freundschaften kann man nicht überstürzen.

Das Wort *Gastfreundschaft* kommt dem griechischen Wort *philoxenia* annähernd gleich. Dieses griechische Wort bedeutet „Fremdenliebe“. Anstatt sich von den Auswüchsen einer nachchristlichen Ära ins Abseits gedrängt zu fühlen, sind Christen dazu berufen, radikal einfache Gastfreundschaft zu praktizieren, um ihre Entschlossenheit in Christus zu erneuern. Allzu viele von uns lassen sich von Ängsten ins Abseits drängen. Wir fürchten, dass Menschen uns verletzen. Wir fürchten, dass Menschen negativen Einfluss auf unsere Kinder ausüben. Wir fürchten, dass wir nicht einmal die Sprache dieser neuen Weltordnung verstehen, von ihren Menschen ganz zu schweigen. Wir sehnen uns nach vergangenen Tagen. Unsere Sentimentalität macht uns träge. Wir müssen unsere selbstbemitleidende Träumerei überwinden. Die besten Tage liegen vor uns. Jesus geht mit uns an vorderster Front voran.

Radikal einfache Gastfreundschaft kann tatsächlich vom Herrn gebraucht werden, um seine Leute in Gnade und in einem aufopferungsvollen Lebensstil wachsen zu lassen. Er kann solche Gastfreundschaft gebrauchen, um Handlungsweisen, Vorstellungen und Traditionen zu bewahren, die Gott zu unserem Segen und zu seiner

Ehre eingeführt hat. Er kann sie gebrauchen, um Menschen, die sich in qualvoller Finsternis befinden, in christliche Häuser und Freundschaften zu führen. In der Tat: So Gott will, kann er sie gebrauchen, um die Welt zu verändern. Aber radikal einfache Gastfreundschaft muss in Gnade verwurzelt und von ihr getränkt sein: in verbindlicher Gemeindemitgliedschaft, in persönlichem Gebet und Fasten, Stille, Buße, Bibellektüre, Auswendiglernen von Bibelversen und geistlichen Liedern.

Geistliche Vorbereitungen für radikal einfache Gastfreundschaft

Radikal einfache Gastfreundschaft ergibt sich nicht einfach in den tagtäglichen Abläufen des Haushalts. Man muss sich geistlich darauf vorbereiten. Die Bibel bezeichnet geistliche Vorbereitung als *Kampf*. Radikal einfache Gastfreundschaft ist in der Tat ein geistlicher Kampf.

Diese Ideen passen nicht mit feiner Gesellschaft zusammen. Gastfreundschaft beschwört in unserer Vorstellung oft die Szene einer viktorianischen Teegesellschaft herauf, mit gehäkelten Zierdeckchen und blau-weißen, chinesisch anmutenden Teetassen mit Paisleymuster. *Radikal* bedeutet: „bis zur Wurzel gehen, um etwas zu verändern". Das Wort beschwört die Vorstellung von politischen und sozialen Umwälzungen herauf, eine Art von Veränderung, die konservativen Christen normalerweise einen Riesenschrecken einjagt. *Einfach* meint hier „alltäglich", „gewöhnlich", „vorhersehbar", „verlässlich" und „regelmäßig". Und geistlicher Kampf ist das, womit wir uns auseinandersetzen, wenn die Versuchung uns wieder einmal niederstreckt und Satan gewinnt, indem er uns, unser christliches Zeugnis und unsere Familien zerreißt. Nur im Jesus-Paradox kommen diese unvereinbaren Ideen zusammen. Und sie müssen zusammenkommen.

Radikal einfache Gastfreundschaft

In meiner Welt lagern das feine Porzellan und die Zierdeckchen in Kartons auf dem Dachboden. Stattdessen verwenden wir an den meisten Tagen zweckmäßige Baumwolltücher und Ikea-Geschirr sowie robuste Teller und Schüsseln und nicht zueinander passende Keramikbecher. Meine Gastfreundschaft ist praktisch, schlicht und beständig. Manchmal nehme ich die Rolle der Gastgeberin ein und gehorche damit Gottes Geboten, und manchmal übernehme ich die Rolle des Gastes, indem ich selbst Speisen und Zuwendung empfange. Doch wir sind immer entweder das eine oder das andere – wir sind entweder Gastgeber oder wir sind Gäste. Das christliche Leben bietet keinen Raum für Vermieter, Pächter oder Zuschauer. Wir, die wir im Blut Christi gewaschen sind, sind aktive Teilhaber.

Einfache Gastfreundschaft funktioniert nach dem Prinzip des Zehnten. Gott sagt, dass wir entweder zehn Prozent dessen, womit er uns versorgt, der Gemeinde zurückgeben sollen oder – wenn wir dringend Hilfe brauchen – Hilfe von der Gemeinde empfangen. Sowohl Geben als auch Nehmen segnet die Gemeinde. Und wenn wir weder geben noch nehmen – zum Beispiel durch den Zehnten oder durch Gastfreundschaft –, dann berauben wir Gott.

Dasselbe Prinzip gilt für Gastfreundschaft. Wir müssen bereit sein, Gastfreundschaft sowohl als Gastgeber als auch als Gast zu praktizieren. Und wir müssen sehen, wie das Prinzip des Gebens und Nehmens eine Gemeinschaft aufbaut und Gott verherrlicht. Abermals gilt: In Gottes Königreich gibt es keine Mieter, Zuschauer oder Schaulustige. Wir sind gemeinsam Gastgeber und Gäste. Und sowohl durch großzügiges Geben als auch durch freimütiges Annehmen wird Gott geehrt.

Gott beruft Christen dazu, Gastfreundschaft zu praktizieren, um liebevolle christliche Gemeinschaften aufzubauen, um abendliche Tischgemeinschaft mit anderen seiner Ebenbilder zu verwirklichen, um den Schmerz von Waisenkindern oder Witwen oder Gefangenen zu lindern. Er beruft Christen zur Gastfreundschaft, damit sie sich als Älteste in der Gemeinde qualifizieren und gute und treue Verwalter dessen sind, was Gott uns in unserem Herrn Jesus Christus geschenkt hat: in seiner Person, seinem Werk und dem Vorbild des Gehorsams und Leidens. Dieser Ruf des Evangeliums, der aus

Fremden Nächste und aus Nächsten Gottes Familie macht, ist ziemlich geradeheraus, wenn man in der Bibel liest – insbesondere in der Apostelgeschichte. Und dieser Ruf erfordert sowohl Gastgeber als auch Gäste. Wir müssen sowohl als Gastgeber als auch als Gäste daran teilnehmen – nicht nur als eins von beidem. Denn Geben und Nehmen sind gut und heilig. Beides verbindet Menschen und Gemeinschaften auf bedeutsame Art und Weise.

Aber hier ist noch nicht Schluss. Gott ruft uns dazu auf, Gastfreundschaft als einen täglichen Lebensstil zu praktizieren, nicht als eine gelegentliche Aktivität, wenn die Zeit und die Finanzen es gerade zulassen. Radikal einfache Gastfreundschaft bedeutet Folgendes: Gott verheißt, dass er Einsamen eine Familie schenken wird (Ps 68,7), und er möchte Ihr Haus als lebendigen Beweis dafür gebrauchen.

Geistlicher Kampf

Radikal einfache Gastfreundschaft schafft eine Nähe zwischen Menschen, die es ermöglicht, über echte Unterschiede zu sprechen. Christen betrachten diese Welt als einen Schauplatz kosmischer Kämpfe – gegen die Mächte des Bösen und zwischen Fleisch und Geist. Sie betrachten diese Welt als einen Ort, an den sie berufen sind, um ihn durch die Gnade des Evangeliums schöner zu machen, während wir diese mittleren Kapitel unseres Lebens ausleben. Bitte stellen Sie sich jetzt nicht Gewalt oder wütendes Geschrei vor, wenn ich sage, dass Gastfreundschaft ein geistlicher Kampf ist. Die Vorstellung von geistlichem Kampf bezieht sich in der Bibel auf den Prozess, durch den Gläubige die Macht des kommenden Zeitalters jedes Mal sehen und schmecken, wenn sie ihre Bibeln öffnen und wenn sie im Gebet ihre Anliegen vor den Thron der Gnade bringen. Geistlicher Kampf ist die Realität hinter den Kulissen, wenn wir unseren Nächsten die Kraft des auferstandenen Christus verkündigen. Geistlicher Kampf ist realistisch, weil das Böse in der Welt und in den Herzen der Menschen lauert. Uns in diesen Kampf hineinzubegeben bedeutet, die Herrschaft Christi willkommen zu heißen, damit sie das Böse überwindet. Währenddessen versuchen wir zu praktizieren, was wir glauben, und dadurch *„das Böse mit dem Guten [zu überwinden]"* (Röm 12,21).

Erstens spiegelt radikal einfache Gastfreundschaft wider, was Ihre Worte aussagen, nämlich dass Sie Christus gehören. Sie biedern sich nicht an. Auch wenn Sie für eine Zeit Freundschaften verlieren mögen, ist Ihre Verbindung mit Christus sicher:

> *Denn ich bin überzeugt, dass weder Tod noch Leben, weder Engel noch Gewalten, weder Gegenwärtiges noch Zukünftiges, noch Mächte, weder Höhe noch Tiefe, noch irgendein anderes Geschöpf uns wird scheiden können von der Liebe Gottes, die in Christus Jesus ist, unserem Herrn. (Röm 8,38-39)*

Diese Bibelstelle macht deutlich, dass radikal einfache Gastfreundschaft einen Weg für eine tiefe Einheit mit Christus bereitet. Radikal einfache Gastfreundschaft verleiht unserem Glauben neuen Schwung und belebt unsere Hoffnung.

Zweitens heiligt uns das Praktizieren radikal einfacher Gastfreundschaft, da es uns in eine opferbereite Haltung des Dienstes für andere versetzt. Sie mahnt uns, nachzudenken, bevor wir handeln. Dies kann möglicherweise sogar zu einem Lebensmuster für alle zukünftigen Generationen in Ihrem Haus werden:

> *Denn ihr seid zur Freiheit berufen worden, Brüder. Nur gebraucht nicht die Freiheit als Anlass für das Fleisch, sondern dient einander durch die Liebe! Denn das ganze Gesetz ist in einem Wort erfüllt, in dem: »Du sollst deinen Nächsten lieben wie dich selbst.« Wenn ihr aber einander beißt und fresst, so seht zu, dass ihr nicht voneinander verzehrt werdet! Ich sage aber: Wandelt im Geist, und ihr werdet die Begierde des Fleisches nicht erfüllen. Denn das Fleisch begehrt gegen den Geist auf, der Geist aber gegen das Fleisch; denn diese sind einander entgegengesetzt, damit ihr nicht das tut, was ihr wollt. Wenn ihr aber durch den Geist geleitet werdet, seid ihr nicht unter dem Gesetz. Offenbar aber sind die Werke des Fleisches; es sind:*

Unzucht, Unreinheit, Ausschweifung, Götzendienst, Zauberei, Feindschaften, Streit, Eifersucht, Zornausbrüche, Selbstsüchteleien, Zwistigkeiten, Parteiungen, Neidereien, Trinkgelage, Völlereien und dergleichen. Von diesen sage ich euch im Voraus, so wie ich vorher sagte, dass die, die so etwas tun, das Reich Gottes nicht erben werden. Die Frucht des Geistes aber ist: Liebe, Freude, Friede, Langmut, Freundlichkeit, Güte, Treue, Sanftmut, Enthaltsamkeit. Gegen diese ist das Gesetz nicht gerichtet. Die aber dem Christus Jesus angehören, haben das Fleisch samt den Leidenschaften und Begierden gekreuzigt. Wenn wir durch den Geist leben, so lasst uns dem Geist folgen! Lasst uns nicht nach eitler Ehre trachten, indem wir einander herausfordern, einander beneiden! (Gal 5,13-26)

Drittens stellt radikal einfache Gastfreundschaft einen Bestandteil unserer geistlichen Waffenrüstung dar. Sie gewährt uns Zugang zu den gebrochenen Herzen von Menschen und ermöglicht es Gottes Geist, trotz unserer Grenzen durch uns zu wirken:

Schließlich: Werdet stark im Herrn und in der Macht seiner Stärke! Zieht die ganze Waffenrüstung Gottes an, damit ihr gegen die Listen des Teufels bestehen könnt! Denn unser Kampf ist nicht gegen Fleisch und Blut, sondern gegen die Gewalten, gegen die Mächte, gegen die Weltbeherrscher dieser Finsternis, gegen die geistigen Mächte der Bosheit in der Himmelswelt. Deshalb ergreift die ganze Waffenrüstung Gottes, damit ihr an dem bösen Tag widerstehen und, wenn ihr alles ausgerichtet habt, stehen bleiben könnt! So steht nun, eure Lenden umgürtet mit Wahrheit, bekleidet mit dem Brustpanzer der Gerechtigkeit und beschuht an den Füßen mit der Bereitschaft zur Verkündigung des Evangeliums des Friedens! Bei alledem ergreift den Schild des Glaubens, mit dem ihr alle feurigen Pfeile des Bösen auslöschen könnt! Nehmt auch den Helm des Heils und das Schwert des Geistes, das ist Gottes Wort! (Eph 6,10-17)

Viertens befinden wir uns durch das Praktizieren radikal einfacher Gastfreundschaft in guter, nämlich himmlischer, Gesellschaft – der großen Wolke von Zeugen:

Deshalb lasst nun auch uns, da wir eine so große Wolke von Zeugen um uns haben, jede Bürde und die uns so leicht umstrickende Sünde ablegen und mit Ausdauer laufen den vor uns liegenden Wettlauf. (Hebr 12,1).

Wir sehen Paulus als unseren Bruder und unser Vorbild. Er praktizierte radikale Gastfreundschaft im Gefängnis und hatte richtig erkannt, dass seine Ketten ihn mutig machten. In Epheser 6,20 sagt Paulus uns, dass er ein *„Gesandter in Ketten"* ist, damit er mutig redet. Paulus schließt seinen Brief an die Kolosser, indem er seine Leser bittet: *„Gedenkt meiner Fesseln!"* (Kol 4,18). Welche Ketten tragen wir? Machen sie uns mutig? Das sollten sie. Die Ketten unserer nachchristlichen Welt sollten uns mutig machen, nicht einschüchtern. Wenn wir uns die große Wolke von Zeugen und Paulus zum Vorbild nehmen, hilft uns das, Abstand von selbstsüchtigen kulturellen Vorurteilen und Einflüssen zu nehmen. Wohlstand verleitet manche dazu, den Dingen dieser Welt einen zu hohen Wert beizumessen.

Radikal einfache Gastfreundschaft bewirkt Glaubwürdigkeit bei Ihren nachchristlichen Nachbarn. Es erlaubt Ihnen, zuzuhören, Geheimnisse zu wahren, eine vertrauenswürdige Freundin zu sein und ein Wort der Gnade in dunkle Situationen hineinzusprechen. In nachchristlichen Gemeinschaften können Ihre Worte nur so stark sein wie Ihre Beziehungen. Ihre besten Waffen sind eine offene Tür, ein gedeckter Tisch, eine frische Kanne Kaffee und eine Packung Tempos für vergossene Tränen:

Denn die Waffen unseres Kampfes sind nicht fleischlich, sondern mächtig für Gott zur Zerstörung von Festungen; so zerstören wir überspitzte Gedankengebäude und jede Höhe, die sich gegen die Erkenntnis Gottes erhebt, und nehmen jeden

Gedanken gefangen unter den Gehorsam Christi und sind bereit, allen Ungehorsam zu strafen, wenn euer Gehorsam erfüllt sein wird. (2Kor 10,4-6)

Radikal einfache Gastfreundschaft als eine Form des geistlichen Kampfes zu verstehen hilft Christen zudem, flexibel darin zu sein, welche Rollen sie übernehmen. Christen müssen lernen, radikal einfache Gastfreundschaft nicht nur als Gastgeber für diese Welt zu praktizieren, sondern – und vielleicht sogar noch wichtiger – auch als ihre verachteten Gäste. Sehen wir den Tatsachen ins Auge: Wir sind in dieser nachchristlichen Welt zu unwillkommenen Gästen geworden. Unsere Kinder fahren mit ihren Tretrollern durch Wohngebiete, in denen der konservative christliche Glaube als irrelevant, irrational, diskriminierend und gefährlich abgetan und angeprangert wird. Viele von uns gehen ihrer Arbeit an Orten nach, wo Sensibilisierungstraining zu einem orwellschen Albtraum geworden ist; wo sexuelle Orientierung jetzt als eine wahre Persönlichkeitskategorie (wer man wirklich ist) betrachtet wird; wo das biologische Geschlecht nicht länger als eine faktische Realität betrachtet wird, die Gott als Segen für die gesamte Menschheit vorgesehen hat, sondern nur noch als eine psychologische Realität (deren Bedeutung davon abhängt, wie man empfindet). Christlich-gesunder Menschenverstand wird von den neuen Wächtern dieser Kultur zur „Hassrede" erklärt. Die alten Regeln gelten nicht mehr. Viele Christen wissen wirklich nicht, was sie ihren nichtgläubigen Nächsten sagen sollen. Sprache und Logik haben sich nahezu über Nacht verändert. Die Herausforderung, Menschen, von denen Sie verachtet werden, in Ihr Haus einzuladen, klingt nach einer erschreckenden Perspektive.

Eine Option besteht darin, die Mauern höher zu ziehen und noch lauter zu erklären, dass unser Heim unsere Burg ist – da die Welt den Bach hinuntergeht, verkriechen wir uns wohl am besten drinnen, danken Gott für unseren Burggraben und ziehen die Brücke hoch. Das zu tun ist eine Art Krieg gegen diese Welt, aber nicht die Art von geistlichem Kampf, die die Finsternis vertreibt und die Freundlichkeit des Evangeliums bringt. Strategischer Mauerbau dient nur dazu, die Welt und die Menschen in ihr zu verachten. Diese Art von Kampf macht unseren Glauben wertlos, leer und kraftlos.

Eine andere Option besteht darin, das Blut Christi zu verachten und ein neues Christentum zu erfinden, das schön auf den „coexist"*-Autoaufkleber passt. Dabei könnte man den Skandal und die Schande des Kreuzes vermeiden und es durch eine salonfähige Religion, die sich vor den Götzen unserer Zeit verneigt, ersetzen: Konsumdenken und sexuelle Autonomie. Diese Manipulationsstrategie stützt sich darauf, Bibelworte auf antibiblische Weise zu verwenden. Mit dem biblischen christlichen Glauben teilt diese Religion lediglich das Vokabular, nicht aber das Wörterbuch. Diese Option ist ebenso grauenvoll – und weit verbreitet.

Um radikal einfache Gastfreundschaft als geistlichen Kampf zu praktizieren, müssen wir tief in den Gnadenmitteln gegründet sein und es muss uns selbstverständlich sein, dass Gottes Gesetz und Gottes Gnade nicht kompromittiert oder voneinander abgekoppelt werden können. Verbringen wir genügend Zeit innerhalb des Schutzraums unseres christlichen Glaubens, um erneuert und aufgebaut zu werden, um neue Kraft zu schöpfen, Buße zu tun und in Christus zu wachsen – und um unseren Kindern zu verstehen helfen, dass wir in dieser neuen Weltkultur Fremdsprachler sind? Das müssen wir. Wir müssen starke christliche Infrastrukturen bauen und von diesen aus starten.

Wenn wir das tun, nehmen wir Paulus beim Wort: *„Denn die Waffen unseres Kampfes sind nicht fleischlich, sondern mächtig für Gott zur Zerstörung von Festungen"* (2Kor 10,4).

Doch wie? Fällt die Festungen zerstörende Kraft einfach vom Himmel und uns in den Schoß? Zum Beispiel in Form von dreckigen Kinder- und Hundespuren im ganzen Haus (insbesondere auf dem cremefarbenen Teppich) als himmlischer Beweis dafür, dass

* A. d. Ü.: Sticker, die das friedliche Nebeneinander der Religionen propagieren – das „c" steht als Halbmond für den Islam, das „x" als Davidstern für das Judentum und das „t" als Kreuz für das Christentum.

hier die *„die Füße dessen, der frohe Botschaft bringt"* (Jes 52,7), herumtrampeln?

Nein.

Stattdessen beruft Gott uns dazu, Opfer zu bringen, die wehtun, damit anderen gedient werden kann und sie vielleicht sogar gerettet werden. Wir sind dazu berufen zu sterben. Nichts weniger als das.

Radikal einfache Gastfreundschaft serviert Ravioli mit erlöstem Leben. Sie ist furchtlos; sie ist treu. Wie Russell Moore in einem anderen Kontext über geistliche Auseinandersetzungen mit der Kultur schreibt: Sie *„zuckt vor Mächtigen nicht mit der Wimper, versucht aber auch nicht, diese nachzuahmen."*[8]

Wo sollen wir beginnen? Ich beginne mit einer Liste.

Ich bin eine Listenschreiberin.

Lateinvokabeln; Bücher, die ich lesen will; Menschen, denen ich schreiben muss; tägliche Aufgaben (meine und die meiner Kinder); Strickprojekte; Kinderkleidung und Schuhgrößen (die ändern sich ständig!); Lebensmittelallergien der Menschen, die ich liebe; Leben spendende Worte, die ich in Briefen an meine Freunde im Gefängnis verwenden will; Gebetsanliegen; Kindergeburtstage in der Nachbarschaft und die Lieblingssnacks dieser Kinder; die Namen und Charaktermerkmale der Hunde, die irgendwie in meinem Garten landen oder auf meiner Couch schlafen. Manchmal nehmen diese Listen die Gestalt von Gruppen-SMS an die Frauen in meiner Nachbarschaft an: „Ich bin heute nach der Schule bei METRO. Schreibt mir eure Liste, und ich bringe eure Sachen auf dem Heimweg vorbei."

Aber normalerweise werden meine Listen auf Notizblöcken geführt, die ich mit meinem Strickprojekt, meiner Bibel und meinem Portemonnaie in meiner Handtasche trage. Wenn ich zu Hause bin, nehme ich sie aus der Tasche und lege sie auf die Küchenarbeitsplatte neben die Kaffeekanne.

Ich benutze nicht mein iPhone, um Listen zu schreiben.

Wenn ich das täte, könnte niemand sonst sie sehen, und dann könnte niemand mitmachen.

Ich mag es, Dinge von Hand und von Herzen zu tun.

Meine Gastfreundschaftsliste – die Liste, die ich die Woche über gründlich durcharbeite, so wie ich das Abendmahlsbrot durchknete, das ich jeden Samstagabend backe – enthält meine Einkaufslisten und die Einkaufslisten meiner Freundinnen in der Nachbarschaft sowie die Mahlzeiten, die ich jemandem vorbeibringen werde, und die Leute, denen ich in dieser Woche dienen möchte. Sehen Sie, es vergeht kein Tag, an dem ich nicht über Gastfreundschaft und Tischgemeinschaft nachdenke – über die verloren gegangene christliche Kunst liebevoller Integration, das verloren gegangene Zeugnis davon, was eine christliche Familie wirklich bedeutet, und das verloren gegangene Klingen eines Herzens, das bricht, damit es von Gott neu gemacht werden kann. Ich bete, dass die Arbeit meiner Hände und meines Herzens einen Ort formen wird, an dem Jesus sein Haupt niederlegt, während Fremde und Freunde um meinen Tisch herum sitzen und die Worte des Lebens hören, während wir gemeinsam das tägliche Brot brechen.

Meine Listen spiegeln meinen Zeitplan wider. Dieser Zeitplan sieht folgendermaßen aus:

Tag des Herrn. Wir sind Sabbatarier. Daher genießen wir den gesamten Tag als einen Tag, der für Anbetung und Gemeinschaft reserviert ist. Ich bereite das Essen für unser allwöchentliches Gemeinschaftsessen in der Gemeinde sowie für unsere Hausgemeinschaft vor. Das schließt die abendliche Mahlzeit für zehn bis dreißig Leute ein.

Montag. Montage sind harte Tage fürs Homeschooling. Deshalb beenden wir sie damit, dass Freunde herüberkommen und wir einen langen Hundespaziergang oder eine Fahrradtour machen. Wenn wir zurückkommen, bereite ich manchmal eine Mahlzeit für einen Nachbarn in Not vor und bringe sie vorbei, während die Kinder draußen spielen.

Dienstag. Homeschooling und Klavierstunden, gefolgt von einem Abendessen mit unseren Nachbarn und Gemeindefreunden bilden die Dienstagsroutine. Hinzu kommen eine ausgedehnte Gebetszeit und Bibelstudium, weil wir alle mit irgendetwas zu kämpfen haben. Zurzeit reden wir darüber, wie die öffentliche Politik das Christentum in eine falsche Schublade steckt, in der wir uns kaum wiedererkennen. Ich versuche, darauf vorbereitet zu sein, dass andere sich uns anschließen. Daher bereite ich für zehn Personen vor, denn die die Dienstagabende entwickeln sich momentan auch zur gemeinsamen Gebetszeit.

Mittwoch. Auch am Mittwoch gibt es wieder Homeschooling und nach der Schule den Hausputz. Manchmal fahren wir raus zum örtlichen Gefängnis und legen Geld in die Versorgungskasse einer befreundeten Gefangenen, Aimee, damit sie sich ein Sweatshirt kaufen kann. Denn die Nächte werden kühler und der Crystal Meth-Entzug ist furchtbar. Meine Kinder sind bei diesem Dienst mit dabei, denn sie sind auch mit dabei, um mit mir für unsere Nächsten im Gefängnis zu beten. Der Tag endet mit einem Gebetstreffen in der Gemeinde um 19 Uhr.

Donnerstag. Der Donnerstag bringt wiederum Homeschooling mit sich. Dazu kommt eventuell ein Ausflug in die Bücherei oder das örtliche Wissenschaftsmuseum, wenn wir bis 16 Uhr fertig sind. Um 19 Uhr machen wir gemeinsam mit Nachbarn einen Gebetsspaziergang, wenn das Wetter gut ist. Wenn das Wetter schlecht ist, treffen wir uns zum Beten in unserem Wohnzimmer. Wir haben den Donnerstag jetzt schon vor Jahren zum „Nachbarschaftsabend" erklärt, und regelmäßig erscheinen neue Leute zu Gebet und Gemeinschaft.

Freitag. Heute ist der Homeschooling-Kooperationstag. Manchmal treffe ich mich mit anderen Müttern, die auch ihre Kinder zu Hause unterrichten, um Lateingrammatik durchzugehen. Wir bauen die Ruinen des Lateinbestandes in unserem Gedächtnis wieder auf. Lateinische Grammatik ist für mich unverzichtbar geworden. Sie ist konkret, nicht abstrakt. Zurzeit brauche ich mehr Dinge, die konkret sind. Nach der Schule plane ich eine Fahrt zur METRO für

Freitagabend. Susanna und meine Tochter Mary kommen mit. Dann haben wir ein spätes Abendessen mit Nachbarn und Kindern. Dabei knüpfen wir Freundschaften, die über die eigene Weltanschauung hinausreichen, während wir fröhliches Gelächter vom Maltisch im Unterrichtszimmer und vom Trampolin in unserem Garten hören.

Samstag. Ich beginne den Tag mit einem morgendlichen Hundespaziergang mit Nachbarn. Kinder (meine und die aus der Nachbarschaft) kommen und gehen, während sie im Garten ein Fort bauen oder sich draußen mit Laserschwertern als der Hohe Rat der Jedi versammeln. Irgendwann backe ich das Abendmahlsbrot und putze das Haus. Manchmal genieße ich einen Besuch von meinem ältesten Sohn, meiner Schwiegertochter und meinem Enkel. Abends versammeln wir uns mit Gemeindemitgliedern und Nachbarn, die sich mit einem gemeinsamen Essen und Gebet auf den Tag des Herrn vorbereiten wollen.

Meine Listen sind nicht in Stein gemeißelt. Sie sind in Gnade gegründet, sind um Menschen und ihre Bedürfnisse, ihren besonderen Schmerz, ihre tiefen Wunden und unaussprechlichen Geheimnisse herum organisiert. Manche meiner Listen sehen aus wie gewöhnliche Einkaufslisten, aber nur, wenn man sie oberflächlich betrachtet. Sein Leben dafür einzusetzen, ein guter Nächster zu sein, ist Kunst und Wissenschaft zugleich. Ich bin immer eine Spezialistin gewesen. Meine Spezialität sind Buße und Einsamkeit, kombiniert mit Essen und Glauben, und immer Gottes Familie vor dem inneren Auge, das Gott uns geschenkt hat. Zurzeit übe ich mich besonders in der Kunst, täglich tausend Tode für die Liebe zu Gott und zum Nächsten zu sterben.

Letztendlich laufen alle diese Listen darauf hinaus, dass nach dem Abendessen die Bibel und die Psalmen aufgeschlagen werden und Kent lehrt. Und wir – ein ärmliches, behelfsmäßiges „wir“ von einem Volk, von Nachbarn und Gottes Familie, in einem bunten Haufen zusammengewürfelt –, wir hören zu, fragen, weinen, singen, lachen, empfangen und beten. Jesus begegnet uns im Gespräch, nicht um Widerstand auszuschalten, sondern um ihn zu formen, um uns für das Licht aufzubrechen. All diese Listen führen hin zu diesem Moment, wenn Fremde zu Brüdern und Schwestern in Christus gemacht werden, wenn Köpfe sich neigen; wenn der Heilige Geist drängt, Jesus spricht und wir empfangen.

Der beschauliche und manchmal irreführende Begriff „christliche Gastfreundschaft" verheißt Geheimnis, gebiert Gemeinschaft und mündet im Mitteilen der Wahrheit. Gastfreundschaft beinhaltet die Art von Aussprechen der Wahrheit, die einem durch Mark und Bein geht. Gastfreundschaft klingt häuslich. Aber in Wirklichkeit rüttelt sie an den Himmelspforten für die Leute, um die Sie sich kümmern, die Sie im Arm halten und lieben. Das Listenschreiben und Einkaufen macht mich klein, bescheiden, mein Leben ist unordentlich. Dieser Lebensstil bindet mich an Heim, Herd und Haushaltsführung. Diese arbeitsreiche Vorbereitung für die tägliche Tischgemeinschaft, bei der Jesus sein Haupt niederlegt, erfordert zu 50 Prozent Gebet, zu 40 Prozent Organisation und zu 10 Prozent Wagemut. Kent und ich und unsere Kinder übernehmen die 50 Prozent Gebet; ich lege für die 40 Prozent Organisation die Hand an den Pflug; und Zwischenfälle, Konflikte und Unwägbarkeiten schaffen die 10 Prozent Kulisse für jeden Tag, jede Liste, jeden Kuss auf die Wange eines Kindes, jede Zurechtweisung durch die Welt oder durch den Herrn, jeden Rückschlag, jeden einsamen, kalten Griff des Zweifels. Glaube an Jesus stellt das Vertrauen in den Vordergrund, das sagt: „Ich liebe meinen Nächsten, weil er es ist, nicht weil er meine Liebe erwidert."

3. UNSERE NACHCHRISTLICHE WELT

Die Freundlichkeit der Gastfreundschaft

Juli 1997, Syracuse, New York

Das stand nun wirklich nicht auf meiner Liste von Dingen, die ich gerne mal machen würde: zum Abendessen zu Christen nach Hause zu gehen. Als geoutete Lesbe und Feministin, Vorkämpferin für LGBTQ-Rechte*, in jüngster Zeit Mitverfasserin der ersten Richtlinie für Verpartnerungen an der *Syracuse University* und demnächst habilitierte Radikale war es nicht mein Herzenswunsch, mich mit dem Feind anzufreunden. Christen schienen mir ein engstirniger, unbarmherziger, unmoralischer Haufen zu sein. Sie aßen Fleisch, glaubten an die Prügelstrafe, verstießen hochgradig gegen Menschen- und Umweltrechte, versagten einer Frau das Recht auf Entscheidungsfreiheit und meinten, dass die ganze Welt dem totalitären Gehorsam gegenüber der Bibel unterworfen werden solle– einem veralteten Buch voller Rassismus, Sexismus und Homophobie. Sie hielten an abergläubischen Konzepten von „Sünde" fest und erfanden noch weitere dazu. Ich hingegen glaubte, dass sich dahinter – wie Freud erklärte – lediglich eine kulturelle Phobie verberge, an die sich die Getäuschten klammern. Ihr Denken wird durch eine universale Zwangsneurose manipuliert. (Danken Sie Freud für diesen vielsagenden Ausdruck.) Doch vor allem jagten Christen mir einfach gehörig Angst ein. Unsere Weltanschauungen – und die moralische Brille, die wir verwendeten, um Dinge zu verstehen – waren völlig inkompatibel. Unüberwindbar.

Doch hier war ich nun – in ihrer Einfahrt und parkte meinen roten Isuzu Amigo Pick-up, den ein NARAL-Autoaufkleber *(National Abortion Rights Action League)* und meine lesbischen

* A. d. V.: LGBTQ ist eine aus dem englischen Sprachraum übernommene Abkürzung für *lesbian, gay, bisexual, transgender* und *queer* (lesbisch, schwul, bisexuell, transgender, queer).

Doppelaxt-Aufkleber zierten. Ich saß in meinem Pick-up und machte mich bereit, an der Haustür zu klopfen. Ich versuchte, eine Strategie zu entwickeln, wie ich das Gespräch von meiner „Sünde" weglenken könnte (meiner Erfahrung nach immer ein Fetisch bei Christen). Ich überlegte außerdem, wie ich das Thema vermeiden könnte, warum Christen die Bibel als einen wörtlich zu nehmenden Text lesen – eine Hermeneutik, die ich insgesamt als schlampig, rückschrittlich und dumm empfand. Ich war eine postmoderne Rezeptionsästhetikerin. Ich glaubte, dass alle literarischen Texte in der Interpretation des Lesers ihre Bedeutung fanden. Es regte mich endlos auf, wenn Leute literarische Werke „gegen" deren literarische Gattung lasen – als würde man eine Geburtstagseinladung nach den Regeln eines Sonetts lesen und dabei auf keinen grünen Zweig kommen, weil man den fünffüßigen Jambus nicht finden kann. Christen verarbeiten die eindeutige Gattung biblischer Texte zu belehrenden Geboten im Ein-Vers-pro-Tag-Format. Wie antiintellektuell! Die dem Selbst innewohnende Tugendhaftigkeit (wie Rousseau sie lehrte), der unschätzbare Fortschritt, den die Wissenschaft seit Darwin gemacht hatte, das förderliche Verständnis von Persönlichkeit, das die Psychologie nach Freud entwickelt hatte, und die gerechte sozialistische Kultur wirtschaftlicher Fairness nach Marx – all das hatte dazu geführt, dass für mich außer Zweifel stand: Menschliche Autonomie – also mündige Erwachsene in Ruhe zu lassen, damit sie das tun können, was ihrer Meinung nach am besten ist – sei zentral für menschliches Wohlergehen und eine gesunde, glückliche Welt.

Warum Christen einvernehmlich handelnde Erwachsene nicht in Ruhe lassen wollten, sodass sie sich entfalten und glücklich sein konnten, überstieg mein Verständnis.

So saß ich also in meinem Pick-up in der Einfahrt dieses christlichen Hauses und dachte über das Buch nach, das ich gerade über die religiösen Rechten und ihre Grundsätze, Praktiken und Narrative des Hasses gegen Leute wie mich schrieb. Ich wusste: Um das zu tun, musste ich die Bibel lesen. Ich wusste außerdem, dass ich irgendwie in die Gedankenwelt eines echten Gläubigen eintauchen musste. Ich glaubte, nur ein Spinner oder Idiot könne glauben, dass ein uraltes Buch relevanter und realer sei als die Freundlichkeit, Barmherzigkeit, die positiven Verhaltensstandards, die Unvoreingenommenheit und persönliche Erfahrung, die sich in meiner lesbischen Gemeinschaft widerspiegelte.

Doch ich war auch eine ernsthafte Wissenschaftlerin, eine ausgebildete und nun im Lehrbetrieb stehende Englischprofessorin. Ich brachte meinen Studenten bei, dass sie das Recht auf Kritik nur verdienten, wenn sie die Bücher des Feindes lasen. Man hat kein Recht, sich über etwas zu äußern, das man nicht gelesen hat. Ich beherrschte Griechisch und Hebräisch – die Ursprachen der Bibel – nicht gut genug, um diese zu lesen. Daher wusste ich, dass ich jemanden finden musste, der das konnte. Ich wollte nichts unversucht lassen. Ich wollte die Bibel unter legitimen Bedingungen und nicht als Strohmann angreifen. Ich war der Meinung, dass Wissenschaftler waghalsige Menschen sein müssten. Wir müssen das Risiko eingehen, falsch zu liegen. Und wir müssen das Risiko eingehen, Dinge zu lesen, die uns vor den Kopf stoßen. Ein Wissenschaftler sollte diese Art von Integrität besitzen, um der Gegenseite respektvoll zu begegnen. Da saß ich also, gerade im Begriff, ein neues Buch zu schreiben. Doch zunächst musste ich mich mit dem Buch auseinandersetzen, das mich verurteilte, mich einen Gräuel nannte, mich heftig tadelte und mir eine Ewigkeit in der Hölle zuwies.

Und vielleicht fragen Sie sich jetzt: Wie in aller Welt war ich hier gelandet, in der Einfahrt des Feindes parkend?

Die netten Christen, die mich zum Abendessen eingeladen hatten, hatten mich neugierig gemacht. Der Pastor – Ken Smith – schrieb mir bezüglich eines Kommentars, den ich im *Syracuse Post Standard* veröffentlicht hatte.[9] Darin hatte ich der christlichen Männerbewegung *Promise Keepers* widersprochen – wegen ihrer rückständigen und frauenfeindlichen Geschlechterpolitik und der Bedrohung, die sie für die Demokratie darstellten. Ich habe immer schon alle meine Hassmails gelesen – nennen Sie mich ruhig eine Masochistin – und war zu dem Schluss gekommen, dass Kens kritische Stellungnahme die freundlichste war, die ich je bekommen hatte. Mir gefiel zudem die Tatsache, dass Ken den richtigen

Hintergrund hatte, um mir bei meiner Recherche zu helfen. Als Ken und seine Frau Floy mich zum Abendessen einluden, sagte ich zu. Meine Motive waren klar: Das wäre bestimmt gut für meine Recherche. Ich betrachtete Ken Smith als meinen potenziellen, unbezahlten wissenschaftlichen Mitarbeiter.

Doch die Aufgabe, die mir bevorstand, war beängstigend. Aus diesem Grund saß ich so lange in meinem Pick-up und fühlte mich nicht recht bereit, an die Tür dieses Hauses zu klopfen und über die Türschwelle zu treten. Irgendwie musste ich es schaffen, nach diesem Abendessen die repressive Logik zu verstehen, die ein totes Buch für wichtiger hielt als die Wünsche von guten Menschen. Und ich musste das schaffen, ohne dabei einen Nervenzusammenbruch zu bekommen. Dafür gehasst zu werden, wer man ist, beinhaltet subtile Gewalt, die ich bereits zuvor von Christen hatte einstecken müssen. Sich mit Christen auseinanderzusetzen war toxische Arbeit. Wie beim Tiefseetauchen konnte man nur für eine gewisse Zeit dort unten bleiben, bevor die langfristigen Konsequenzen einsetzten. Ich wollte herausfinden, warum Christen mich so hassten, dabei aber meinen Standpunkt mit Integrität wahren. Allein bei der Aussicht wurde mir schlecht.

Ich atmete tief durch und hievte mich aus dem Pick-up, um meinen nach dem morgendlichen Joggen schmerzempfindlichen Oberschenkelmuskel zu schonen. Ich quälte mich durch die ungewöhnlich dicke, feuchte Juli-Luft zur Haustür und klopfte an.

Die Türschwelle zu ihrem Leben war wie keine andere.

Die Türschwelle zu ihrem Leben brachte mich zum Kreuz.

Nichts an jenem Abend entwickelte sich nach meinem vertrauten Drehbuch. Nichts geschah so, wie ich es erwartete. Weder an jenem Abend noch in den Jahren danach, weder bei Hunderten von Mahlzeiten noch an den langen Abenden, an denen Psalmen gesungen wurden und gebetet wurde, während andere Gläubige durch die Tür dieses Hauses ein und aus gingen, als gäbe es dort keine Tür. Nichts bereitete mich auf diese Offenheit und Wahrheit vor. Nichts bereitete mich auf das nicht aufzuhaltende Evangelium und die Liebe Jesu vor, die sich in der Gastfreundschaft manifestierten, die in diesem einfachen christlichen Zuhause täglich praktiziert wurde. Dieses christliche Zuhause wurde für zwei Jahre mein Zufluchtsort und meine Zwischenstation. Lange bevor ich durch die Türen einer Gemeinde ging, war das Haus der Familie Smith ein Ort, an dem ich mit der Bibel rang – mit der Realität, dass Jesus wirklich der ist, der er zu sein behauptet. Es war der Ort, an dem ich schließlich auf Messers Schneide meiner selbstgewählten sexuellen Sünde Auge in Auge gegenüberstand. Dieses christliche Zuhause war der Ort, an dem ich mit meiner sexuellen Identität rang. Es war der Ort, an dem ich es zum ersten Mal wagte, die Frage zuzulassen: Ist lesbisch zu sein wirklich, wer ich bin, oder hat mich Adams Sünde dazu gemacht? Ist das meine wahre Identität oder die entstellte, die auf die Macht von Adams Erbschuld und Erbverderbnis zurückzuführen ist und die meine tiefen und ursprünglichen Gefühle unzuverlässig und unwahr erscheinen lässt?

Als ich das Haus von Ken und Floy Smith zum ersten Mal betrat, glaubte ich, Religionsfreiheit sei nur eine List, die Christen nutzten, um unverdientes kulturelles Kapital zu sammeln. Wenn Sie mir vor 20 Jahren gesagt hätten, dass Religionsfreiheit ein Zeichen von Güte ist, dann hätte ich Sie ausgelacht. Heute hingegen glaube ich das selbst von ganzem Herzen. Warum? Warum glauben Christen, dass Religionsfreiheit eine Form von Güte ist? Wie können wir das vor unseren nichtgläubigen Nächsten zum Ausdruck bringen? Haben die moralischen Veränderungen in unserer Gesellschaft Gottes Güte widergespiegelt oder eher etwas anderes?

Kürzlich schrieb der Autor und Blogger Tim Challies über die drei Kennzeichen einer moralischen Revolution, wie sie Theo Hobson in seinem Buch *Reinventing Liberal Christianity*[10] aufführt:

1. *Was zuvor allgemein verurteilt wurde, wird nun gefeiert.*
2. *Was zuvor allgemein gefeiert wurde, wird nun verurteilt.*
3. *Wer sich weigert, zu feiern, wird verurteilt.*

Tim lässt uns mit einer Frage zurück. Er sagt: „Beurteilen Sie selbst, ob das tatsächlich eine moralische Revolution ist.“[11] Beurteilen

Sie selbst, ob die Welt, in der wir leben, nachchristlich ist. Ob sie sich über die Wegweisungen Gottes hinweggesetzt hat oder – noch schlimmer – ob sie Gott verleumdet, indem sie behauptet, sein Wort sei nicht wahr.

Das Jahr 2015 war ein entscheidender Punkt. Es war repräsentativ dafür, dass sich das Blatt in den Vereinigten Staaten gewendet hatte. *Obergefell v. Hodges*, die 2015 vom Obersten Gerichtshof gefällte Entscheidung, die die homosexuelle Ehe legalisierte und die Vorstellung einführte, dass die sexuelle Orientierung darüber entscheidet, wer jemand wirklich und im tiefsten Innern ist, war wahrhaftig ein Meilenstein. Ganz gleich, ob Sie die Entscheidung befürwortet haben oder nicht, dieses Gerichtsverfahren machte die Welt zu einem anderen Ort als vorher.

Für manche machte die *Obergefell*-Entscheidung soziale Ungerechtigkeiten wieder gut und die Welt dadurch zu einem besseren Ort. „Love Wins“ (Liebe gewinnt) und „Love makes a family“ (Familie ist, wo Liebe ist) wurden zu den Slogans, die das propagierten, was Befürworter als „Ehe für alle“ (engl. „marriage equality“) bezeichneten.

Seit *Obergefell* befand sich das Evangelium auf Kollisionskurs mit der Vorstellung, dass „homosexuell“ beschreibt, wer man ist und nicht *wie* man vielleicht ist. Die Vorstellung dahinter ist folgende: Wer Sie sind, wird eher von Ihrem eigenen sexuellen Verlangen bestimmt als von der Tatsache, dass Sie im Ebenbild eines heiligen Gottes geschaffen wurden. Diese Vorstellung hat sich seit dem 19. Jahrhundert unter der Oberfläche zusammengebraut. Damals führte Freud als Erster die Vorstellung ein, dass sexuelle Orientierung eine kulturelle Sache sei.[12] Dieser Konflikt ist nun in die Welt hineingeplatzt.

Die „Ehe für alle“ beruht auf der Vorstellung, dass die sexuelle Orientierung einer Person das ausmacht, was sie von Natur aus oder im Wesentlichen ist. Sie beruht darauf, dass „schwul“ oder „lesbisch“ beschreibt, wer man ist. Sexuelle Identität, so sagen die Befürworter der „Ehe für alle“, bestimme die Persönlichkeit und müsse daher im Rahmen der Bürgerrechte geschützt werden.

Aber ist das wahr? Wird die Persönlichkeit vom sexuellen Verlangen festgelegt (Freuds Position) oder dadurch, dass sie als Gottes Ebenbild, als Mann oder Frau, mit inhärenten ethischen und moralischen Pflichten, Einschränkungen und Segnungen geschaffen ist (1Mo 1,27)?

Die biblische Ehe beruht auf der Vorstellung, dass Gott die Ehe erfunden und geschaffen hat, aber nicht jeder für die Ehe geschaffen ist. Sie beruht auf der Vorstellung, dass die Ehe eine von Gott gestaltete Schöpfungsordnung ist und dass sie nicht verändert werden kann, selbst wenn der Staat es versucht. Sie war schon vor allem da, was wir heute sehen und empfinden. Und sie weist den Weg nach vorn – nicht nur im Hinblick darauf, wie Familien wachsen können, sondern noch entscheidender: Sie verweist auf das Geheimnis der Ehe zwischen Christus und der Gemeinde.

Befinden wir uns in einer Pattsituation? Besteht keine Möglichkeit mehr, über unsere Unterschiede hinweg miteinander zu reden? Wie wurden Ken, Floy und ich eigentlich zu Freunden, zu echten Freunden? Wenn Sie wie ich glauben, dass Religionsfreiheit biblische Güte widerspiegelt, dann denken Sie einmal über die Umsetzung der folgenden Punkte nach.

1. Respektieren Sie das reale Leben und Umfeld Ihrer Nächsten

Ken und Floy Smith gingen behutsam mit mir vor. Zu Beginn unserer Freundschaft traf Ken die Unterscheidung zwischen Annahme und Gutheißen. Er sagte, dass er mich so annehme, wie ich war, aber dass er es nicht gutheiße. Das schien fair. Doch was würde heute als fair gelten?

Letztes Jahr hat sich eine langjährige Freundin mir gegenüber als lesbisch geoutet. Sie rief an und sagte: „Ich habe es aufgeschoben, dir das zu sagen, aber ich mag Frauen. Ich weiß, dass du das nicht gutheißt."

Ich war dankbar, dass sie anrief. Sie ist eine langjährige, liebe Freundin und sie bedeutet mir viel. Also stellte ich ihr eine einfache Frage: „Denkst du, ich würde es nicht verstehen?"

Sie: „Nein, ich weiß, dass du es verstehst. Das Problem ist, dass du es nicht gutheißt. Ich ertrage es nicht zu wissen, dass du nicht gutheißt, was ich tue."

Ich: „Haben wir immer gutgeheißen, was die andere getan hat?"

Sie: „Nein. Nein, das haben wir nicht."

Ich: „Wir waren uns in allem uneinig! Pixar-Filme, Chicken-Nuggets, Prügelstrafe! Wir haben nie gutgeheißen, was die andere gemacht hat, aber wir waren immer gute Freundinnen. Stimmt's?"

Sie: „Stimmt. Wir haben nie alles gutgeheißen. Aber wir waren immer Freundinnen."

Ich: „Warum änderst du dann die Regeln bei mir?"

Meine Freundin und ich lachten und weinten und stritten – genau wie wir es die zehn Jahre über gemacht hatten, als wir in derselben Community lebten. Doch sowohl die geografische Entfernung als auch unsere verschiedenen Weltanschauungen trennen uns. Wir sind Freundinnen, aber nicht mehr so wie früher. Trotzdem setzen wir uns für diese Freundschaft ein – und dafür, ihre lange Geschichte zu bewahren. Es war jedoch wichtig, der Vorstellung zu widerstehen, dass Liebe und Gutheißen Hand in Hand gehen müssen. Auch Eltern, die ihre Kinder entschieden lieben, heißen nicht alles gut, was diese tun. Wenn wir verantwortungsbewusste Brüder und Schwestern in Christus sein wollen, muss uns klar sein, dass man auf eine schlechte Frage keine gute Antwort geben kann.

In der Tat müssen wir uns den Themen stellen, die uns trennen. Ist Annahme dasselbe wie Gutheißen? Als Ken Smith mir damals vor 20 Jahren sagte, dass er mich annehme, aber nicht gutheiße, was ich tat, fühlte ich mich nicht vor den Kopf gestoßen. Die Kultur, in der wir damals alle lebten, vermischte die beiden Konzepte nicht. Doch heute ist das anders, und es ist wichtig, das zu verstehen. Wenn man sich weigert, diejenigen, die sich selbst als LGBTQ (etc.) identifizieren, gutzuheißen, anstatt sie nur anzunehmen, heißt das heute: Man spricht ihnen das Recht ab, für sich selbst festzulegen, was Persönlichkeit bedeutet. Das bringt uns zum Epizentrum der Kluft zwischen den Weltanschauungen: Wessen Bild tragen wir – Gottes Ebenbild oder das Spiegelbild unserer sexuellen Autonomie?

Nichtgläubige müssen bei uns echte Annahme sehen. Sie müssen echte Liebe sehen. Sie müssen sehen, dass es eine höhere Berufung ist, als Gottes Ebenbild geschaffen zu sein; dass es uns größere Würde verleiht, als wenn wir unsere eigenen Regeln für den Glauben und das Leben erfinden.

Bei meinen nichtgläubigen Freunden gehe ich behutsam vor. Beispielsweise respektiere ich die Regeln der LGBTQ-Gemeinschaft. Ich kenne diese Regeln gut. Ich habe dabei geholfen, sie aufzustellen. Ich erinnere mich an die richtigen Namen, damit ich die Kinder, die in LGBTQ-Familien aufwachsen, nicht verwirre. Ich weiß, wer Mom und wer Mama ist. Und ich bringe auch meinen Kindern bei, es richtig zu machen. Ich rede respektvoll mit meinen Nachbarinnen: „Seid ihr verheiratet oder Partnerinnen?" Ich stelle diese Fragen, weil sie mir etwas bedeuten. Ich überlege: *Bin ich jemand, bei dem du dich sicher fühlst, mir die echten Nöte deines alltäglichen Lebens anzuvertrauen? Oder bin ich noch so vorbelastet durch die verborgenen Privilegien dessen, was als christlich annehmbar gilt, dass ich nicht einmal die Dolche in meinen Händen sehe?* Bin ich vertrauenswürdig? Wenn nicht, warum nicht? Sogar in einer nachchristlichen Welt können wir unverdiente Privilegien beanspruchen, die in einer sentimentalen Vorliebe für längst vergangene Tage verwurzelt sind. Wir können uns nach dem Amerika der 1950er-Jahre sehnen oder sogar nach einem mittelalterlichen Kloster. Doch Sentimentalität wird nur zu Unzufriedenheit führen. Am besten bleiben wir genau hier, wo wir sind, mit weit geöffneten Augen des Glaubens.

2. Beten Sie dafür, dass Sie eine vertrauenswürdige Bezugsperson werden, die hört, was die Herzen Ihrer Nächsten belastet

Die Tränen fließen, während eine Nachbarin, die ich lieb gewonnen habe, gesteht, dass ihr Partner sie hässlich findet und sich über sie lustig macht. In diesem Moment kann ich behutsam einhaken – mit warmen Händen, einer dampfenden Tasse starkem Kaffee und vollem Blickkontakt – und nur Folgendes sagen: *Jesus würde dich niemals so behandeln. Jesus liebt seine Töchter vollkommen.* Besitze ich die Gnade, nicht mehr als das zu sagen? Oder muss ich immer gleich alles sagen, was es zu einem Thema zu sagen gibt? Wenn ja, dann bin ich ein Unmensch und Wildschwein. Durch Gnade hüte ich meine Zunge. Ich bete. Epheser 4,29 zeigt mir, wie: *„Kein faules Wort komme aus eurem Mund, sondern nur eins, das gut ist zur notwendigen Erbauung, damit es den Hörenden Gnade gibt!"* Mögen meine Worte denen, die sie hören, Gnade schenken. Meine Worte sind keine Mutmach-Parolen. Tatsächlich hoffe ich, dass *meine* Worte gar nicht meine eigenen sind, sondern Christi Wirken durch mich. Investieren Sie langfristig in Ihre Nachbarn, in Hunderte Gespräche, die eine Nachbarschaft ausmachen. Hören Sie auf zu denken, Gespräche mit Nachbarn wären eine Chance für raffinierte evangelistische Attacken auf deren sündhaftes Leben. Vielleicht ist unser eigenes Leben in Wirklichkeit sündhafter. Ist es nicht sündhafter, offen zu sündigen, während man sich zur Herrschaft Christi bekennt, als zu sündigen, während man sich fälschlicherweise auf sein Recht auf Selbstbestimmung beruft? Hören Sie auf, Ihren Nächsten wie die Karikatur einer fremden Weltanschauung zu behandeln.

3. Verstehen Sie den biblischen Unterschied zwischen Heiligkeit und Tugendhaftigkeit. Haben Sie keine Angst, die Tugendhaftigkeit Ihrer ungläubigen Nachbarn zu würdigen

Die Frage ist einfach: Wenn meine Nachbarinnen, die sich als lesbisch identifizieren, in Sünde leben – wie kann es dann sein, dass sie die nettesten Leute in der Straße sind? Wenn unsere christliche Weltanschauung das nicht erklären kann, dann wird sie nur in einer Echokammer imaginärer Theologie überleben.

Gott hat unseren Nächsten – allen unseren Nächsten – viel allgemeine Gnade verliehen. Wir sollten Gott dafür sehr dankbar sein. Allgemeine Gnade ist jene Güte, die Gott allen Menschen zuwendet – das meint die gesamte Menschheit ohne Unterschied. Allgemeine Gnade zügelt die destruktive Macht der Sünde. Sie ist in Gottes fürsorgendem Walten zu finden, durch das er die Schöpfung trägt und erhält (Hebr 1,2-3); in seiner weisen Einschränkung der Sünde

(Röm 13,1); in seinem Wirken im Gewissen aller Menschen, durch das er uns hilft und anleitet, uns aus der Perspektive der Ewigkeit zu sehen (Röm 2,14-15). Und sie ist in den Segnungen seines Vorsehungshandelns zu finden, das Freundschaften über tiefe Klüfte zwischen verschiedenen Weltanschauungen hinweg entstehen lässt.

Weil Gottes allgemeine Gnade real ist, können wir sagen, dass in unseren Nächsten das Gute sichtbar wird. Wir können sie lieben und ihnen näherkommen. Wir können sie wertschätzen und ihnen vertrauen.

Gottes allgemeine Gnade ist jedoch nicht genug, um irgendeinen Menschen in seinen Augen heilig zu machen. Allgemeine Gnade schränkt die Sünde auf der Erde ein. Doch sie löscht nicht den Makel der Sünde auf unserem Konto. Allgemeine Gnade trägt Früchte. Aber sie ist nicht die gute Frucht, die auf einen gesunden Weinstock rückschließen lässt. Allgemeine Gnade gibt aus seiner Fülle, nicht jedoch aus dem Kreuz heraus. Sie bezahlt kein Lösegeld. Christliche Frucht geht auf das Kreuz zurück, das sie trägt.

Jemand mag sehr gute Dinge tun, Dinge, die vor allgemeiner Gnade nur so übersprudeln. Doch wenn diese Person nicht Buße getan hat und umgekehrt ist, indem sie ihr ganzes Vertrauen für ihre Rettung auf Christus gesetzt hat, dann wird sie trotzdem – tragischerweise – die Ewigkeit in der Hölle verbringen. Wir können uns nicht mit allgemeiner Gnade bei Gott einschmeicheln. Christus muss uns retten; Christus muss für uns bluten; der Heilige Geist muss uns trösten. Wir müssen antworten. Allgemeine Gnade ist ein von Werken getriebener Segen. Und die Bibel bezeichnet unsere guten Werke als schmutzige Lumpen.

Johannes Calvins *Institutio Christianae Religionis* buchstabiert das für uns durch. Besondere Gnade wird denen verliehen, die Gott ausgesondert hat. Doch wie wollen Sie wissen, wer diese Menschen sind – wer wir sind –, wenn Sie ihnen nicht nahe genug kommen, um tiefe, anhaltende, persönliche und sogar unangenehme Gespräche mit ihnen zu führen, Gespräche, die ein Leben lang dauern?

Und das zeigt die Warmherzigkeit des reformierten Glaubens. Er weiß voller Mitgefühl, dass man sich nicht selbst retten kann. Er weiß: Von der Sünde getäuscht zu sein bedeutet, dass man von einer bösen Macht gefangen gehalten wird, um ihren Willen zu tun. Der reformierte Glaube weiß, dass man einen Retter braucht. Er weiß, dass Gott sein Volk durch seine bedingungslose Erwählung rettet. Er verweist freundlich auf Jesu stellvertretende Sühne. Der Sohn Gottes nimmt unser Schuldbuch auf sich und zahlt dafür mit seiner Gerechtigkeit, indem er stellvertretend für uns zur Sünde wird. Dadurch ermöglicht er es uns, aufgrund seiner Verdienste gerecht zu werden. Dieser Ruf von Gott ist unwiderstehliche Gnade – ganz gleich, wo wir gelandet sein mögen, wir sind nie vor Gott verborgen. Und schließlich zeigt diese Freundlichkeit sich darin, dass Gott an uns festhält.

Und wer, fragen Sie vielleicht, sind Gottes Auserwählte? Jeder, der einen gebrochenen Geist und ein reuevolles Herz hat. Die Bibel hat das für uns festgehalten: *„Die Opfer Gottes sind ein zerbrochener Geist; ein zerbrochenes und zerschlagenes Herz wirst du, Gott, nicht verachten“* (Ps 51,19). Wenn Sie sich Sorgen machen, wer Sie vor dem Herrn sind, dann beten Sie, dass er Ihnen einen gebrochenen und reuevollen Geist schenkt. Christus ruft Sünder zum rettenden Glauben. Der Ruf des Evangeliums gilt Ihnen und mir und jeder Person auf der Welt.

Gott will, dass alle gerettet werden: *„Sollte ich wirklich Gefallen haben am Tod des Gottlosen, spricht der Herr, HERR, nicht (vielmehr) daran, dass er von seinen Wegen umkehrt und lebt?“* (Hes 18,23). Über diesen Vers schreibt Calvin: „Wie will Gott, dass alle Menschen gerettet werden? Er tut das heute dadurch, dass der Geist die Welt durch das Evangelium von Sünde, von Recht und von Gericht überführt. […] Gott macht Menschen ihr großes Elend klar, damit sie zu ihm kommen können. Er verwundet, damit er heilen kann.“[13] Er verwundet, damit er heilen kann. Alle Not soll uns zur Quelle des Lebens lenken, zu Jesus Christus selbst.

Doch diese Vorstellung – dass es eine Freundlichkeit Gottes ist, von unserer Sünde überführt zu werden – steht im Widerspruch zu der Vorstellung, dass wir unser Selbstwertgefühl selbst erschaffen. Damit Ihre nichtgläubigen Nachbarn die Wahrheit über Gottes

Liebe erfahren, müssen Sie selbst ihnen dieses gebrochene und reuevolle Herz zeigen. Dazu müssen Sie ihnen nahe genug sein, um auf transparente und verletzliche Weise gesehen zu werden.

4. Beschuldigen Sie Menschen, die eine andere Theologie haben, nicht böser Absicht

Seit LGBTQ zu bestimmenden Persönlichkeitsmerkmalen wurden, also zu etwas, das festlegt, *wer* und nicht *wie* jemand ist, haben wir gesehen, wie viele Menschen eine orthodoxe Sicht auf die Schrift zugunsten einer progressiven aufgegeben haben. Ich glaube nicht, dass sich alle diese Leute untreu geworden sind. Ich glaube, dass viele von ihnen es gründlich satthaben zuzusehen, wie ihre Freunde und Familienmitglieder, die sich als LGBTQ identifizieren, zu Strohmännern und -frauen gemacht oder zu politischen Feinden degradiert werden, die man auf Facebook oder in Gesprächen nach der Predigt (oder noch entsetzlicher: *in* der Predigt) karikiert. Sie wünschen sich, ein Verbündeter zu sein. Sie sehnen sich danach, für ihre Freunde in die Kluft zu treten. Sie wollen, dass ihre Freunde dieselben Rechte und Privilegien genießen wie sie selbst. Sie wollen keine Fanatiker sein – oder sich auch nur mit Fanatikern abgeben.

Diejenigen, die sich von der rechten biblischen Lehre – von der Orthodoxie – entfernen, verursachen jedoch unbeabsichtigt mehr Schaden als Gutes für die, die sie lieben. Die Bibel, eine einheitliche biblische Offenbarung, ist lebensnotwendig für uns. Das ist wichtig. Orthodoxe Christen mit kleinem „o"* und liberale *Red-Letter-Christians*** stehen nicht im selben Wald und schauen sich die Bäume von unterschiedlichen Seiten an. Wir stehen in völlig verschiedenen

* A. d. Ü.: Das sind Christen, die an der orthodoxen, also der „rechten" Lehre festhalten; damit ist meist die bibeltreue Lehre gemeint. Durch das kleine „o" sind sie von Orthodoxen als christlicher Konfession zu unterscheiden.

** A. d. Ü.: Wörtl. „Rote-Buchstaben-Christen", eine amerikanische Gruppierung, die sich als Gegengewicht zum evangelikalen Mainstream versteht, sich primär für soziale Anliegen einsetzt und nur direkte Jesus-Worte – die in englischen Bibelausgaben oft rot gedruckt werden – für verbindlich hält.

Wäldern. Und das stellt ein großes Problem dar. Glauben Sie, dass das Evangelium die Kraft hat zu retten? Glauben Sie, dass Rettung möglich ist, ohne dass Sie sich selbst sterben, dem gesamten Selbst, allem, was Sie ausmacht? Die binäre Unterscheidung zwischen Mann und Frau, auf der die biblische Ehe beruht, ist zentral für die Persönlichkeit, sie ist grundlegend für den Schöpfungsauftrag und das Evangelium.

In einem kürzlich erschienenen Artikel bei *Religion News Service* schrieb David Gushee, der das evangelikale Christentum 2014 verließ:

> *Ich glaube inzwischen, dass uns unvereinbare Unterschiede darüber, wie wir überhaupt das Evangelium von Jesus Christus verstehen, die Bibel auslegen und was die Quellen und Methoden moralischer Wahrnehmung sind, von vielen unserer ehemaligen Geschwister trennen. […] Ich glaube zudem, dass der Versuch, den Dialog in Gang zu halten, größtenteils fruchtlos ist. Die Unterschiede sind unüberbrückbar.*[14]

Ich stimme Gushee zu, dass unsere Unterschiede unvereinbar sind und dass unser Hauptunterschied darin besteht, wie wir die Bibel lesen. Ich würde jedoch niemals sagen, dass unsere Unterschiede unüberbrückbar sind. Das ist eine hoffnungs- und herzlose Äußerung. In der Tat könnte niemand, der glaubt, dass Jesus vom Grab auferstanden ist, sagen, dass unsere Unterschiede unüberbrückbar sind. Das sühnende Blut Christi ist die Brücke. Es besteht ein Unterschied zwischen einem Themen-Christentum (wie der Art, die Gushee artikuliert) und dem Original. Jesus lebt. Das macht einen himmelweiten Unterschied. Er überbrückt das Unüberbrückbare. Das ist der Punkt.

Meine *Red-Letter*-Freunde wollen gute Nächste für Menschen sein, die anders denken als ich, und darin stimme ich ihnen zu. Und eine wichtige Art, wie wir gute Nächste sein können, besteht darin, Menschen zu helfen, ihr Kreuz auf sich zu nehmen. Gottes Verteilung von Kreuzen geschieht nicht demokratisch. Möglicherweise bekomme ich nur ein Kreuz, und Sie bekommen zehn. Die Aufgabe eines Mitstreiters besteht darin, jemanden in seinem Leid zu begleiten und einen Teil der Last des Kreuztragens mitzutragen. Die Aufgabe eines Mitstreiters ist, das Kreuz leichter zu machen – nicht, indem man Gesetze aufstellt oder unterstützt, die sich Gottes Geboten widersetzen, sondern indem man denjenigen beim Tragen der Last nicht alleinlässt. Indem Sie Ihre Freunde im Schmerz begleiten. Indem Sie eng zusammenstehen und in der Nähe bleiben. Indem Sie um Mitternacht ans Telefon gehen oder – noch besser – sie einladen, bei Ihnen einzuziehen, während sie mit der Sünde, dem Fleisch und dem Teufel ringen. Wir erweisen Menschen keine Gnade, wenn wir sie dazu ermutigen, gegen Gott zu sündigen. Gnade führt immer zum sühnenden Blut Christi. Gnade führt zu Buße und Gehorsam. Gnade erfüllt Gottes Gebot – sowohl im Herzen als auch im Verhalten. Wenn wir versuchen, barmherziger zu sein als Gott, dann hängen wir der Person, der wir helfen wollen, einen Mühlstein um den Hals.

5. Sie sollten wissen, warum es von größter Bedeutung ist, dass wir nach Gottes Bild geschaffen sind

Wenn wir alle Kinder desselben Gottes sind – nach seinem Bild erschaffen –, sind wir dann nicht gut so, wie wir sind? Was bedeutet es, dass unsere Identität darin besteht, Gottes Ebenbild zu tragen?

Der Kürzere Westminster Katechismus fragt: *Wie schuf Gott den Menschen?* Die Antwort dort lautet: *„Gott schuf den Menschen als Mann und als Frau, nach seinem Bild mit Erkenntnis, Gerechtigkeit und Heiligkeit, mit Herrschaft über die Geschöpfe."* Wie wurden wir nach Gottes Bild geschaffen? 1. Mose 1,27 erläutert:

> *Und Gott schuf den Menschen als sein Bild,*
> *als Bild Gottes schuf er ihn;*
> *als Mann und Frau schuf er sie.*

Gottes schöpferische Kraft machte Mann und Frau verschieden und wertvoll. Für Gott ist der Wert menschlichen Lebens uns innewohnend, d. h. inhärent (wer wir sind – Träger seines Ebenbildes), nicht instrumental (nicht das, was wir tun und schaffen können). Wir haben aufgrund unseres Seins – unserer Herkunft – als Gottes Ebenbild Würde. Mord ist die böseste aller Sünden, weil sie ein Ebenbild Gottes zerstört.

Gott überträgt Männern und Frauen außerdem unterschiedliche Rollen und Aufgaben, basierend auf ihren Geschlechtsunterschieden. Gott kann nicht sündigen. Daher sind diese Unterschiede in den Geschlechterrollen nicht willkürlich, verletzend oder schädlich. Als Mann oder Frau geboren zu werden bringt unterschiedliche Vorteile, Grenzen und moralische Verpflichtungen mit sich. Sexuelle Verschiedenheit und die Geschlechtsidentität, die daraus entsteht, sind eine Berufung, die Gott in seiner Schöpfungsordnung festlegt. Sie ist kein willkürliches Spiegelbild der Kultur. Es ist schwierig, dieser Berufung gerecht zu werden. Gott weiß das. Aus diesem Grund hat er uns die Bibel und eine Gemeinde und Gottes ganze Familie gegeben, um uns dabei zu helfen. Durch diese Mittel können wir den neuen Menschen anziehen, *„der erneuert wird zur Erkenntnis nach dem Bild dessen, der ihn erschaffen hat“* (Kol 3,10).

Christen sind eine neue Schöpfung. Sie werden jetzt über ihre Einheit mit Christus identifiziert. Die Einheit mit Christus ist der größte Segen, den Christen haben. Diese Einheit unterscheidet uns von denen, die Christus nicht kennen. Wir erleben diese Einheit mit Christus auf drei voneinander abhängigen Arten. Zu Anfang steht die *immanente Einheit*. Das bedeutet, dass wir von Ewigkeit her eine Einheit mit Christus haben und schließlich bei der Bekehrung in diese wahre Identität hineintreten, die Gott für uns sicher bewahrt hat. Epheser 1,4 erklärt das gut. Zweitens ist da die *momentane Einheit*. Das bedeutet, dass wir mit Christus in seinem Tod und seiner Auferstehung eins sind und unsere Identität daraus geboren wird (Röm 6,3-7). Die dritte Art von Einheit ist die *praktische Einheit*. Sie bezeichnet die gelebte Anwendung dessen, dass Christus in uns wohnt und der Heilige Geist uns tröstet und leitet, heute und für alle Zeiten (Eph 2,5-7).[15]

Heiligung ist ein langfristiger Prozess, kein einmaliges Geschehen. Wir wachsen im Verlauf eines ganzen Lebens, während wir in

Einheit mit Christus leben, während wir uns selbst verleugnen, unser Kreuz auf uns nehmen und Christus nachfolgen. Wir wachsen in unserer Gotteserkenntnis, wenn wir unsere Bibel so lesen, wie Gott sie beabsichtigt hat – als eine irrtumslose, inspirierte, zuverlässige, einheitliche Offenbarung. Diese Gotteserkenntnis als Ebenbild widerzuspiegeln bedeutet, dass wir uns dem Kreuz beugen und nicht uns selbst. In uns tobt ein ständiger Kampf, ob wir unser Kreuz tragen oder das tun, was sich für uns am besten anfühlt. Doch ein Christ ist ein neuer Mann, eine neue Frau. Gott beruft uns dazu, unser Leben Christus gleichförmig zu machen. Das ist schmerzhaft. In der Heiligung zu wachsen bedeutet, dass es eine wachsende Spannung zwischen Ihrer Verbindung zu Christus und Ihrer sexuellen Identität gibt.

Wie geschieht diese Umgestaltung in Gottes Gerechtigkeit? Epheser 4,24 erklärt, dass ihr *„den neuen Menschen angezogen habt, der nach Gott geschaffen ist in wahrhaftiger Gerechtigkeit und Heiligkeit"*. Dort finden wir wieder den biblischen Kontrast zwischen dem Anziehen des neuen Menschen und dem Ablegen des alten Menschen. Das bezieht sich nicht nur auf spezifische Sündenmuster, die möglicherweise das Leben einer bestimmten Person kennzeichnen. Es bezieht sich auch darauf, unsere Identität in Adam abzulegen (dessen auf uns übertragene Sünde uns vor Gott schuldig und verdorben macht) und unsere neue Identität in Christus anzuziehen (dessen mit Blut besiegelte Liebe uns die Kraft gibt, die wir brauchen, um die Sündenmuster zu besiegen, die uns noch immer verführen). Wir tragen Gottes Ebenbild in Gerechtigkeit, wenn wir unser Denken durch die Wahrheit erneuern, die in Gottes Wort zu finden ist. Wenn wir leugnen, dass Gottes Wort einschließlich der schwierigen Stellen völlig wahr ist, dann trüben wir Gottes Ebenbild in uns.

Wie sollen wir die Erde verwalten? Das erklärt 1. Mose 1,28:

> *Und Gott segnete sie, und Gott sprach zu ihnen: Seid fruchtbar und vermehrt euch, und füllt die Erde, und macht sie euch untertan; und herrscht über die Fische des Meeres und über die*

Vögel des Himmels und über alle Tiere, die sich auf der Erde regen!

Nach Gottes Bild geschaffen zu sein bringt Konsequenzen und Erwartungen mit sich. Wir finden dort einen Auftrag, die eigene Familie und die Welt gut zu verwalten – für sie zu sorgen, sie zu nähren, zu lehren und zu bewahren.

Was ist also an unserer Welt so „nachchristlich" ? Es ist die Vorstellung, dass Mensch zu sein gleichzeitig bedeutet, mehr und auch weniger zu sein als ein Träger des Ebenbildes eines heiligen Gottes. Im Kern ist das eigentliche Problem das Person-Sein. Nicht richtig wahrzunehmen, wer wir sind, macht uns unfähig, irgendetwas von dem richtig wahrzunehmen, was wir berühren, fühlen, denken oder träumen. Nicht richtig wahrzunehmen, wer wir sind, macht uns unfähig, richtig zu wissen, wer Gott ist. Wir haben uns wahrhaftig in einer Finsternis verirrt, die wir selbst geschaffen haben. Und wir sind daran nicht unschuldig. Johannes berichtet, dass die Liebe der Welt zur Finsternis selbst ein Zeichen von Gottes Gericht ist, nicht ein Zeichen unserer Intellektualität: *„Dies aber ist das Gericht, dass das Licht in die Welt gekommen ist, und die Menschen haben die Finsternis mehr geliebt als das Licht, denn ihre Werke waren böse"* (Joh 3,19).

Sind Christen Opfer dieser nachchristlichen Welt? Nein. Bedauerlicherweise sind Christen Mitverschwörer. Wir übernehmen bereitwillig die Vorzüge der Moderne, wenn sie unseren eigenen Begierden und selbstsüchtigen Ambitionen dienlich sind. Wir verachten die Moderne, wenn sie die Grenzen unseres kostbaren Moralismus überschreitet. Unsere kalten und harten Herzen, unser Versagen darin, den Fremden zu lieben, unsere Selbstsucht in Bezug auf unser Geld, unsere Zeit und unser Zuhause und unser privilegierter Rücken, den wir Witwen, Waisen, Gefangenen und Flüchtlingen zukehren, bedeuten alle eins: Wir sind vor Gottes Angesicht schuldig, weil wir Liebe und christliches Zeugnis unterschlagen haben.

Sogar noch ernster ist unser Versagen darin, dass wir unsere Bibeln nicht gründlich genug lesen, um zu erkennen, dass die

Schöpfungsordnung und das Moralgesetz des Alten Testaments für den Christen ebenso verbindlich sind wie jedes Jesuswort. Unser eigenes Verhalten bringt unser Zeugnis gegenüber dieser Welt in Verruf. Wir sollten uns schämen. Unsere nachchristliche Welt hat uns weder unsere Bibeln weggenommen noch die überführende Zurechtweisung des Heiligen Geistes in unserem Gewissen, das doch eigentlich Christus gehört. Wir haben das durch hochmütigen Moralismus und reuelose Sünde selbst getan. Und nun müssen wir Salz und Licht in einer Welt sein, die weiß, dass wir versagt haben. Wir werden den Titel „Heuchler" tragen – und das mit Recht –, bis wir vor Gott Buße tun und unseren Nächsten in Wort und Tat lieben. Es ist an der Zeit, dass wir erkennen, was unsere Aufgabe ist, und dass wir die Ärmel hochkrempeln. Versöhnung beginnt mit Buße.

In Christus haben wir alle Rechte und Privilegien, die den Trägern von Gottes Ebenbild verliehen sind: adlige Abstammung, ewiges Leben und durch Christus den Sieg über den Makel des Todes und der Sünde. Wir sind in Gottes Familie hineinadoptiert worden. Wir besitzen das Privileg einer neuen Natur, einer Natur, in der dieselbe Kraft wirkt, die Christus von den Toten auferweckt hat. Diese Kraft ist in uns durch den Heiligen Geist, der in und durch uns wirkt, indem er den alten Menschen vertreibt und den neuen hereinwinkt. Die Bibel sagt uns, wer wir sind: In erster Linie sind wir Mann oder Frau. Und diese binären Merkmale, die die beiden unterscheiden, sind göttlich und heilig und ewig. Von unserem Wesen her sind wir Träger von Gottes Ebenbild mit einem Bedürfnis nach der Liebe unseres himmlischen Vaters. Das Evangelium ist für alle eine frohe Botschaft, sogar für die, die viel zu verlieren haben.

Der sanftmütige Henri Nouwen, verstorbener katholischer Priester und Begründer der *L'Arche Daybreak Community* (für Menschen mit geistigen Behinderungen) in Toronto, Kanada, betrachtete Gastfreundschaft als eine geistliche Bewegung. Diese Bewegung wird aus seiner Sicht nur dann möglich, wenn Einsamkeit im Gewand der Stille zur geistlichen Erfrischung wird, wenn Feindseligkeit sich in Gastfreundschaft auflöst und wenn Illusionen im Gebet erkannt werden.

Weil Christus sein Blut vergoss, weil Jesus mit Sündern aß, aber nicht mit Sündern sündigte, weil Buße die Türschwelle zu Gott ist, deshalb ist Tischgemeinschaft sowohl tröstlich als auch herausfordernd. Sie begegnet Ihnen dort, wo Sie gerade stehen, und fordert Sie auf zu sterben, damit Sie leben können.

In unserer nachchristlichen Welt Gastfreundschaft zu praktizieren bedeutet, sich ein dickes Fell anzuschaffen. Der Gastfreundliche begegnet Menschen, die Fremde sind, und lädt sie ein, Nächste zu werden. Und durch Gottes Gnade werden viele später Teil von Gottes Familie werden. Dieser Übergang von Fremden zu Nächsten zu Familie geschieht nicht von selbst. Er geschieht nur durch Vorsatz, Einsatz, Opfer und Gottes Segen.

6. Fangen Sie irgendwo an. Aber fangen Sie heute an!

Eine logische Stelle, an der Sie anfangen können, ist das Ende Ihrer Einfahrt.

Unsere Nachbarschaft (die aus 300 Häusern in der Stadt Durham, North Carolina, besteht) verwendet eine Social-Media-App namens *Nextdoor*. Das ist die einzige Form von sozialen Medien, an denen ich mich beteilige. Wenn ich ein Bild von meinem Mittagessen poste, dann will ich in der Lage sein, es mit denen zu teilen, mit denen ich tatsächlich dieses Mittagessen teilen könnte – meinen Nachbarn. Ich lese täglich die *Nextdoor*-Updates. Und ich bekomme die Nachrichten in dem Moment, wo sie gepostet werden, sodass ich darauf antworten und für die Nachbarn beten kann, die ich noch nicht kenne. Ich bete für entlaufene Hunde und spende Schulsachen. Jedes Mal, wenn jemand eine Bitte um eine Mahlzeit für eine kranke, trauernde oder frisch mit einem Neugeborenen gesegnete Nachbarin postet, kümmere ich mich darum. Ich achte sorgfältig auf Lebensmittelallergien und Vorlieben. Im Laufe der Jahre habe ich Standardrezepte für eine Vielzahl von Bedürfnissen entwickelt. Wenn das Essen an eine frischgebackene Mutter geht, dann lege ich mein Lieblingsbuch für Mütter, Gloria Furmans *Missional Motherhood*, dazu.[16] (Und ja, ich habe andere Bücher zum Thema Mutterschaft gelesen – tatsächlich sogar die meisten von ihnen, da ich ein wenig besessen davon bin, über Mutterschaft zu lesen; und dieses Buch ist das allerbeste.)

Während andere damit angeben, wie günstig sie im Hinblick auf Gastfreundschaft fahren, sparen Kent und ich, damit wir gastfreundlich sein können, und es tut weh. Tägliche, einfache, christliche Gastfreundschaft zu praktizieren verdoppelt unsere Ausgaben für Lebensmittel – manchmal verdreifacht es sie sogar. Es gibt Urlaube, die wir nicht machen, Umbauprojekte am Haus, die wir nie anpacken, Unterhaltungsgewohnheiten, die wir uns nicht leisten können, neue Autos und Geräte, bei denen wir uns nicht einmal die Mühe machen, sie uns zu wünschen. Unsere Kinder werden nie Fußballstars auf Olympia-Niveau sein. Sie werden nie Designerklamotten tragen oder Terminkalender haben, für die man einen ganzen Stab an Fahrern benötigt. Stattdessen bauen meine Kinder im Garten Forts und fangen Frösche. Sie essen im Baum sitzend Eis am Stiel und bringen Nachbarskinder zum Abendessen und zur Hausandacht mit, wenn die Glocke läutet.

Es kostet Zeit und Geld und Herzblut, ein Haus zu führen, das radikal einfache Gastfreundschaft und abendliche Tischgemeinschaft schätzt. Und wir haben alles auf diese Karte gesetzt. Während der letzten 16 Ehejahre haben wir viele Dinge weggegeben. Wir geben jede Woche viele Mahlzeiten weiter (die, die wir hier servieren, die, die wir in der Gemeinde servieren, die, die wir in Pyrex-Kochtöpfen zu Nachbarn bringen, die ein neues Baby oder ein neues Knie haben, und die, die wir in iCare-Paketen an Brüder und Schwestern im Gefängnis schicken). Wir geben unsere Zeit. Wir teilen unser Haus. Wir vermieten keine Zimmer in unserem Haus. Wenn wir das täten, könnten wir sie nicht abgeben. Wir haben Autos verschenkt, als wir die Mittel dazu hatten. Es hat uns nie an irgendetwas gemangelt.

Paulus' Worte klingen in meinen Ohren: *„Mir, dem allergeringsten von allen Heiligen, ist diese Gnade gegeben worden, den Nationen den unausforschlichen Reichtum des Christus zu verkündigen und ans Licht zu bringen, was die Verwaltung des Geheimnisses sei, das von den Zeitaltern her in Gott, der alle Dinge geschaffen hat, verborgen* *war*" (Eph 3,8-9). Mir gefällt die Übersetzung der Schlachter-Bibel besser: „und alle darüber zu erleuchten, welches die *Gemeinschaft* ist, die als Geheimnis ..."

Die Gemeinschaft des Geheimnisses

Christliche Gastfreundschaft führt das Geheimnis der Einheit mit Christus mit der Gemeinschaft der Heiligen zusammen, um die Fremden, die Ausgestoßenen und die chronisch Einsamen zu uns hereinzubringen. Wir schlagen Evangeliumsbrücken in unser Haus, weil wir die Leute um uns herum und ihre Bedürfnisse wahrnehmen. Wir betrachten die Menschen, die Gott in unser Leben gestellt hat – insbesondere die schwierigen – als Träger des Ebenbildes eines heiligen Gottes, die deshalb unser Bestes verdienen. Gastfreundschaft ist von der Ebenbildlichkeit motiviert, weil Christi Blut mich durchströmt. Sie wird nicht von Zeit, Komfort oder meinem Kalender motiviert. Wenn sie das wäre, dann gäbe es sie nicht. Dann würde ich selbst diese Gnade nicht empfangen und könnte auch nichts davon weitergeben.

Gastfreundschaft erfordert tägliche Bibellektüre, tiefe Buße, dunkle Morgenstunden des Alleinseins und die tägliche Bereitschaft, anderen zu vergeben, egal, ob sie darum bitten oder nicht.

Gastfreundschaft macht unsere Häuser zu Krankenhäusern und Brutkästen. Als ich in einer lesbischen Community unterwegs war, dachten wir so von unseren Häusern. In jener Community habe ich viel darüber gelernt, wie man im Inneren eine unverkennbare Kultur stärkt und als verachtete, aber gastfreundliche und mitfühlende Außenseiter auf transparente und sichtbare Weise lebt. Ich habe dort gelernt, wie ich einen *Habitus* schaffen kann, der meine Werte einer Welt zeigt, die mich verachtet.

Ich habe dort gelernt, mich meinen Ängsten zu stellen und meinen Feinden zu essen zu geben.

Hier stehe ich also. Eine neue Schöpfung in Christus, ja, aber immer noch mit meinen Birkenstocksandalen. Nicht gehirnamputiert. Sondern Nutznießerin der Gnade Gottes, sowohl der allgemeinen als auch der rettenden Gnade. Mit weit geöffneten Augen, um wahrzunehmen, wie ansteckende Gnade aussieht – und was sie mit Menschen, der Welt und der Gemeinde macht. Und mein Haus ist durch Gottes Gnade noch immer ein Brutkasten und ein Krankenhaus.

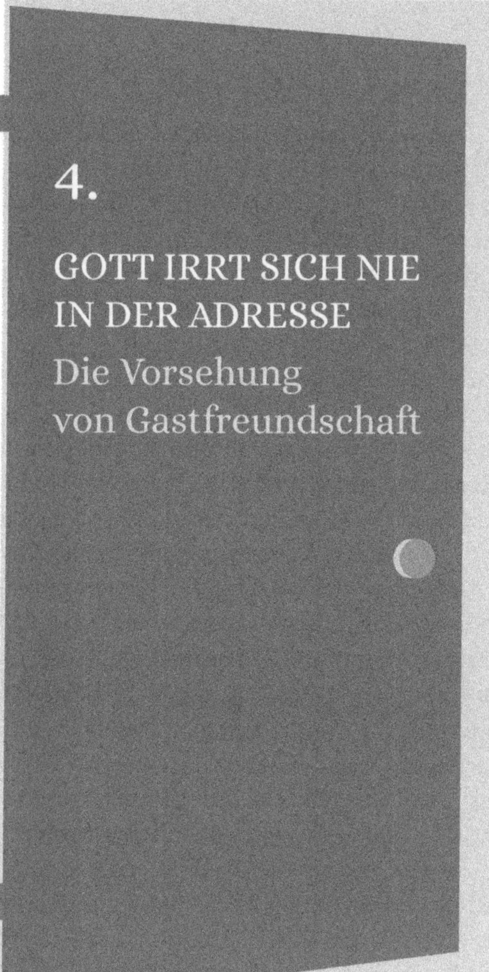

4.

GOTT IRRT SICH NIE IN DER ADRESSE

Die Vorsehung von Gastfreundschaft

Im Winter 1972, River Forest, Illinois

Ich wurde in einer italienischen Gemeinde in River Forest, Illinois, von zwei exkommunizierten Katholiken großgezogen. Ich liebte meine Eltern, und sie liebten mich. Doch Liebe ist nur so integer wie der Liebende, wie Toni Morrison es einmal formulierte. Rohe, gefühlsbetonte, besitzergreifende Liebe, die durch zu viel Alkohol und zu viele Diätpillen genährt wird, bleibt nie in ihrer eigenen Spur. Sie ist rücksichtslos. Sie ist brutal.

Meine Mutter arbeitete unermüdlich und hart. Sie stand vor allen anderen im Haus auf und blieb bis spät in die Nacht auf. Meine Mutter hatte eine Ausbildung als medizinische Verfahrenstechnikerin und besaß ein medizinisches Labor. Jeden Tag ging ich nach der Schule ins Labor meiner Mom, um meine Hausaufgaben dort zu erledigen. Ich wuchs mit dem Wissen auf, dass meine Mom klug war, ein Geschäft führen konnte und definitiv die Verantwortung trug.

Mein Vater war unglaublich gutaussehend und wäre wohl ein Playboy geworden, wenn andere Lebenserfahrungen diesen Impuls nicht unterbunden hätten. Er hatte Misserfolge im Job, in der Schule und der Ehe erlitten (meine Eltern waren beide vorher geschieden gewesen). Schließlich wurde er Gewerkschaftsführer für die Chicagoer Gewerkschaft der Fuhrleute. Mein Vater war ein charismatischer öffentlicher Redner. Ich erinnere mich daran, wie ich mit ihm zu Gewerkschaftstreffen ging. Mein Vater schlug mit den Fäusten in die Luft wie ein Profiboxer. Er zog eine große Bühne in seinen Bann, und Hunderte von Männern in blauen Arbeitshosen und grauen Arbeiterhemden jubelten, rauchten, fluchten und klatschten. Ich konnte die Magie in den Worten meines Vaters eigentlich nicht spüren. Doch sein anvisiertes Publikum hing ihm an den Lippen. Je größer der Applaus, desto mehr blühte mein Vater auf. Er war 1,72 m groß – in meiner Familie gilt das als groß – und wenn er zu einer Menschenmenge redete, dann sah er noch größer aus. Er hatte glänzend schwarze Haare, die im Stil der 1950er mit Alberto-VO5-Haaröl nach hinten gekämmt waren. Seine veilchenblauen Augen waren durchdringend. Alle drei Wochen ließ mein Vater sich in einem Salon die Nägel machen und die Haare nachschneiden. Ich fand, er ähnelte einem griechischen Gott.

Mein Bruder – der Sohn meines Vaters aus dessen erster Ehe – war acht Jahre älter als ich. Er dealte von unserer Garage aus mit Heroin, fixte im Familienbad und befummelte sich im Wohnzimmer auf der Couch, während er nachmittags fernsah. In meiner Erinnerung war er kein schlechter Kerl.

Pflichtbewusst stellte meine Mutter sicher, dass ich eine Kindheit mit bestmöglicher klassischer Bildung genoss. Ich besuchte überwiegend katholische Schulen – hervorragende Schulen mit fleißigen und disziplinierten Nonnen. Ich lernte in einer katholischen Schule, Sprachen und harte Arbeit zu lieben. Ich liebte die Nonnen und dachte sogar darüber nach, eines Tages selbst eine zu werden – nicht wegen des Glaubens, sondern wegen der Gemeinschaft, wegen des Friedens, den das Leben in einer Dienstgemeinschaft mit anderen Frauen mit sich bringen musste. Ich bin nach dem Rosenkranz benannt. Obwohl ich nie wusste, zu wem ich betete, war der melodiöse Frieden des Rosenkranzes mein täglicher Trost.

Meine Lieblingserinnerungen aus meiner Kindheit sind die Feste, die meine Eltern gaben. Irgendjemand begann dann, Klavier zu spielen, und meine Mutter sang. Oh, wie ich es liebte, meine Mutter singen zu hören! Sie hatte eine starke Altstimme und schmetterte alle Verse der Musicalmelodien – *Oklahoma*; *Hello, Dolly!* Ich habe eine Tonbandkassette, auf der sie *My Romance* singt. Das war das Lied, das sie immer gesungen hatte, wenn sie in New York für Musicals und Werbungen vorsang, als sie *fünfundzwanzig* war.

Meine Eltern gaben mir das Beste von dem, was sie besaßen. Doch hochgesteckte Ziele und gute Absichten konnten es nicht mit den Sündenmustern aufnehmen, die unsere Familie im Sturm eroberten.

Eines Tages nahm mein Vater mich mit, um etwas zu „erledigen“. Ich war neun Jahre alt. Das war die letzte „Erledigung“, zu der ich ihn begleiten durfte.

Wir parkten das Auto. Er fuhr damals einen rosafarbenen Lincoln Continental. (Wir nannten ihn den Pink Link.) Ich saß auf dem Beifahrersitz. (Das war damals noch möglich, als Kinder noch nicht in Kindersitzen sitzen mussten, bis sie entweder 17 Jahre alt oder 1,62 m groß waren.) Wir fuhren auf den Friedhof in der Nähe unseres Hauses – denselben Friedhof, den mein Vater später nutzen würde, um mir das Autofahren beizubringen. Er sagte, dies sei ein sicherer Ort, weil dort ein Fahranfänger niemanden totfahren konnte – die Leute waren ja schon alle tot. Dad fuhr weit in den Friedhof hinein und parkte den Pink Link in einem Kreis grauer Grabsteine und schiefer Bäume. Es war vier Uhr, und bald würde es dunkel sein. Der Tag war mild. Eichen warfen große Schatten auf meine gefalteten Hände.

Dad sagte mir, ich solle mich auf den Boden hocken und dort bleiben. Er warnte mich, mich nicht zu zeigen, egal, was passierte. Er schloss mich im Auto ein. Ich roch den Angstschweiß.

Ich hörte, wie ein anderes Auto heranfuhr und mit quietschenden Reifen zum Stehen kam. Laute Männerstimmen brüllten Vulgäres. Mein Vater hatte eine andere Seite an sich, eine böse, wütende, gewalttätige Seite. Diese Seite verbarg er zu Hause. Hier entfesselte er sie. Ich hörte Getöse und ein scharfes Knallen, das wie eine Peitsche klang. Dann Geschrei – kehlig und animalisch. Und dann hörten die Stimmen auf. Ich hörte, wie das andere Auto sich mit einem Kreischen in Bewegung setzte und dann mit quietschenden Reifen vom Parkplatz davonfuhr. Mein Vater fing zu stöhnen. Niemand konnte ihn hören außer den schweigenden Gräbern und einer Tochter, die auf dem Autoboden saß und den Rosenkranz betete. Ich betete, so schnell ich konnte, und versuchte, schneller als vorgesehen zu den Kreuzesstationen zu kommen. Doch die Schatten wurden schwächer. Dunkelheit hüllte das Auto ein. Das Wimmern meines Vaters wurde zu Weinen, und jemand näherte sich dem Auto. Es war nicht Gott.

Es war mein Vater. Ich hörte ihn vor Schmerz aufheulen, und ich schämte mich zu sehr, um irgendetwas anderes zu tun, als leise zu singen: „Gegrüßet seist du, Maria, voll der Gnade, der Herr ist mit dir …“

Als er zum Auto kroch, waren seine Füße voller Blut. Die Schuhe, die er trug, waren auf dem Asphalt zerfetzt worden. Das lag daran, dass sich mein Vater, als das Auto mit quietschenden Reifen davongefahren war, ans offene Fenster geklammert hatte.

Er zitterte, als er das Auto aufschloss und auf dem Fahrersitz zusammenbrach.

Er stank nach Schweiß und Angst und Blut und Urin und Zigaretten.

Sein Körper wurde von krampfhaftem Zittern durchgeschüttelt. Er griff nach dem Lenkrad und fuhr uns nach Hause. Seine Zähne klapperten, und sein Kiefer krampfte.

Ich wandte den Blick ab und versuchte, ihm ein wenig Privatsphäre zu geben, ihm irgendetwas zu geben, das Würde nahekäme.

Er fuhr mit Füßen nach Hause, deren Haut vom rauen Asphalt abgezogen worden war.

Ich brauchte einen Gott, der sich aufmachte, um mich zu holen, weil ich ihn allein auf mich gestellt nicht finden konnte. Ich brauchte einen Gott, der kam und mich dort am Boden des Autos meines Vaters abholte. Ich war gefangen unter Schichten des Schreckens, gefangen in einem Ring familiärer Gewalt, gefangen in der Scham über meine eigene Aufgewühltheit und Wut. Das Gute war untrennbar mit dem Bösen verwoben, Liebe nicht von der Manipulation zu unterscheiden. Ich sehnte mich nach Ersterem ohne Letzteres. Aber in meiner Kindheit gab es die beiden nur im Doppelpack. Ich brauchte ein Evangelium, das so tief reichte wie der Schrecken, der mich zur Strecke brachte und mich verfolgte. Existierte ein solcher Gott? Gab es wirklich einen Gott, der in dieser Welt lebte?

Heute frage ich mich: Hatte ich damals christliche Nachbarn? Nachbarn, die es wussten? Nachbarn, die meiner Familie hätten helfen können?

Juni 1974, Fort Lauderdale, Florida

Carlos war mein älterer Lieblingscousin. Als ich noch klein war, war er samstagsabends mein Babysitter, wenn meine Eltern auf Partys gingen und betrunken nach Hause stolperten. Carlos machte große Schüsseln voll mit frischem Popcorn und schwenkte es in Butter und Salz. Dann holten wir beide unsere Strick- und Häkelarbeiten heraus. Er schaltete unsere Lieblingsfernsehsendung, *Creature Features*, ein. Wir strickten und redeten und lachten. Er war immer liebenswürdig und sanft. Er ließ mich Popcorn zum Abendbrot essen und solange aufbleiben, wie ich wollte. Er machte sich nie über mich lustig. Er tat nie Dinge, die mir Angst einflößten, so wie mein Bruder. Wir lasen beide gerne Jane-Austen-Romane. Carlos war 15 Jahre älter als ich.

Als Carlos 25 Jahre alt war, outete er sich der Familie gegenüber als schwul. Kurz darauf begann er, für das *Playgirl*-Magazin zu posieren (meine Eltern hatten sowohl ein Abo für den *Playboy* als auch für das *Playgirl*. Ich schätze, sie glaubten an Chancengleichheit im Hinblick auf Pornografie). Carlos war der erste Besitzer der Schwulenbar *Cathode Ray* in Fort Lauderdale, Florida. (In manchen Kreisen ist das *Cathode Ray* berüchtigt.) Ich, meine Eltern, Tanten, Onkel, Cousins und meine Oma waren alle am Eröffnungsabend der Bar dabei. Carlos war den ganzen Tag über unruhig. Er badete gründlich, hantierte an seinem Smoking herum, trug zu viel *Mont Blanc* auf und spielte nur mit dem Rührei herum, das ich für ihn gekocht hatte.

Als wir durch die Türen des *Cathode Ray* eintraten, wusste ich, dass ich noch nie einen Ort wie diesen gesehen hatte. Ich war zwölf Jahre alt, und es war das erste, aber nicht das letzte Mal, dass ich einen Sonntagabend in einer Schwulenbar verbringen würde. Die Bar verfügte über verschiedene Bereiche. Auf der Tanzfläche tanzten Männer mit Männern und Frauen mit Frauen. Mein ganzer Körper kribbelte auf eine Art, die ich nicht kontrollieren konnte, als ich das sah. Das Bild der Frauenumarmungen raubte mir den Atem. Das Gefühl fühlte sich falsch an – auf eine Art und Weise, die mich wie eine heftige Strömung auf offenes Meer hinauszog. An der Bar hielten sich die Älteren auf. Dort tranken meine Eltern und prahlten, und Männer – größtenteils Männer – stießen an, lachten und rauchten. Es war sehr laut. Und dann sah ich etwas abseits in einer Ecke zwei Männer in weißer Unterwäsche und sonst nichts. Das erschien mir so merkwürdig! So heiß war es draußen nicht. Ich hatte keine Ahnung, warum irgendwer in weißer Unterwäsche in die Öffentlichkeit gehen würde! Ich fand einen Stuhl bei meinen jüngeren Cousins. Wir tranken Gingerale und spielten Galgenmännchen auf den Servietten der Bar. Meine Cousins und ich waren es gewohnt, mit unseren Eltern in Bars und, in Las Vegas, auch in Casinos zu gehen. Wir dachten, das wäre normal. Also spielten wir Galgenmännchen und Tic Tac Toe. Wir dachten, dieser Club wäre so etwas wie die Casinos in Las Vegas. Doch als der Abend später wurde, sah ich Leute Dinge tun, von denen ich nicht gedacht hätte, dass jemand sie tat. Diese Bar war anders als jede andere Bar, in die meine Eltern mich sonst mitnahmen. Es herrschte eine verführerische Dunkelheit. Die Bar füllte sich mit immer mehr Leuten. Nach Einbruch der Dunkelheit kamen die Leute in Kostümen. Manche Leute kamen auch mit Requisiten. War jener Käfig, in dem Männer tanzten, eine Requisite? Und dann schlief ich ein.

Das war die erste, nicht jedoch die letzte Schwulenbar, die ich frequentieren würde.

Am 12. Juni 2016 tötete Omar Mateen, ein 29-jähriger Sicherheitsbediensteter, 49 Leute und verwundete 53 weitere bei einem Terroranschlag im *Pulse*, einem Schwulennachtclub in Orlando, Florida. Sofort begannen die Medien, das *Pulse* als Zufluchtsort, nicht als Nachtclub, darzustellen. Christen, die durch Gottes Gnade und Schutz niemals durch die Türen eines Schwulenclubs gegangen waren, stimmten zu. Ein Nachtclub ist ein Zufluchtsort, sagten sie. Wesley Hill schrieb in einem Artikel mit dem Titel „If the Church Were a Haven" (dt: „Wenn die Kirche ein Hafen wäre") in der Monatszeitschrift *First Things* Folgendes: „Clubs wie das *Pulse* zählten zu der Handvoll wertvoller Orte, wo die LGBTQ-Gemeinschaft im Laufe ihrer Geschichte Zuflucht vor Spott (und Schlimmerem) gefunden hat. […] Manche dieser Clubs trugen sogar den Name *Sanctuary* [dt.: ‚Heiligtum' oder ‚Zuflucht'] in Neonbuchstaben, wie ein Leuchtturm, der den Weg zu einem sicheren Ort weist."[17]

Dieser Artikel ist irreführend. Er basiert auf einer beschämend irreführenden Vorstellung. Schwulenclubs, von denen manche ausdrückliche Sexclubs sind, sind Beispiele für gefährliche und dunkle Sünden, die alle in die Kategorie unechter Gastfreundschaft fallen. Sie schlagen Kapital aus einer tiefen Sehnsucht, einem starken Verlangen, einem echten Bedürfnis: dazuzugehören. Und sie verkaufen Ihnen einen gefälschten Trost – und Schlimmeres. Und eine „Zuflucht" ist das Gegenteil von dem, was diese Clubs tatsächlich sind. Zum Feierabend und bis circa halb elf können Schwulenclubs Orte sein, an denen sich Leute treffen, um über Politik und das Gesundheitswesen zu diskutieren, um sich mit Freunden zur Happy Hour zu treffen, um nach einem Bowlingturnier zu feiern. Doch ab einer gewissen Uhrzeit werden diese Clubs zu finsteren Orten ... Im Galaterbrief steht:

> *Offenbar aber sind die Werke des Fleisches; es sind: Unzucht, Unreinheit, Ausschweifung, Götzendienst, Zauberei, Feindschaften, Streit, Eifersucht, Zornausbrüche, Selbstsüchteleien, Zwistigkeiten, Parteiungen, Neidereien, Trinkgelage, Völlereien und dergleichen. Von diesen sage ich euch im Voraus, so wie ich vorher sagte, dass die, die so etwas tun, das Reich Gottes nicht erben werden. (Gal 5,19-21)*

Die harte Wahrheit dieser Verse duldet keine Frömmelei.

Sie duldet keine Schwulenwitze, die niemals lustig sind.

Sie duldet nicht, über Leute zu reden, anstatt ihnen zuzuhören.

Unsere mangelnde Gastfreundschaft unseren Nächsten gegenüber – allen unseren Nächsten gegenüber, einschließlich denen aus der LGBTQ-Gemeinschaft – ist der Grund, warum unechte Gastfreundschaft so anziehend wirkt. Unser Mangel an christlicher Gastfreundschaft ist eine brutale Form von Vernachlässigung gegenüber den Seelen solcher Menschen.

Aber der Terroranschlag im *Pulse* berechtigt nicht dazu, dass naive und fehlgeleitete Christen persönliche Erfahrungen zweckentfremden. Christen befürchten zu oft, Menschen vor den Kopf zu stoßen, weil sie deren Worte falsch verwenden. Doch wir können Menschen auch vor den Kopf stoßen, indem wir ihre Worte auf eine Art und Weise verwenden, die sie aus dem Kontext herausreißt. Worte erschaffen Welten. Und das einzige Wort, das der Wahrheit einen Weg bahnen kann, ist das Mensch gewordene Wort: Jesus. Er ist der Retter für Menschen wie mich. Wenn wir die Sprache verändern, verändern wir die Logik.

Ein Nachtclub ist kein Zufluchtsort. Niemand glaubt wirklich, dass es so ist.

Zurück zur Schule

Am darauffolgenden Tag flogen wir zurück nach Chicago.

Meine Erinnerungen an das *Cathode Ray* wurden immer verschwommener. Ich konnte noch einzelne Bilder und Gerüche einfangen. Diese Bilder schockierten und reizten mich gleichermaßen. Ich sehnte mich danach, sie wieder aufleben zu lassen. Gleichzeitig erschauderte ich angesichts dieser Möglichkeit. Als ich aus dem Augenwinkel die Männer in dem Käfig sah, verabschiedete sich mein Hirn gerade ins Traumland. Hatte ich das wirklich gesehen? Das konnte ich nicht wirklich gesehen haben, oder?

An diesem Tag wachte ich früh auf. Ich zog eine frische weiße Bluse und einen sauberen marineblauen Rock mit Schottenmuster an. Ich tat, was ich immer tat: Ich hielt die unterschiedlichen Bereiche meines Lebens strikt voneinander getrennt. Mein Abend im *Cathode Ray* war ein anderes Leben als mein Leben als katholisches Schulmädchen. Wir flogen von Fort Lauderdale ab, als der Morgen noch am Himmel dämmerte. Dad fuhr mich direkt vom Flughafen zur Schule, gerade rechtzeitig zum Nachmittagsklingeln. Als er mich umarmte und mir einen Abschiedskuss gab, sagte er dasselbe, was er jeden Tag sagte, wenn er das Auto auf dem Schulparkplatz parkte: „Sei brav, sei höflich, lern viel und glaub nichts von dem, was die Nonnen dir erzählen." Meine Eltern meinten, Religion ersticke die Fantasie. (Angesichts der Flashbacks aus dem *Cathode Ray* hätte ich zumindest an jenem Morgen eine Reduzierung meiner Fantasie begrüßt.)

Ich hüpfte aus dem Auto und begrüßte meine Lieblingsnonne, Schwester Mary Margaret, an der Tür. In meinen beiden Lieblingsfächern, Latein und Englisch, sagte ich meine lateinischen Deklinationen auf und fertigte meinen Aufsatz über Emily Brontë an. In der Pause arbeitete ich an meinem Strickprojekt. Ich saß während der Gebetszeit bei Irene. Ich lernte meinen Text aus dem Musical *Joseph and the Amazing Technicolor Dreamcoat* auswendig. Ich versuchte, so zu tun, als sei ich normal. Manchmal blitzten Bilder aus dem Club in meinem Kopf auf, wie durch einen Lichtschalter angeknipst. Sie riefen meine Gefühle an einen dunklen Ort. Ich wusste zwei Dinge über jenen Ort: Er war dunkel und er zog mich an. Bei der Katechese an jenem Nachmittag redete Vater Paul davon, dass die Auferstehung eine Metapher sei. Mein katholisches Leben befand sich ebenfalls in einem vom Rest meines Lebens getrennten Bereich. Eine Metapher entfaltet nur auf der Buchseite ihre Macht. Eine Metapher ist nicht real oder lebendig oder irgendetwas Derartiges. Eine Metapher kann nicht wahr sein. Wenn die Auferstehung eine Metapher war, dann erklärte das vielleicht, warum Jesus mir nicht ins *Cathode Ray* oder ins Haus meiner Eltern oder an irgendeinen anderen Ort folgen konnte, wo ich ihn wirklich brauchte.

An jenem Tag dachte ich viel über Sünde nach, besonders über Erbsünde. Schwester Mary Margaret lehrte mich, dass Erbsünde so sei, als wäre ich mit einem riesigen Bleichfleck auf meinem marineblauen Rock geboren worden. Ich blickte auf meinen Rock und dachte nicht wirklich, dass er mit einem weißen Fleck allzu hässlich aussehen würde. Ich berührte den steifen Stoff und versuchte, mir vorzustellen, wie groß der Bleichfleck meiner Erbsünde wohl wäre. Erbsünde klang gar nicht so hässlich. Vielleicht würde sie in etwa wie ein Batikmuster aussehen. Erbsünde, sagte sie, bedeute, dass wir ohne Gnade geboren werden. Jedes Mal, wenn ich zur Messe ginge, jedes Mal, wenn ich die Hostie in meinen Mund nähme und den Wein tränke, würde Gott diesen Bleichfleck mit mehr Gnade ausfüllen, bis ich eines Tages ganz heil wäre. Dann würde mein blauer Rock keinen hässlichen Bleichfleck mehr haben. Der blaue Rock der Jungfrau Maria sei ganz ausgefüllt worden, bevor sie die Mutter des kleinen Jesus wurde. Deshalb beten wir: „Gegrüßet seist du, Maria, voll der Gnade." Ihre Erbsünde sei weggenommen worden, damit sie die Mutter von Jesus sein konnte. Wenn ich nur voller Gnade sein könnte, dann würden mir vielleicht keine schlechten Dinge mehr passieren. Ich konzentrierte mich darauf, härter zu arbeiten und zu versuchen, so oft wie möglich zur Messe zu gehen.

Ich verließ mich auf Rettung durch die Sakramente.

Das Leben geht weiter

Ich brachte selten Freunde mit nach Hause. Mein Zuhause war bestenfalls unberechenbar. Doch ich hatte nichts gegen Zeit für mich allein. Und ich hatte meine Cousins, die in derselben Straße lebten wie ich. Ich besuchte die Middle School*. Mein Bruder war endgültig ausgezogen. Meine Eltern stritten weniger und tranken mehr. Und ich verbrachte meine schulfreie Zeit in meinem Zimmer mit Hausaufgaben, meinen Katzen und meinen Strickprojekten. Wenn jemand aus der Schule mich zum Abendessen oder für eine Geburtstagsparty zu sich nach Hause einlud, ging ich hin. Ich staunte darüber, wie entspannt andere Leute mit ihren Eltern umgehen konnten. Ich selber wartete immer nur darauf, dass meine Eltern ihren wachsenden Ärger an mir auslassen oder betrunken und ausgelassen herumtorkeln würden. Ich habe mich immer geschämt, ich zu sein. Und ich entwickelte immer mehr Strategien, um meine Eltern von ihrem Zorn oder ihren Leidenschaften abzulenken. Ich lernte früh, absurde Geschichten über die Katzen zu erfinden. Meine Eltern liebten Katzen und fanden meine anthropomorphen Geschichten über sie unterhaltsam. Ich versuchte, das, was Schwester Mary Margaret mich über Erbsünde gelehrt hatte, mit dem in Einklang zu bringen, was ich in meinem eigenen Herzen und im

---

* A. d. Ü.: Übergangsschule für Schüler im Alter von 12 und 13 Jahren.

Haus meiner Eltern sah. Doch es erschien mir nicht so, als hätten wir Bleichflecken auf unseren Röcken. Es erschien mir eher so, als hätten wir Blutflecken, die jede Ader und jede Kapillare infizierten. Ein Evangelium anständiger Moral für anständige Menschen kam dem Messer nicht einmal nahe, das mein Herz durchbohrte. Wer könnte mein Herz öffnen, sehen, was darin war, und mich neu machen? Wenn die Auferstehung eine Metapher war, dann hatte ich wenig Zutrauen, dass die Messe alle Dinge neu machen würde.

Hatte ich christliche Nachbarn, Nachbarn, die hätten helfen können?

Wer wusste das?

Februar 1998, Syracuse, New York

Ich schrieb Bücher, hielt Vorlesungen, betreute Abschlussarbeiten und gab Bachelor- und Masterkurse. Ich leitete das Bachelorstudienprogramm in Englisch und Textwissenschaften an der *Syracuse University*. Ich war ein aufgehender Stern. Ich war darauf aus, die Welt zu verändern. Ich war nicht auf der Suche nach mehr Freunden. Und ich war definitiv nicht auf der Suche nach Freunden, die dachten, ich sei eine Sünderin.

Bis heute kann ich nicht wirklich erklären, warum Ken und Floy und ich so gute Freunde wurden – abgesehen von ein paar einfachen Wahrheiten.

Die erste Wahrheit ist, dass Ken und Floy mich nicht losließen. Ich versuchte zu verschwinden. Das hätte nicht allzu schwierig sein sollen angesichts der Tatsache, dass wir in unterschiedlichen Einflusskreisen unterwegs waren. Aber sie waren ein dienendes Team und wollten einfach nicht loslassen. Jede Woche meldete sich einer von beiden entweder telefonisch oder per E-Mail. Es wurde einfacher, mich jede Woche zu den Mahlzeiten zu ihnen zu gesellen, als ihnen aus dem Weg zu gehen. Verstehen Sie mich nicht falsch – die Smiths waren weder Nervensägen noch Stalker. Aber sie waren unerschütterlich präsent. Erst später verstand ich, dass niemand Menschen ausweichen kann, die *im Gebet* präsent sind. Ken und Floy beteten jeden Tag für mich – ihre Erzfeindin. Sie dachten über mich nach und beteten für mich, als wäre ich ihre Tochter. Das schuf einen Sog des gegenseitigen Verstehens, der im Himmelreich entstand und vor dem ich nicht weglaufen konnte.

Das zweite verbindende Element war dieses: Insgeheim war ich hingerissen von Ken und Floys Gastfreundschaft. Menschen aller Couleur kamen und gingen. Floys Mahlzeiten waren wie meine: einfach und reichlich. Wir servierten beide viel Reis und viele Bohnen. Floys Küchenschränke standen voller großer Einmachgläser, die mit Bohnen in vielen Farben gefüllt waren. Am Ende einer langen Reihe von farbenfrohen Bohnengläsern stand ein Kochbuch: *More with Less: Suggestions by Mennonites on How to Eat Better and Consume Less of the World's Limited Food Resources.**

Menschen betraten das Haus der Smiths mit ihren Bibeln (das war neu) und ihrem Psalmenbuch (einer Sammlung von Psalmen, die in vierstimmiger A-cappella-Musik gesetzt waren und wie ein Liederbuch verwendet wurden; das war neu und irgendwie cool, so wie alle alten Dinge für jeden echten Geisteswissenschaftler wahrhaft cool sind). Die Menschen, die durch Kens Tür kamen, waren sowohl kulturell als auch musikalisch gebildet. Sie wussten, wie man ein Buch aufschlägt und darin liest. Sie wussten außerdem, wie man die Tenorstimme eines Psalms entwickelt, der in einer vierstimmigen Harmonie geschrieben war. Ich respektierte diese Fähigkeiten. Noten und antike Texte zu lesen ist eine seltene Kunst. Ich fühlte mich von ihren schlichten und unaufdringlichen Fähigkeiten angezogen.

Die Menschen, die sich im Haus der Smiths versammelten, waren tiefgründig, bewandert und reflektiert, auch wenn ich glaubte, dass sie völlig falsch lagen. Sie lasen die Bibel zudem anders als jedes andere Buch, das ich Menschen in einem öffentlichen Rahmen habe aufschlagen sehen. Sie lasen die Bibel in der ersten Person und im Präsens. Sie sagten nicht nur, dass sie sie für ein lebendiges Buch

---

* Zu dt. etwa: *Mehr mit weniger: Vorschläge von Mennoniten, wie man sich besser ernähren und weniger von den begrenzten Nahrungsmittelressourcen der Welt verbrauchen kann.*

hielten, das Gott selbst gehörte. Sie behandelten sie auch genauso. Im Gebet redeten sie so mit Gott, als hätten sie einen guten Draht zu ihm.

Doch wenn sie das Psalmenbuch aufschlugen, erwachte irgendetwas tief in mir zum Leben. Vierstimmige Harmonien, ganz sicher. Ron im Bass, Diana im Alt, eine Reihe von ernsthaften Jungs mit pickeligen Gesichtern, die zu Hause unterrichtet wurden, im Tenor, Sopranstimmen, die die höchsten Noten mühelos zierten, ohne die Aufmerksamkeit auf sich zu ziehen. Ich wurde an einen Chorlehrer in der Musikschule erinnert, der vierstimmige Harmonien mit einem Haus verglich: das Fundament im Untergeschoss (Bass), der Boden (Tenor), die Wände (Alt), das Dach (Sopran). Der Gesang im Haus der Smiths baute ein wohlproportioniertes Haus. Das ist etwas so Seltenes, dass ich ins Nachdenken kam. Die Qualität der Musik war hervorragend. Doch die Worte, die sie sangen, waren verblüffend, entwaffnend, Anstoß erregend, sogar abstoßend. Die Musik war wie ein scharfes südamerikanisches Chili mit schwarzen Bohnen und einem Hauch von Honig. Es wirkte nach, und man konnte nicht sagen, ob es scharf oder süß war, bis man auf eine scharfe Chili biss und die Tränen flossen. Die Musik der Psalmen rief etwas in mir hervor, etwas, das zwischen bitterem Zorn und insgeheimer Zustimmung schwankte.

Das dritte verbindende Element bestand darin, dass wir beide unsere Feinde gerne nah bei uns hatten. Das wurde durch die offene Tür ihres Hauses deutlich. Das war eine Fähigkeit, die ich von ihnen lernen wollte. In der Theorie sagte ich oft dasselbe. Ich sagte Dinge wie: „Da, wo alle dasselbe denken, denkt keiner besonders viel." Oder: „Halte deine Feinde in deiner Nähe; wie ein Pferd, das ausschlägt, können sie dich am Ende nicht hart treffen, wenn du in ihrer Nähe stehst." Dennoch bestand meine Tischgemeinschaft Jahr für Jahr meistens aus denselben weißen, sich als lesbisch bezeichnenden Doktorandinnen der Geisteswissenschaften. Nicht wirklich vielfältig, trotz unserer intersektionalen Ansprüche gegen Unterdrückung. Die einzige Ausnahme bildete gelegentlich eine aus China adoptierte Tochter. Die AIDS-Krise diversifizierte unser

Geschlecht. Und J., mein Transgender-Freund, diversifizierte unsere Geschlechtsidentität. Aber zum größten Teil waren die Menschen in meinem Kernbereich alle gleich.

Hier war ich nun – ein Feind –, der gerade ein Buch gegen diese Leute verfasste. Und hier war ich – und amüsierte mich ungeachtet der gewaltigen Kluft zwischen unseren Weltanschauungen, die für uns alle real und wahr und entscheidend war.

Und das war keine einmalige Sache, wie ein aus dem Moment heraus entstandenes Gedicht, das im Krieg anlässlich eines Waffenstillstands verfasst wird. Diese Sache – für mich war sie etwas Wöchentliches, aber für sie etwas Tägliches, wie ich vermutete. So lebten diese Christen. Und das war unwiderstehlich und stark. Trotz allem waren Ken und Floy, Ron und Robyn, Dee, Bill, Renee, Nora und Bud mein Rudel geworden. Zumindest sonntagsabends, an dem Tag, den sie den „Tag des Herrn“ nannten.

Ich kreuzte nicht jede Woche auf. Ich konnte es nicht ertragen. Sie schon. Da war ich mir sicher.

Die Zeit im Haus der Smiths verhielt sich am Sonntagabend unnatürlich. Keine Eile, keine Studentenarbeiten benoten, keine hektischen Telefonanrufe von Kollegen, mit denen man über andere Kollegen tratschte. Keine Strategietreffen. Ich lernte, mein loses Maul zu zügeln – wenigstens sonntagsabends.

Ich war Vorsitzende des ETS-Programms – Englisch und Textwissenschaften. Wir brüsteten uns damit, das erste Anglistikinstitut im Land zu sein, das die traditionellen Anglistikfächer im Bachelorstudium durch einen poststrukturalistischen und kulturtheoretisch basierten Lehrplan ersetzt hatte. *Einführung in die Anglistik* war Vergangenheit. Dieser primitive Hilfskurs wurde zum Kursangebot des Studiengangs für Literarisches Schreiben herabgestuft. Das war eine separate akademische Einheit, die sogar in einem anderen Gebäude untergebracht war. *Einführung ins wissenschaftliche Schreiben* war ebenso out wie die Lektüre klassischer Literatur im Sinne des Autors, wie es der alten Schule entsprach. Rezeptionsästhetik, pomo (postmoderne), kritische Theorie ersetzte sie. Wir, die wir diese Revolution anführten, bezeichneten uns selbst (insgeheim) als die *Pomo Homos.* Wir betrachteten das als Kompliment.

Im Haus der Smiths leitete Pastor Ken etwas, das sie als „Hausandacht“ bezeichneten. Dabei gingen sie den Jakobusbrief durch. Ich war fasziniert. Jakobus war ein schrecklich praktisches Buch, dachte ich. Und es war faszinierend in seiner Einfachheit.

Jakobus enthielt für mich außerdem ein paar geistreiche Spitzen.

Tratsch, die Zunge als Brandstifter, Schimpfwörter.

Was sollte ich mit meinen Kollegen reden, wenn wir nicht über andere Kollegen tratschen konnten?

Wie konnte ich einen Satz ohne ein Schimpfwort beenden?

Aber der beste Teil des Abends war der Gesang.

Musikalisch gebildete Menschen sind schwer zu finden. Ich freute mich wahnsinnig, dass ich welche gefunden hatte. In meiner Alltagswelt hatten wir einen schwulen Männerchor – und die Leute da waren sehr, sehr gut. Aber irgendwie interessierten sich die Lesben in meinem Kreis nicht dafür. Und so war ich in meiner LGBTQ-Gemeinschaft auf einen Platz im Publikum verwiesen. Die Psalmen in vierstimmiger Harmonie zu singen war auf eine neue Art sinnlich für mich.

Ich übte sogar zu Hause und wärmte meine Stimme für unser „Psalmensingen“ auf. Einmal, als ich gerade Tonleitern als stimmliche Aufwärmübung für den Psalmengesang sang, schaute meine Partnerin mich mit hochgezogener Augenbraue an:

„Was genau *macht* ihr da in dem Sektenhaus?“

So nannten wir Ken und Floys Haus: das „Sektenhaus“.

Ich verachtete sie. Ich verspottete sie. Ich machte mich über unser Bibellesen und unseren Psalmengesang lustig. Und sie liebten mich. Sie bezogen mich ein und beteten für mich.

„Ich wärme meine Stimmbänder auf“, antwortete ich. Als ob es für mich das Unspektakulärste auf der Welt wäre, das zu tun.

Ich hatte es mit Meditation probiert.

Ich hatte pflichtbewusst meine Yogamatte ausgerollt, meine Patschuli- und Lavendel-Räucherstäbchen angezündet und leise „Ommmmm“ gesummt.

Ich schloss mich Meditations- und Lesegruppen an. Ich brütete über den Einzelheiten östlicher Weisheit von *Thich Nhat Hanh** und *Shunryu Suzuki***. Aber ich konnte aus mir heraus keinen Frieden produzieren. In meinem Inneren brodelte es von Mühe und Ärger. Es war, als ob Pandora bei jedem meiner Herzschläge aufstoßen müsste. Um ehrlich zu sein, es hatte mir vorher nie wirklich etwas ausgemacht, dass sich durch meinen Mund die Disharmonie vermehrte. Die Postmoderne schließt ihren Frieden mit der Unstimmigkeit. Doch die Bibel schätzte die dualen Gegenüberstellungen, die ich so verabscheute. Und die Psalmen schlugen tief in meinem Inneren Wurzeln, so wie Worte das tun, wenn man sie genug respektiert, um sie zu singen.

Diese Christen redeten von einem Frieden, der von außen, von Gott selbst, kam.

Das war neu.

Diese christliche Gemeinschaft, die sich jede Woche im Haus der Smiths versammelte, war zwar ein kleines bisschen wie meine LGBTQ-Gemeinschaft – insbesondere im Hinblick auf ihre zu Hause stattfindende Tischgemeinschaft und ihre nicht-nur-auf-Einladung Dynamik. Sie war jedoch völlig anders als meine Herkunftsfamilie. Aber diese christliche Gemeinschaft war auch *mehr* als meine LGBTQ-Gemeinschaft – und das sah ich. Diese Gemeinschaft war mit ihren guten Absichten nicht auf sich allein gestellt. Gott hatte sie gefunden, und sie hatten einen guten Draht zu ihm. „Wie kann so etwas geschehen?“, fragte ich mich.

Oktober 2015, Durham, North Carolina

„Warum sind wir Freunde?“, fragt mein unbeholfener Nachbar Hank, als wir um zwei Uhr während einer Nachmittagspause vom Homeschooling mit unseren Hunden spazieren gehen. Es ist ein milder Herbsttag in North Carolina, und der blaue Himmel zeigt seine Pracht für alle sichtbar. Hank ist ein wenig lichtempfindlich.

* A. d. V.: Ein buddhistischer Mönch aus Vietnam.

** A. d. V.: Ein japanischer Zen-Meister.

Er zuckt, während seine Augen sich an die Mittagssonne anpassen. Er sieht aus, als sei er gerade erst aufgewacht.

„Ich meine, warum denkst du nicht, dass ich ein Schandfleck und ein Verrückter bin, so wie meine Nachbarn in Chatham?"

Das ist eine der vielen Sachen, die ich an Hank liebe: seine mutigen Fragen, bei denen er niemals irgendetwas verbirgt, was andere höflich unter gesellschaftlicher Verträglichkeit begraben.

„Weil Gott sich nie in der Adresse irrt", antworte ich.

Er schaut mich von der Seite an, während er das Trainingshalsband bei meinem Hund anpasst. „Du hast das hier wieder falsch herum angelegt. Lass mich das in Ordnung bringen", bietet er an, während wir anhalten und unseren Hunden einen „Sitz-und-Platz"-Befehl erteilen. Behände kniet Hank sich hin, um das Trainingshalsband meines Hundes anzupassen.

„Das habe ich noch nie gehört, dass Gott sich nicht in der Adresse irrt", seufzt er, „glaubst du das wirklich?"

„Klar."

„Ist das wieder so eine christliche Sache?"

„Klar."

Hank denkt einen Moment schweigend darüber nach. Dann blickt er auf zum blauen Himmel, schlägt mit der Faust in die Luft und ruft: „Okay, Kinder, ihr geht voraus! Tank und ich brauchen heute Nachmittag einen guten, langen Spaziergang! Wohin? Wiese? Straße?"

Hank lässt das schmerzhafte Thema Freundschaft fallen und ruft hinter meinen Kindern her, während diese – endlich in der Schulpause angekommen – ebenfalls bestrebt sind, das Gequatsche zu beenden und mit unserer Wanderung weiterzumachen.

„Oh, Mr. Hank, gehen wir wieder auf ‚Unbefugt-Betreten-Tour'?", juchzen meine Kinder vor Freude. Sie wissen, dass uns das ziemlich lange weit weg vom Unterrichtstisch bringen wird.

Hank jubelt. „Solche Kinder mag ich!", brüllt er, während die Hunde Tempo aufnehmen. „Unbefugt-Betreten-Tour" ist eine Chiffre für „Lasst uns über die große Wiese auf dem offenen Stück Land hinter unseren Häusern gehen" Es ist ein offenes Grundstück.

Aber ein großer städtischer Bauunternehmer will es kaufen, um darauf 500 neue Wohneinheiten zu bauen. Unsere Nachbarschaft wehrt sich dagegen. Dieses Grundstück wird als Puffer für die ohnehin zu nah verlaufende Autobahn benötigt sowie als offene Wiese für die Tier- und Pflanzenwelt. Wir lieben es, dort spazieren zu gehen und dabei darüber zu sprechen, warum wir dies so mögen. Es ist unsere liebste vier-Meilen-Wanderung für den Nachmittag. Noch ist es kein unbefugtes Betreten. Aber das wird es sein, wenn der Bauunternehmer den Vertrag unterzeichnet.

Wenn wir an den anderen Nachbarn vorbeigehen, werfen sie uns beunruhigte Blicke zu. Viele Leute haben Hank noch immer nicht kennengelernt. Also halte ich an und stelle Hank jedem Nachbarn vor, an dem wir vorbeigehen. Ich sage: „Mr. Moore, das ist Hank. Hank und seine Mutter haben Ellies altes Haus an der Ecke gekauft, das Haus, das zusammen mit unserem an den offenen Wald grenzt. Hank, das ist Mr. Moore. Er lebt dort im Haus an der Ecke, mit den Strauch-Rosen.“ Hände werden geschüttelt. Blicke werden weicher. Namen werden ausgetauscht.

Das erste Mal, als Hank und ich zusammen mit unseren Hunden spazieren gingen, war im August 2015. Kent und ich hatten versucht, diesen ruhigen und zurückgezogenen Nachbarn kennenzulernen, aber ohne Erfolg. Andere Nachbarn hatten über ihn getratscht. Kent erinnerte jene misstrauischen Nachbarn immer wieder daran, dass Worte Menschen niedermachen können und dass Christen nicht dazu berufen sind, jemanden zu kritisieren, nur weil er zurückgezogen und verschlossen ist.

Wir hatten gerade Sully, unseren dreibeinigen, tollpatschigen Gordon-Setter-Mix aufgenommen, bei dem noch ein, zwei andere undefinierbare Rassen mitmischten. Wir hatten ihn von der Auffangstation für Golden Retriever bekommen. Aber ich will den Ruf von Golden Retrievern nicht beschmutzen, indem ich andeute, dass irgendein Vertreter dieser Rasse irgendetwas mit Sully zu tun gehabt haben könnte. Nichtsdestoweniger bezahlten wir den vollen Preis für einen Golden Retriever und brachten einen 20 Kilo schweren schwarzen Settermischling mit einem fehlenden Vorderbein nach Hause. Sully verkörperte pure, undisziplinierte Energie und Enthusiasmus. Seine Fähigkeit, an der Leine zu laufen, war katastrophal, seine Fähigkeit, Katzen zu jagen, dagegen ausgezeichnet. Seine Fähigkeit, den Garten umzugraben, war außergewöhnlich, und seine Nase konnte ein Nagetier aus zehn Meilen Entfernung aufstöbern. Und obwohl er ohne linkes Vorderbein geboren worden war, konnte er Löcher im Garten graben und schnell genug laufen, um mit seiner weichen Schnauze ein Eichhörnchen zu fangen und es anschließend auf den Küchenboden plumpsen zu lassen. Das Nagetier war vor Schreck gelähmt, aber abgesehen von dem unsagbaren emotionalen Trauma unbeschadet. Wenn Gott jemals gesagt hätte: „Wenn deine Schnauze dir Anstoß zur Sünde gibt, dann schneide sie ab", dann hätte er dabei Sully vor Augen gehabt. Sully hasste seinen Käfig. Er war aus einem Tierheim, in dem nicht vermittelbare Hunde eingeschläfert werden, in die Auffangstation für Golden Retriever gekommen. Sein Leben hing am seidenen Faden. (Und jetzt mal ehrlich, wie leicht ist es, einen dreibeinigen Hund im Tierheim zu finden? Gewöhnlich ist dort höchstens einer anwesend.) In der Auffangstation für Golden Retriever strapazierte Sully die ihm entgegengebrachte Gastfreundschaft über, indem er ein Sofa fraß. Ja, Sie haben richtig gelesen. Dieser Hund fraß ein Sofa. In unserem Haus zerstörte er an seinem ersten Tag seinen Metallkäfig, indem er herausfand, wie er die Metallstäbe auseinanderbiegen konnte, als hätte er Houdinis Superkräfte.

Das war unsere Art von Hund.

Und Sully liebte meinen Sohn Knox. Und mein Sohn liebte diesen verrückten Hund.

Am ersten Tag gingen die Kinder und ich mit Sully (angeleint und mit Trainingshalsband) nach draußen und versuchten, einen Spaziergang zu machen.

Als Sully mich mit einem Satz nach vorn mitriss, schaute Hank von seiner Gartenarbeit auf und sagte: „Brauchen Sie Hilfe?" Das war der erste echte Satz, den er abgesehen von einem „Hallo" und Bemerkungen zum schönen Wetter jemals an mich gerichtet hatte.

„Ja, bitte", sagte ich.

Und so wurden wir Freunde. Und unser Haushalt und Hanks wurden miteinander verwoben.

Er kam herüber, um die Situation zu begutachten, und hockte sich auf den Boden. Dadurch brachte er Sully dazu, den Zug auf die Leine zu lockern und in Hanks Schoß zu versinken. Sully entspannte sich unter Hanks starker Hand und seiner zärtlichen Stimme. Hank wurde durch diesen behinderten Hund wie verwandelt. „Du hast so harte Ecken und Kanten wie ich, Kumpel", sagte er in keine bestimmte Richtung. Während er die Sehnen und Muskeln befühlte, die seine fehlende Gliedmaße schützten, murmelte Hank fast zu sich selbst: „Und noch dazu gebrochen."

Hank schaute auf zu mir, während er meinen Hund hinter den Ohren kraulte, und fragte: „Wo haben Sie den her?" Ich erläuterte Sullys Geschichte, und Hank bot mir Hilfe bei der Hundeerziehung an.

Ich hatte keine Ahnung, ob dieser Mann wirklich Hunde erziehen konnte.

Überzeugt davon, dass er mich nicht wirklich beim Wort nehmen würde, sagte ich: „Okay, dann fangen wir jetzt an. Sie führen meinen Hund und ich Ihren."

Er blickte mir kurz direkt in die Augen, um meine Aufrichtigkeit zu prüfen, wie ich annahm. Dann wandte er den Blick schnell ab und murmelte: „Klar, ich laufe schnell rein und hole eine Leine." Hank ließ mich mit meinem verrückten Hund zurück, der erschreckt hochfuhr. Dann kam er mit Tank an einer Wäscheleine zurück. Hank hielt die Wäscheleine hoch, lachte und sagte: „Das wird fürs Erste genügen. Ich gehe nachher eine Leine kaufen. Tank wird das lieben. Niemand hat mich je gefragt, ob wir gemeinsam einen Hundespaziergang machen."

Hank übernahm meinen Hund und ich seinen. Und so begann eine fragile Freundschaft.

Nachdem wir geholfen hatten, Tank zu finden, als dieser eine Woche lang verschwunden war, war unsere Freundschaft besiegelt. Unsere Familie wurde Hanks sicherer Ort.

Und er wurde unser Freund, der alles reparieren konnte, unser Freund, der unseren verrückten Hund finden konnte, wenn dieser wieder mal ins nächste Postleitzahlgebiet abgehauen war. Er wurde unser Freund, der unseren Glauben nicht verspottete, aber auch nicht einsah, inwiefern um alles in der Welt dieser Glaube ihn betraf.

Hank brachte das erste Jahr unserer Freundschaft damit zu, nicht weiter als bis in unseren Vorgarten zu kommen.

Das war in Ordnung. Wir betreiben viel Gastfreundschaft in unserem Vorgarten.

Wir haben das vorher schon erlebt – das Zögern, ein Haus zu betreten. Vielleicht fürchten die Leute, an einem Ort gefangen zu sein, den sie nicht so leicht verlassen können. Vielleicht fühlen sich die Leute nicht willkommen. Vielleicht fühlen sie sich nicht in der Lage, die seltsame Szenerie vermeintlicher christlicher Sitten und christlichen Firlefanzes zu begreifen. Wie kam es, dass Jesus, als er auf dieser Erde lebte, Sünder willkommen hieß und Sünder ihn willkommen hießen? Wie brachte er Leute dazu, durch die Tür zu kommen? Nehmen Sie zum Beispiel Lukas 7:

> *Es bat ihn aber einer der Pharisäer, dass er mit ihm essen möge; und er [Jesus] ging in das Haus des Pharisäers und legte sich zu Tisch. Und siehe, da war eine Frau in der Stadt, die eine Sünderin war; und als sie erfahren hatte, dass er in dem Haus des Pharisäers zu Tisch lag, brachte sie eine Alabasterflasche mit Salböl, trat von hinten an seine Füße heran, weinte und fing an, seine Füße mit Tränen zu benetzen, und trocknete sie mit den Haaren ihres Hauptes. Dann küsste sie seine Füße und salbte sie mit dem Salböl. Als aber der Pharisäer, der ihn eingeladen hatte, das sah, sprach er bei sich selbst und sagte: Wenn dieser ein Prophet wäre, so würde er erkennen, wer und was für eine Frau das ist, die ihn anrührt; denn sie ist eine Sünderin. (V. 36-39)*

Diese Szene ist aus vielen Gründen verwirrend. Nicht zuletzt deshalb, weil es völlig unwahrscheinlich ist, dass eine uneingeladene und nicht willkommene Frau von zweifelhaftem Ruf einfach zu einer Party kommt und beginnt, den Ehrengast zu belästigen. Es ist absurd. Irgendjemand hätte sie an der Tür aufgehalten, oder?

Nun ja, ja und nein.

Wenn es eine Tür gegeben hätte, dann hätte sie wahrscheinlich jemand gestoppt.

Aber es gab keine Tür.

Häuser von wohlhabenden Leuten – wie das Haus in dieser Szene – verfügten über halböffentliche Innenhöfe, die einsehbar und offen waren. Manche Treffen waren privat und fanden möglicherweise in den inneren Gemächern statt. Doch die meisten Abendgesellschaften glichen dem griechisch-römischen *Symposium*, was wörtlich übersetzt „ein geselliges Treffen […] zum Trinken und intellektuellen Austausch" oder einen „philosophischen Dialog" meint.[18] Es gab viel Platz, der mit langen Tischen voller Essen gefüllt war, und Sofas, auf denen sich die Speisenden entspannt zurücklehnen konnten. Es waren zwar nicht alle am Tisch willkommen. Aber „Besucher konnten sehen, was geschah und sogar zum Gespräch beitragen. Leute konnten ohne Weiteres von der Straße hereinkommen, um dem Hausherrn einen Besuch abzustatten oder Geschäfte abzuwickeln. Auch die Armen konnten sich herumdrücken und auf Essensreste hoffen."[19]

Meine Nachbarn Ryan und Kristin haben ein Haus mit einem halböffentlichen Raum. Dabei handelt es sich um einen großen Carport gegenüber der Hausseite, der von zwei Straßen einsehbar ist. Sie nennen es ihre Partyveranda. Ich nenne es einen Carport mit Weihnachtsbeleuchtung. Sie verwenden diesen Raum als ein riesiges Esszimmer im Freien. Er hat Tische – kleine *Little-Tykes*-Kindertische, Gartentische, lauter Stühle, die nicht zueinanderpassen und einen gewaltigen Tisch aus Zedernholz, den Ryan und Kristin einen Sommer lang gemeinsam gebaut haben. (Kristin ist Schreinerin, und ihr Haus und ihr Garten spiegeln ihre wunderbaren Fähigkeiten wider.) Ryan sagt über dieses Esszimmer im Freien gern: „Wir bauen hier Tische, keine Mauern." Es gibt keine Hindernisse, die einen daran hindern, diesen Raum zu betreten. Und es ist kein Palast. Er ist ein großer Carport, von der Straße gut einsehbar – und das in der Art von verkehrsreicher Stadt bzw. Gemeinde in North Carolina, wo wir abends unsere Autos abschließen und regelmäßig Berichte von Hauseinbrüchen hören. Aber Ryan und Kristin wissen, wie man Gemeinschaft baut. Das tut ihnen gut. Sie haben das Herz und das richtige Gespür dafür.

Ich habe beobachtet, wie Lachen und der Duft von Kaffee und Fajitas andere Nachbarn zu diesem halböffentlichen Esszimmer ziehen. Zu Kristins 40. Geburtstag (im Dezember) trafen wir uns mit 40 Leuten. Ryan mietete Propangas-Heizpilze und stellte sie in den Ecken des Carports auf. Der Wind wehte kalt, der Kaffee dampfte warm. Und wir aßen, tranken und neigten unsere Köpfe im Gebet, um Gott für diese erstklassige Königstochter zu danken, die der Herr Ryan zu seinem großen Segen geschenkt hatte.

Als Jesus auf dieser Erde lebte, nutzten größere Haushalte solche Essbereiche im Freien. In Lukas 7 platzte diese uneingeladene Frau nicht in eine Party herein. Die Frau befand sich wahrscheinlich unter den umstehenden Personen, die von dem Freiluftzimmer angezogen wurden – so, wie Nachbarn auf die Partyveranda von Ryans und Kristins Haus kommen. Jesus hat diese Frau angezogen, trotz ihrer Furcht vor Ablehnung oder Tratsch, Drohungen oder sogar potenzieller Gewalt vonseiten des Hausbesitzers. Sie brachte das, was sie bringen konnte. Das erregte bei den Zuschauern jedoch großen Anstoß.

Sie wird als Frau beschrieben, „die eine Sünderin war“ (V. 37). Das ist ein Ausdruck für eine Prostituierte. Sie war als Prostituierte bekannt. Doch Jesus interessierte sich nicht für das, wofür die Welt sie kannte. Die Szene zeigt einen peinlichen Moment. Eine bekannte Prostituierte berührt den bekannten Propheten auf die einzige Weise, die sie kennt – mit Öl und ihren offenen Haaren, mit denen sie die Füße ihres Herrn abwischt. Das war intim – erst recht, wenn man bedenkt, welche Rolle Intimität im Leben dieser Frau spielte.

Doch Jesus tadelt sie nicht. Wenn Jesus die Umkehr eines Sünders annimmt, dann wird er selbst diese Liebe entwirren und die Dinge, die diese Liebe auf sündige Weise getan hat, herauslösen.

Jesus nimmt ihre Berührung in Reinheit an, weil er verwandelt, was sie gibt. Jesus war gekommen, um ihr ihre Sünden zu vergeben und sie aus ihrer Versklavung unter die Sünde zu befreien. Er war nicht gekommen, um Prostitution salonfähig zu machen. Er sagte nicht: „Du bist gut, so wie du bist."

All das lässt den Pharisäer bei sich denken: *„Wenn dieser ein Prophet wäre, so würde er erkennen, wer und was für eine Frau das ist"* (V. 39). Weil der Pharisäer Gnade nicht kennt, verurteilt er Jesus für dessen Verhalten, das ihn als Propheten disqualifiziert. Der Pharisäer wusste, dass sie eine Prostituierte war. Und für ihn waren ihre Identität und ihre Persönlichkeit mit dieser gefährlichen Sünde verstrickt. Aber Jesus wusste, dass ihre Sünde nicht ihre Ontologie, ihr Sein ausmachte: Eine Prostituierte zu sein machte vielleicht aus, *wie* sie war, doch nicht, *wer* sie war. Ontologisch ausgedrückt war sie eine Trägerin von Gottes Ebenbild, ein Kind Gottes, das schon vor Grundlegung der Welt auserwählt und für eben diesen Moment ausgesondert worden war.

Sünde kann Jesus nichts anhaben. Nicht einmal die Sünde derer, die ihn umbrachten, konnte ihm etwas anhaben. Durch Satans größten Angriff bewirkte Gott die Erlösung für seine Kinder, die Satans endgültigen Sturz besiegelte. Satan dachte, er hätte den Sieg davongetragen, als Jesus ans Kreuz genagelt wurde. Doch Jesu Auferstehung kehrte Satans maßlose Gewalt in eine vernichtende Niederlage für ihn um. Jesus erobert Fürstentümer und Gewalten mit ansteckender Gnade. Gott gebraucht sogar Böses, um Dinge gut zu machen.

Jesus isst nicht deswegen mit Sündern, weil Sünde keine große Sache ist. Jesus isst nicht deswegen mit Sündern, weil er erwartet, dass wir sowieso weiter sündigen. Jesus isst nicht deswegen mit Sündern, weil er weiß, dass manche von uns einfach mehr zu bestimmten Sünden neigen als andere. Er gibt uns keinen Freifahrtschein, wenn unsere Neigungen uns zur Sünde verführen. Jesus isst nicht deswegen mit Sündern, weil die römische Regierung bestimmte Sünder zu einer geschützten Klasse von Staatsbürgern gemacht hat. Die Gesetze des Landes machen Gottes Gesetze nicht ungültig.

Sondern Jesus isst mit Sündern, damit er uns nahe genug kommen kann, um uns zu berühren. Er isst mit Sündern, damit er als Heiland und Helfer an der Vertrautheit von Tischgemeinschaft teilnehmen kann. Jesus kommt, um uns zu verändern, uns zu verwandeln. Er kommt, damit wir, nachdem wir mit Jesus gegessen haben, Jesus mehr wollen als die Sünde, die unsere Treue einfordert.

Am Ende des Textabschnitts tadelt Jesus den Pharisäer:

> *Und sich zu der Frau wendend, sprach er zu Simon [dem Pharisäer]: Siehst du diese Frau? Ich bin in dein Haus gekommen, du hast mir kein Wasser für meine Füße gegeben; sie aber hat meine Füße mit Tränen benetzt und mit ihren Haaren getrocknet. Du hast mir keinen Kuss gegeben; sie aber hat, seitdem ich hereingekommen bin, nicht abgelassen, meine Füße zu küssen. Du hast mein Haupt nicht mit Öl gesalbt; sie aber hat mit Salböl meine Füße gesalbt. Deswegen sage ich dir: Ihre vielen Sünden sind vergeben, denn sie hat viel geliebt; wem aber wenig vergeben wird, der liebt wenig. Er aber sprach zu ihr: Deine Sünden sind vergeben. Und die, die mit zu Tisch lagen, fingen an, bei sich selbst zu sagen: Wer ist dieser, der auch Sünden vergibt? Er sprach aber zu der Frau: Dein Glaube hat dich gerettet. Geh hin in Frieden! (Lk 7,44-50)*

Zuerst tadelt Jesus Simon, weil er dessen Gedanken erkennt (V. 40-43). Richtig – Jesus tadelt Simon für etwas, das dieser denkt, nicht für etwas, das er sagt. Als Nächstes tadelt Jesus Simon dafür, dass er ein schlechter Gastgeber ist. Er weist darauf hin, dass die sündige Frau die normalen Aufgaben des Gastgebers übernommen hat: Füße waschen, eine herzliche Begrüßung, Salböl für Kopf und Füße. Simon hatte sich nur pragmatisch um Jesus gekümmert. Er findet Jesus unterhaltsam. Er will ihn lehren hören und ihn dann auf die Probe stellen. Er hatte sich auf einem anregenden Abend mit intellektuellem Geplänkel gefreut. Simon interessiert sich wenig für Jesus als Menschen, und seine schlechten Manieren als Gastgeber verraten das.

Zweitens verteidigt Jesus sich nicht gegen Simons unausgesprochenen Tadel. Stattdessen erklärt er den Bund der Gnade und führt dafür diese sündige Frau als Musterbeispiel an. Jesus zeigt, dass seine Vergebung ihrer Sünden nicht von ihrer Liebe abhängig ist. Ganz im Gegenteil. Er zeigt Simon, dass sie liebt, weil er ihr vergeben hat. Ihr Glaube ist kein Werk, sondern eine innere Haltung, ein Hunger, eine Offenheit. Joel Beeke sagt: „Glaube ist die leere Hand, mit der wir Christus und all seine Wohltaten empfangen."[20]

Christliche Gastfreundschaft ist nicht käuflich. Sie kann nicht zu einer Ware gemacht werden.

Das Evangelium ist kostenlos.

Echte Gastfreundschaft wird nicht für Geld gehandelt. Echte Gastfreundschaft objektiviert nicht die Träger von Gottes Ebenbild und verfälscht nicht Gottes Gebote. Echte Gastfreundschaft tratscht nicht. Sie ermutigt nicht zur Selbstverherrlichung. Das Evangelium schafft eine Gemeinschaft, die andere willkommen heißt. Das Evangelium sagt zu Mitebenbildern: „Du bist hier willkommen. Komm so, wie du bist. Nimm meine Hand. Ich führe nicht, ich folge selbst nach. Jesus führt."

Doch woher weiß ich, dass ich dem echten Jesus nachfolge – dem Jesus der Bibel – und nicht dem Jesus meiner Fantasie – Jesus, meinem imaginären Freund? Ich weiß das, indem ich die Bibel als einheitliche Offenbarung lese und verstehe, wobei die Schrift die Schrift auslegt. Jedes Wort der Bibel ist ein Jesuswort. Sogar die Stellen, die unser Leben einschränken.

Jeden Tag stehe ich auf und versuche, in der täglichen Praxis einfacher Gastfreundschaft den Bund der Gnade als öffentliche Wahrheit auszuleben.

Das ist nicht immer einfach.

Es fängt damit an, Menschen als meine Nächsten anzuerkennen.

In der LGBTQ-Gemeinschaft, zu der ich gehörte, entwickelten wir ein feines Gespür dafür, wie wir einander erkennen konnten. Wir nannten es den „Schwulenradar". Im Laufe der Jahre wurden wir geschickt darin, einander nicht nur zu sehen, sondern auch zu erkennen.

Worin besteht der Unterschied zwischen Sehen und Erkennen?

Sehen ist ein äußerlicher, flüchtiger Blick; erkennen bedeutet, andere als seinesgleichen in die Arme zu schließen.

Wir lieben, weil Gott uns zuerst geliebt hat.

Die Liebe, die hinter der Gastfreundschaft stehen muss, ist Bundesliebe. Und Bundesliebe beginnt immer beim Sündenfall. Denn es gibt kein größeres Vorbild für Feindesliebe als Gottes Feindesliebe, mit der er sich nach Adams Sündenfall allen Menschen zuwandte.

Was ist der Bund, und warum ist das von Bedeutung?

Der Große Westminster Katechismus stellt eine einfache Frage: „Blieben die Menschen in dem Zustand des Gutseins, in dem Gott uns erschuf und in dem zu leben wir berufen waren, bevor Adam sündigte, indem er die verbotene Frucht aß?“[21] Das ist der eigentliche Kern der meisten Spaltungen unter Christen. Werden wir gut geboren – oder zumindest größtenteils gut? Wirkte der Sündenfall sich auf alles aus oder nur auf manche Bereiche? Sind wir, die wir nach Adam geboren werden, alle mit der uns zugerechneten und uns vererbten Verderbtheit behaftet? Und worin genau bestand Adams Sünde? War die Frucht schlecht? Verdarb die Frucht Adam?

Nein. Die Frucht war nicht giftig.

Das Übel war, dass Adam sich weigerte, Gottes Wort zu gehorchen.

Was ist Bundesliebe?

Jesus vergießt echtes Blut für alle Buchstaben der Bibel, nicht nur für die sogenannten Jesusworte. Ich mag so aussehen wie ein alter Hippie (und das tue ich), aber Gastfreundschaft verschenkt keine billige Liebe. Sie verschenkt nicht die Art von Liebe, die sagt: Deine Götzen sind hier willkommen. Sie verschenkt nicht die Art von Liebe, die sich auf gefälschte Kategorien dafür einlässt, was es bedeutet, Mensch zu sein. Götzendienst ist gefährlich – und illusorisch. Er verfälscht unsere Anbetung, unsere Zuneigung, unsere Identität und unsere Gemeinschaft. Und er ist einfacher – billig und einfacher. Wer würde es nicht vorziehen, einen Liebhaber zu umarmen, den man berühren kann, als einen Gott, den man nicht berühren kann?

Aus diesem Grund darf man nicht über die scharfen Kanten von Gastfreundschaft hinwegsehen: Gott liebt uns nicht einfach so, wie wir sind. Gottes Liebe ist teuer, blutig und stark. Sie lieferte sich dem Spott Satans und dem Verrat durch Freunde aus. Gottes Barmherzigkeit im Sohn bezahlte den Preis für Gottes Gerechtigkeit im Vater. Und sein Geist schmiedet eine durch nichts ersetzbare, unzerbrechliche und ewige Einheit mit ihm, die uns sogar durch den Tod hindurchträgt (Ps 147). Das ist authentisches Christsein. Die großen Kosten und hohen Gewinne authentischen Christseins sind nur auszuhalten, wenn unsere Beziehungen so stark sind wie unsere Worte.

Diese weitreichenden Dinge passen gut zu Vertrauen und Linsensuppe, zu heißem Apfelmost und frischem Brot, zu Hundespaziergängen, Kinder liebhaben und Besorgungen erledigen. Sie passen gut dazu, um Vergebung zu bitten und nach zweiten Chancen zu suchen. Der Sündenfall hat uns von Gott getrennt. Er hat uns Gottes Fluch preisgegeben. Er hat die tiefen Qualen des Lebens offenbart. Er hat die ewigen Schmerzen der Hölle sichtbar gemacht und die neue Unvermeidbarkeit des Todes enthüllt. Der Sündenfall hat uns nackt gemacht. Das mit einem Lachen als Aberglauben abzutun oder in eigener Regie zu erklären, dass „mein Gott so etwas nicht tun würde", ist törichtes Geschwätz. Ihr Gott – und meiner – hat das getan. Wir müssen aufhören zu fragen, was Jesus, unser imaginärer Freund, tun würde. Wir müssen anfangen, uns dem tiefen Schatten des Kreuzes zu stellen. Denn dort am Kreuz sehen wir, was Jesus tatsächlich getan hat. Dort sehen wir, wie Gott auf seine Kosten und uns zum Segen den Ausweg geschaffen hat. Doch täuschen Sie sich nicht: Der Weg ist schwer. Er zerbricht Sie. Am besten geht man ihn in der Gesellschaft anderer zerbrochener Menschen, die einander im Schmerz begleiten, einander helfen, Buße über Sünde zu tun, das Kreuz auf sich zu nehmen und die Dinge in einem biblischen Sinn zu verstehen.

5. DAS EVANGELIUM KOMMT MIT EINEM HAUSTÜRSCHLÜSSEL

Das Siegel der Gastfreundschaft

Mai 2014, Durham, North Carolina

Kent und ich halten zurzeit viele Vorträge. Unsere christlichen Nachbarn wissen, dass wir konservative Christen sind, die so wirken, als würden sie eine Kommune in ihrem Haus führen. Manchmal laden uns hiesige Gemeindepastoren ein, einen Einblick zu geben, was wir in unserem Haus tun und warum.

Am 8. Mai 2014 sammelten wir die Kinder nach der Hausandacht ein und fuhren bei für North Carolina typischem strahlend blauem Himmel zu einer örtlichen Baptistengemeinde, um einen Vortrag darüber zu halten, wie man Fremde liebt. Bevor wir das Haus verließen, gaben wir Sally und Bella ihre Leckerlis: rotes Hunde-Spielzeug, gefüllt mit gefrorener Erdnussbutter. Ich habe einen Vorrat davon im Gefrierschrank. Wir waren in Eile und ließen unsere Bibeln auf dem Tisch liegen. Sie waren beim Lukasevangelium aufgeschlagen. Bevor ich mein Haus verließ, schaute ich zurück. Ich sah, dass die Bibeln auf dem Esstisch grob im Quadrat lagen, mit ein paar Legosteinen und Plastikdinosauriern und einem Laserschwert daneben. Wir schlossen die Tür hinter uns ab, sowohl am Türgriff als auch am Schließriegel.

Ich glaube, unser Vortrag lief gut. Wir hoffen, dass wir andere christliche Familien dazu ermutigen konnten, ihre Häuser zu öffnen und in den Notleidenden Jesus zu sehen. Wir konzentrierten uns auf *Philoxenia* – die Liebe zum Fremden. Es ist schwierig, einem christlichen Publikum dieses Thema zu vermitteln. Christen lieben Gemeinschaft mit gleichgesinnten Leuten. Fremde sind da eher eine andere Geschichte. Wir beantworteten gute Fragen darüber, wie man Beziehungen zu Menschen aufbauen kann, die nicht zu unserer Schicht gehören oder denselben Hintergrund haben wie wir. Dann packten wir Knox und Mary zurück ins Auto und machten uns auf den einstündigen Heimweg durch vertrautes Gebiet. Es war ein guter Tag. Ich freute mich darauf, nach Hause zu kommen, Kaffee aufzusetzen, die Wäsche fertig zu machen, meinen verletzten Fuß zu kühlen und den Kindern das letzte Kapitel von *Prinz Kaspian* vorzulesen.

In dem Moment, als wir ins Haus kamen, wusste ich, dass etwas nicht stimmte. Mein immer aufgedrehter, vor Temperament überschäumender Golden Retriever Sally kauerte in der Ecke, verletzt und verängstigt. Kleidungsstücke, Teller und Familienfotos waren überall verstreut. Als wir in die Küche gingen, sahen wir es. Ein Fenster war im Rahmen geknackt und mit einer Brechstange herausgehebelt worden. Die Einbrecher hatten auf die große Hundefutterstation klettern müssen, um durch das zerbrochene Fenster zu kriechen. Offensichtlich ließen sie sich also von großen Hunden nicht einschüchtern. Unsere aufgeschlagenen Bibeln waren bedeckt mit den Sachen, die die Einbrecher weggeworfen hatten – dem Porzellan meiner Mutter und der goldfarbenen Schüssel, die Kent für Taufen benutzt. Die goldene Taufschale neben den Bibeln war das einzig wiedererkennbare Teil in diesem ganzen Chaos.

Ich schaute meine leidende Hündin an und küsste ihr Gesicht. Sie wedelte mich vorsichtig an, aber mit dem Herzen war sie nicht dabei. Ich ging wie benebelt durch das Haus. Sally lief vorsichtig hinterher. Die Einbrecher hatten den Fernseher meiner Mutter von der Wand gerissen und dabei Löcher in der Wand und im Boden hinterlassen, wo sie ihn fallen gelassen hatten, wie ich vermute. Die Schubladen aller Kommoden standen offen. Ihr Inhalt war überall verstreut: Socken, Erdkunde-Puzzleteile, Mathevideos, Murmeln, die Herztabletten für den Hund. Die Einbrecher hatten meinen gesamten Schmuck gestohlen, einschließlich meines Verlobungsrings, einem Erbstück, das seit fünf Generationen in Kents Familie gewesen war. Ich hatte immer Angst gehabt, ich könnte ihn beim Tragen beschädigen oder verlieren, insbesondere in den Sommermonaten, wenn meine Hände tief in Gartenerde stecken – wenn sie nicht gerade Kinder im Arm halten, Buchseiten umblättern oder Abendmahlsbrot kneten. Ich hatte den Ring erst an jenem Morgen angestarrt und überlegt, ob es sicher wäre, ihn heute zu tragen. Und dann hatte ich meine letzte Gelegenheit dazu verpasst, wie sich herausstellen sollte.

Meine Mutter war kürzlich in ein Seniorenheim gezogen. Sie hatte mir ihren Familienschmuck geschenkt – ihren gesamten Schmuck – zur sicheren Verwahrung und als Erinnerungsstücke. Sie hatten alles mitgenommen. Meine Mutter war neulich erst über eine andere Familienangelegenheit zornig gewesen – mein entfremdeter Neffe hatte sich an mich gewandt und nicht an sie. Und natürlich hatte sie das über Facebook herausgefunden. (Ich bin nicht bei Facebook oder irgendwelchen anderen sozialen Medien; der Rest der Welt aber schon, und so entdeckte sie es.) Ich war zu erschöpft, um mir überhaupt eine Strategie dafür zurechtzulegen, wie ich ihr erzählen könnte, was geschehen war, oder wie ich mich vor ihrem Zorn schützen könnte. Ich konnte nur einen Gedanken fassen: *Das ist Gottes Hand. Lege dich hinein.*

Die Einbrecher hatten alles genommen. Doch ihre greifbarste Schuld stand in Zusammenhang mit Sally, meinem Goldie, unserem extrovertiertesten Familienmitglied. Sie war in ihrem ganzen Leben noch nie von jemandem misshandelt worden, außer von einer Katze. Der Goldie wusste nicht, was *gemein* überhaupt bedeutet. Doch hier saß sie nun – mit Prellungen, traurig und zitternd. Als die Polizei kam, erklärten sie es so: Große Hunde sind im Weg. Deshalb erschießen Einbrecher sie entweder oder verprügeln sie. Sally war nicht erschossen worden, und dafür dankte ich Gott. Die Polizei nahm unsere Informationen auf. Sie nahm die Fingerabdrücke von jedem Türgriff und jedem Türrahmen ab. Und sie ließ noch mehr Unordnung und Schmutz zurück.

Es war furchtbar, ausgeraubt zu werden.

Es war schon ironisch, dass wir für Gastfreundschaft gegenüber Fremden plädiert hatten, während ein Fremder meinen Hund schlug und unsere Sachen mitgehen ließ, wobei er obendrein das Haus verwüstete.

Wir alle standen unter Schock. Die Angst meiner Kinder ging durch die Decke. Monatelang kam keiner von uns damit klar.

Doch an jenem Abend, als es Zeit fürs Abendessen wurde, waren wir umgeben von unseren Leuten. Ich diente nicht. Ich empfing. Unsere Leute – unsere Familie Gottes – deckten uns den Tisch.

Es war vorgesehen, dass Matthew, mein lieber Sohn im Herrn und Austauschstudent aus Singapur, an jenem Abend bei uns einziehen sollte, da das Studentenwohnheim der *University of North Carolina* für die vorlesungsfreie Zeit schloss. Es war gut, sein beruhigendes Gemüt zur Hilfe zu haben. Susanna kam direkt von der Arbeit. Auf dem Weg zu unserem Haus besorgte sie ein Grillhähnchen und Pekannusseis. Sie wusste, dass ich Pekannusseis brauchen würde. Deshalb brachte sie gleich auch Laktase-Tabletten mit.

Wie gewohnt nahm ich das leckere Hähnchen aus seiner Plastikschale und legte es in die Pfanne. Dann gab ich Sally den Plastikbehälter, der voller Hähnchenfett und Fleischsaft war. Sie machte es sich in ihrer Lieblingsposition bequem: Die Nase in der Zimmerecke und die Hinterbeine von sich gestreckt wie ein Wasserbüffel beim Yoga (als würden 45 Kilo Hund unsichtbar, indem sie uns einfach den Hintern zudrehte). Dabei hielt sie die Plastikschale zwischen den Pfoten. Sie lebte auf, als sich weitere Freunde zu uns gesellten. Befreundete Väter vom Homeschooling kamen mit Werkzeug und der Heiligen Schrift. Sie ließen ihre Rasenpflege und wichtige Vorstandsjobs liegen, um zu helfen. Und nach dem Abendessen, der Bibellektüre, Gebet und einem gesungenen Psalm legten wir los mit Eimer und Putzlappen, mit Müllbeuteln und Staubsauger.

Es war hart, ausgeraubt zu werden.

Es war hart, dass Gott so heftig bei uns privat das prüfte, was wir in der Öffentlichkeit verkündeten: Sogar, wenn wir zu Schaden kommen, kann man uns nicht die Dinge wegnehmen, die am wichtigsten sind und die auch im neuen Himmel und auf der neuen Erde fortbestehen werden – unsere Seele, sein Wort und unseren Leib, der eines Tages verherrlicht sein wird.

Am Tag, nachdem wir ausgeraubt worden waren, schob Kent den Grill in den Vorgarten, wo der Klapptisch schon wartete. Dann postete er drei Sachen in unserer *Nextdoor*-App: (1) Bei uns wurde eingebrochen. (2) Die Einbrecher haben Sachen mitgenommen, aber niemand wurde verletzt, und die Einbrecher konnten nichts nehmen, was von ewigem Wert ist – Gottes Wort und Menschenseelen. (3) Wir würden uns freuen, wenn alle am Tag des Herrn ab drei Uhr für Burger und Hotdogs zu uns kommen würden. Er drückte auf „Senden". Dann wies Susanna darauf hin, dass am Sonntag Muttertag wäre und mein Mann gerade dreihundert Leute in unseren Vorgarten eingeladen hatte. Nun ja, so laufen die Dinge bei den Butterfields. Kent lud auch unsere gesamte Gemeinde ein, zu kommen. Er wollte sicherstellen, dass mehr als genug Gläubige da sind, um unseren ungläubigen Nachbarn dabei zu helfen, den Einbruch zu verarbeiten. Das ist schon immer Kents Strategie gewesen – ein Haus zu haben, das voll mit Gottes Leuten ist, die unseren Nachbarn helfen können, Gottes Hand in den alltäglichen Einzelheiten des Lebens zu sehen. Auch wenn Gottes Vorsehung beinhaltet, ausgeraubt zu werden.

Es war eine Zeit voller Freude – mit Hotdogs und Kindern und Wasserpistolen und Begegnungen mit neuen und alten Freunden. 21 Nachbarn erschienen und auch der Großteil unserer Gemeindefamilie. Und als unsere nichtgläubigen und skeptischen Nachbarn fragten, wie wir das alles durchhielten, konnte Kent das Evangelium mit einer neuen Legitimität weitergeben. Denn eine zweifelnde und zynische Welt interessiert sich mehr dafür, wo Gott in unserem Verlust ist, als dafür, wo Gott in unserer Fülle ist.

Es war hart, ausgeraubt zu werden.

Es war schrecklich, nach Hause zu kommen und unser Haus durchwühlt vorzufinden, mit Löchern in den Wänden, Unterwäsche, die von den falschen Händen berührt worden war, Zeitschriften und Vitamintabletten überall auf den Boden verstreut. Es war schrecklich, die Hündin, die wir großgezogen hatten, seit sie in meine hohle Hand gepasst hatte, voller Prellungen und Angst vorzufinden. Es war demütigend, nicht Herr über verriegelte Türen und geerbte Verlobungsringe zu sein. Es schmerzte zu verarbeiten, dass er, der allmächtig ist, das zugelassen hatte – zu seiner Ehre und zu meinem eigenen Besten (Röm 8,28).

Doch es muss sich trügerisch und finster anfühlen, die Person zu sein, die mich ausgeraubt hat. Es muss sich auf eine Art schlecht anfühlen, die ein neuer Anstrich und der Trost durch Freunde, die Grillhähnchen und Pekannusseis mitbringen, nicht in Ordnung bringen können. Es muss ein Loch in der Menschlichkeit dieser

Person verursachen, von dem sie weiß, dass es eines Tages jeden verschlingen wird, den sie liebt. Als ich am Tisch saß, unsere Mahlzeit aß, über das Geschehene redete und es verarbeitete und betete – mit aufgeschlagenen Bibeln, Kindern auf dem Schoß, Hunden unter den Füßen – als ich inmitten eines von Einbrechern durchwühlten Hauses unser tägliches Brot genoss, überall das Durcheinander ihres Eindringens außer in dem einen Raum, in dem wir uns versammelten –, da wurde mir bewusst:

Ich bin gesegnet.
Ich bin dankbar.
Ich bin kein Opfer.
Es ist schrecklicher, mein Einbrecher zu sein, als ich zu sein.

Das Zuhause als Krankenhaus und Brutkasten

Diese Vorstellung – dass unsere Häuser Krankenhäuser und Brutkästen sind – war etwas, das ich in den 1990er-Jahren in meiner lesbischen Community in New York lernte. Wir wussten, dass unsere traditionellen, sogenannten christlichen Nachbarn uns verachteten, uns misstrauten und uns als Gräuel betrachteten. Also beabsichtigten wir, die besten Nachbarn in der ganzen Straße zu sein. Wir holten unsere Leute nah zusammen und trafen uns täglich. Und wir sagten zueinander: „Dieses Haus, dieser *Habitus*, ist ein Krankenhaus und ein Brutkasten. Wir helfen einander, heil zu werden. Und wir helfen dabei, dass Ideen Wurzeln schlagen." Wir ließen viele Haustürschlüssel nachmachen und stellten sicher, dass jeder, den wir liebten, einen besaß. Wir meinten das, was der Schlüssel beinhaltet: Du hast jederzeit Zutritt. Diese Tür ist nicht dafür gedacht, dich zu verletzen oder dich fernzuhalten.

Das war während der ersten AIDS-Welle, die ursprünglich als GRID-Syndrom (Gay Related Immune Deficiency*) bezeichnet wurde. Begriffe wie *Kaposi-Sarkom*, *Toxoplasmose*, *Pneumocystis-carinii-Pneumonie*, *Speicheldrüsenvirus*, *Molluscum-contagiosum*, *periphere Neuropathie* und *Kryptosporidiose* kamen aus dem

---

* A. d. V.: Homosexuell bedingte Immunschwäche.

Nichts und wurden zu vertrauten, geläufigen Begriffen. In jenen Tagen klebten an meinem Küchenfenster „Silence = Death"* Sticker anstatt von Kindern ausgeschnittene Schneeflocken.

Die AIDS-Epidemie verlangte mir und meinen Freundinnen in der lesbischen Community eine steile Lernkurve ab. Außenseiter wissen das möglicherweise nicht, aber zwischen Frauen, die sich als lesbisch identifizieren, und Männern, die sich als schwul identifizieren, existiert keine natürliche Sympathie. Wir hielten unsere Brüder für Hedonisten. Sie hielten uns für politisch moralisierende Spießer. Doch wir lernten zusammenzufinden. Wir lernten, über die Angst vor der Seuche hinweg füreinander zu sorgen. Manche meiner Freunde lernten, wie man das AIDS-Medikament AZT illegal herstellt, bevor Pharmaziekonzerne ihre Preise senkten, damit Sterbende die Chance hatten, es zu nehmen. Aus Verzweiflung und Angst heraus und indem wir uns trotz unserer Unterschiede zusammenschlossen, wurde eine Gemeinschaft geboren. Die hartnäckige, beständige und aufopferungsvolle Arbeit der LGBTQ-Gemeinschaft – eine Arbeit, die an Esstischen und Arbeitstischen (wie dem, an dem ich gerade tippe) geboren wurde – hat die Landschaft der amerikanischen Kultur verändert und die Grenzen des Naturrechts verschoben. Dessen bin ich mir sicher.[22] Heute als Christin frage ich mich, wie die Geschichte sich anders entwickelt hätte, wenn die Kirche dagewesen wäre, wenn sie geholfen und an unserem Leid Anteil genommen hätte.

Diese Lektionen – die ich außerhalb der Kirchenmauern gelernt habe, und zwar weitestmöglich davon entfernt – sind aufschlussreich für Christen. Wir leben in einer nachchristlichen Welt, die es gründlich satthat, von Christen zu *hören*. Aber wer kann über von Barmherzigkeit motivierte Gastfreundschaft streiten? Was für ein potenzielles Zeugnis, das wir als Christen direkt hier zur Hand haben, und es liegt brach.

---

* A. d. Ü.: Dt. „Schweigen = Tod", ein Slogan, der zuerst in den 1980er-Jahren von New York ausgehend verbreitet wurde, um das öffentliche Bewusstsein für AIDS zu schärfen.

Christen haben eine moralische Verantwortung, gute Verwalter zu sein. Das schließt eine gute Haushalterschaft im Hinblick auf Gemeinde, Religionsfreiheit, Ideen, Gesetze, Familie und die weltweite Flüchtlingskrise mit ein. Die Welt beobachtet uns – und das mit Recht. Und unser Mangel an sichtbarer und echter Gastfreundschaft – sowohl innerhalb unserer Gemeinschaft als auch außerhalb – redet im Moment lauter als unsere Worte.

Christen haben eigentlich eine starke Geschichte in Bezug auf den Aufbau von Schulen und Krankenhäusern oder was den Einsatz bei Naturkatastrophen betrifft, wo sie Wasser, Lebensmittel, Unterschlupf und Medizin zur Verfügung gestellt haben. Wir haben diese Geschichte. Aber haben wir auch das tägliche Zeugnis christlicher Nachbarschaft?

Unsere nachchristlichen Nachbarn müssen authentisches Christsein hören, sehen, schmecken und fühlen. Sie brauchen Gastfreundschaft, die sich aus jedem christlichen Zuhause heraus ausbreitet; Gastfreundschaft, die Nachbarn bei Gebet, Essen, Freundschaft, Kinderbetreuung, Hundespaziergängen und all den alltäglichen Angelegenheiten einbezieht, auf denen Freundschaften aufbauen.

Nehmen Sie beispielsweise unsere christlichen Brüder und Schwestern, die mit homosexuellem Begehren und Sehnsucht, mit Empfindungen und Gefühlen, Versuchungen und Veranlagungen ringen, die sie sich nicht ausgesucht haben. Unsere Brüder und Schwestern brauchen eine Gemeinde, die das ist, was sie nach dem Willen des Herrn sein soll: eine Familie. Christliche Bekehrung bedeutet immer, das Leben einzutauschen, das man einst liebte. Man kann die Bekehrung nicht auf dieses alte Leben aufsatteln. Deshalb haben Menschen viel zu verlieren, wenn sie zu Christus kommen – und manche Menschen haben mehr zu verlieren als andere. Manche Menschen haben ein Kreuz zu tragen und andere zehn. Menschen, die Tag für Tag mit homosexuellem Begehren leben, das sie sich nicht ausgesucht haben, leben zudem mit jeder Menge unbeantworteter Fragen und unerfüllter Lebensträume. Welche Verantwortung tragen Sie gegenüber jenen Brüdern und Schwestern, die sich in dieser Lebenssituation befinden?

Eine Antwort lautet folgendermaßen: Das Evangelium kommt mit einem Haustürschlüssel. In Markus 10,28-31 steht:

> *Petrus begann und sagte zu ihm [Jesus]: Siehe, wir haben alles verlassen und sind dir nachgefolgt. Jesus sprach: Wahrlich, ich sage euch: Da ist niemand, der Haus oder Brüder oder Schwestern oder Mutter oder Vater oder Kinder oder Äcker verlassen hat um meinetwillen und um des Evangeliums willen, der nicht hundertfach empfängt, jetzt in dieser Zeit Häuser und Brüder und Schwestern und Mütter und Kinder und Äcker unter Verfolgungen – und in dem kommenden Zeitalter ewiges Leben.*

Beachten Sie bitte, was Jesus darüber sagt, wie man jeden lieben soll, der im Glauben und mit Gehorsam auf das Evangelium antwortet und dabei alles verlieren muss, um die Verheißungen des Königreichs zu gewinnen. Jesus sagt, dass er erwartet, dass wir im Prozess der Bekehrung Partner und Kinder und Häuser verlieren werden. Er sagt, dass Bekehrung jeden herausfordert, alles zu verlieren. Als Christen müssen wir einer Sache ins Auge sehen. Wenn wir das Evangelium an die LGBTQ-Gemeinschaft oder irgendjemand anderen weitergeben wollen, der dadurch seine Familie und sein Zuhause verlieren wird, dann muss das Evangelium mit einem Haustürschlüssel kommen. Dieser hundertfache Segen, der hier in diesen Versen verheißen wird, wird nicht einfach so vom Himmel fallen. Er soll durch die Gemeinde verwirklicht werden. Er soll dadurch kommen, dass Christen sich wie eine Familie Gottes verhalten. Gott möchte, dass dieser Segen von Ihnen ausgeht. Und echte christliche Gastfreundschaft, die echte christliche Gemeinschaft schafft, zeigt einer Welt, die denkt, dass wir Heuchler sind, auf tiefgründige und nachhaltige Weise, wie authentisches Christsein aussieht.

Wenn das Evangelium mit einem Haustürschlüssel kommt, dann sind die Menschen in diesem Haus nicht in erster Linie zweckbestimmt nützlich, sondern inhärent wertvoll. In Christus sind wir eine Familie. In Gottes Familie spiegelt sich das Persönliche bundesgemäß wider, nicht politisch. Wir – wir alle – sind zuallererst Träger von Gottes Ebenbild. Wir gehören zusammen, weil wir alle gemeinsam einen Vater im Himmel haben. Unsere Identität und unsere Berufung muss vom Bild Gottes ausgehen, das in und durch uns wirkt.

Überall um Sie herum hungern Menschen danach, in Gottes Bund mit hineingenommen zu werden.

Mein ehemaliger Nachbar Hank ist vor Kurzem zu einer Haftstrafe von fast zwei Jahrzehnten verurteilt worden – aufgrund eines Vergleichs, der für ihn eine mildere Strafe bringen sollte, die sich aber als überhaupt nicht milder herausstellte. Er steht vor einer Gefängnisstrafe, die möglicherweise seine Lebenserwartung übersteigt. So oft verraten seine Briefe zurzeit die schwelende Angst davor, heimatlos, ohne Anker, ungeliebt und ungewollt zu sein, und dass er – wenn er lange genug leben sollte – bei seiner Entlassung wieder heimatlos sein wird. Hank ist nicht nur mein ehemaliger Nachbar. Er hat vor sehr kurzer Zeit seinen Glauben und sein Vertrauen auf Jesus gesetzt. Hank und andere Häftlinge, die ihr Leben Jesus anvertraut haben, müssen wissen, bei wem in der Gemeinde sie wohnen werden, wenn sie entlassen werden. Sie müssen wissen, wo ihr Zuhause ist.

Meine älteste Tochter Samantha war 17, als wir sie adoptierten. Ich war ihre elfte Pflegemutter. Sie hatte Kontakte zu gefährlichen Personen, als das Jugendamt sie zurückholte. Und ich? Ich stand in einer langen Reihe dysfunktionaler „Mütter". Die dysfunktionale Mutter, die direkt vor mir gewesen war, hatte sie adoptiert und dann zurück ins Heim geschickt, als sie sich von einem munteren Schlingel in einen rebellischen Teenager verwandelte. Samantha überlebte im Alter von 15 Jahren eine gescheiterte Adoption sowie Missbrauch, Vernachlässigung, Körperverletzung und Verrat. Bis heute ist sie die stärkste und schönste Frau, die ich kenne. Und heute, mehr als ein Jahrzehnt, nachdem wir sie adoptierten, hat sie sich von uns entfremdet. Sie meinte es nicht böse, als sie uns ablehnte. Wir wollten Gutes für sie, und das weiß sie. Wir schicken einander Geburtstags- und Weihnachtskarten sowie gelegentliche SMS über unsere Hunde. Doch sie wollte nicht, dass wir sie adoptieren – obwohl sie es brauchte. Wir kamen zu spät und wir waren weniger, als sie brauchte.

Warum adoptierten wir sie dann trotzdem? Machten wir uns irgendwelche Hoffnungen, dass sie eine Bindung zu unserer Familie aufbauen würde? Nicht wirklich. Unsere Erwartungen waren ziemlich vernünftig. Wir adoptierten Samantha, weil wir nach bestem Wissen und Gewissen glaubten, dass Gott uns dazu berief. Wir adoptierten sie nicht, weil wir im Gegenzug dafür etwas wollten. Ich erinnere mich noch an die großen Augen und den Gesichtsausdruck von manchen netten, gemeindefrommen Leuten, als wir sagten, dass wir einen problembeladenen Teenager adoptieren. Mit gesenkten Köpfen, kalten Herzen und einem Sarkasmus, in dessen Distanziertheit so viel Stolz mitklang, sagten sie: „Nun ja, solche Sachen klappen nie, aber ich hoffe, es klappt bei euch.“ Meine einzige Antwort war das Offensichtliche: „Es hat schon geklappt.“

Wir liebten Samantha von dem Augenblick an, als wir ihr zum ersten Mal begegneten. Wir wollten, dass sie ein Zuhause hatte, von dem aus sie starten konnte. Manchmal benötigen Menschen ein Zuhause, in das sie sich einnisten können. Und manchmal benötigen Menschen ein Zuhause, von dem aus sie losfliegen können. Beides ist äußerst wichtig. Beide sind Gottes Werk. Manchmal fragen Leute, ob es „geklappt hat“ mit Samanthas Adoption – angesichts all ihrer Probleme und all der Hindernisse, die es uns erschwerten, eine Verbindung zu ihr aufzubauen. Samantha zog aus, sobald sie konnte. Sie nahm wieder Kontakt zu ihrer Herkunftsfamilie auf. Sie zog weiter und weg von uns. Hat es geklappt? Ja. Kent und ich haben Gott gehorcht. Das Evangelium kommt mit einem Haustürschlüssel, nicht weil das einfach ist, sondern weil es schwierig ist. Gott fertigt den Schlüssel an – ebenso wie das Schloss, in das er hineinpasst.

Thanksgiving 2016: Platz schaffen

Beim vergangenen Thanksgiving-Fest kamen 27 Gemeindefreunde, Nachbarn und Familienangehörige zum Essen und für Gemeinschaft zu uns. Das erforderte etwas Planung. Aber die Kinder, Kent und ich fanden eine Möglichkeit, 27 Leute bequem zu bewirten.

Meine Nachbarin Donna half mit. Sie ist kreativ und besitzt viele Tischdecken. Eine der Damen aus der Veranda-Bibelgruppe lieh mir 30 zueinander passende Weingläser. Unser „Esszimmer" bestand aus drei Räumen, die zueinander hin geöffnet waren, mit einem kleinen Tisch in der Diele für die ganz kleinen Kinder. Die Sitzordnung ist einfach: Wer älter als 50 ist, kann davon ausgehen, dass er einen Stuhl mit Rückenlehne haben wird. Wer älter als 20 ist und Kinder hat, kann davon ausgehen, dass er einen Tisch haben wird, auf dem er seinen Teller abstellen kann. Teenager und Kinder werden dazu ermutigt, kreativ zu werden. Unsere große Gruppe trifft sich zuerst, um gemeinsam zu beten – Hand in Hand, im Kreis stehend, über mehrere Räume verteilt und um die Hunde herum. Nach dem Segen nehmen die Älteren ihren Platz am Tisch ein. Die Kinder türmen Essen auf ihre unzerbrechlichen Teller. Dann gehen sie nach draußen zum Fort oder zum Trampolin oder auf die Veranda, um ungestört zu essen.

Diese Vorgehensweise erwies sich als so praktisch, dass wir das Haus seither in dieser für Gastfreundschaft bereiten Anordnung gelassen haben. Jeder kennt den Ablauf. Bei gutem North-Carolina-Wetter, wenn Forts, Hängematten, ein Trampolin und eine Veranda zur Verfügung stehen, kommen bei unseren Treffen zum Abendessen viele zusammen und verteilen sich dann überall. Die Essensglocke ruft die Kinder, große und kleine, zur Bibelandacht und zum Nachtisch herein.

Einer der Menschen an unserem Tisch ist unser Bruder im Herrn Zion. Er ist ein Segen für unsere Gemeinschaft. Zion feiert alle zwei Wochen mit uns Gottesdienst. Ein Mitglied unserer Gemeinde unterstützt seine streng überwachten Ausflüge. Bei manchen Besuchen taucht zudem ein Gefängnisaufseher auf, nur um sicherzustellen, dass Zion da ist, wo er sein soll. Zion verbüßt gerade die letzten zwei Jahre einer Haftstrafe von zehn Jahren in einer Justizvollzugsanstalt im benachbarten Verwaltungsbezirk. Zion kommt zudem an allen Feiertagen zu uns. Er darf die Gefängnismauern nur alle zwei Wochen für fünf Stunden verlassen. Unser Ziel ist es, diese fünf Stunden kostbar für ihn zu gestalten.

Zion saß beim Essen neben mir. Er war ungewöhnlich still, zurückhaltend. Tränen stiegen ihm in die Augen. Wir reichten die Kartoffeln weiter. Er sah mir in die Augen und sagte: „Ich bin vorher noch nie in einem Zuhause gewesen. Ich meine, es ist lange her. Nein. Nie. Ich bin nie in einem Zuhause gewesen. Nicht so wie hier. Mit Liebe. Mit Christus. Mit Brüdern und Schwestern. Mit Kindern. Und ich gehöre auch dazu. Hier." Er war schon vorher in meinem Haus gewesen, deshalb konnte ich nicht ganz folgen. Doch irgendetwas löste etwas Großes bei ihm aus. Ich nahm seine Hand in meine. Während Zion redete, sprudelte es alles aus ihm heraus. So viele gebrochene Versprechen. So viele geliebte Menschen, die er verloren hatte. Unüberwindbare Kollateralschäden. Es war unmöglich, einen Weg nach vorne zu sehen – außer durch Gottes Gnade.

Während ich zuhörte, erhaschte ich einen Blick auf meinen Sohn Michael. Er hatte einen Arm um seine junge Frau gelegt, und sein gerade einjähriger Sohn saß auf seinen starken und begabten Schultern. Im Alter von 17 Jahren adoptiert, hatte auch er all diese Jahre gebraucht, um diesen Tisch als seinen eigenen anzunehmen. Schließlich sehen wir uns nicht ähnlich. Wir haben keine gemeinsame Lebensgeschichte. Der Verrat, den er ertragen musste, reicht tief. Ich habe so etwas nicht am eigenen Leib erlebt. Aber meine Seele begreift es – nur aufgrund der Liebe durch Christi Blut. Nur in Christus teilen wir die Geschichte des Bundes und eine königliche Zukunft. Und irgendwie gehören wir an diesem Tisch zusammen – wir, die wir als Gläubige und Nichtgläubige unter Gottes Autorität zusammenkommen. Gottes Autorität macht uns zu Freunden. Wir sind Familie.

Das Evangelium kommt mit einem Haustürschlüssel. Wenn Tischgemeinschaft Häftlinge, Waisen und Arme auf echte und beständige Weise einschließt, dann sind dauerhafte Bindungen der Fürsorge und Verbundenheit die Folge. Wir gehören zusammen und haben schon immer zusammengehört. Auch wenn es uns vielleicht gerade erst bewusst geworden ist.

Wir leben in einer Welt, die eine weltweite Flüchtlingskrise herzlos als normal akzeptiert. Wir leben in einer Welt, die gegenüber der wachsenden Zahl von Kindern abgestumpft ist, die aus den Kinderheimen „herauswachsen“ und in der Obdachlosigkeit landen. Wir leben in einer Welt, die aberwitzig lange Haftstrafen für gewaltlose Straftaten hinnimmt. Oftmals haben wir Christen keine Ahnung, wie wir unsere Herzen und Häuser öffnen können, um Menschen miteinzubeziehen, die es nötig haben, dort zu sein. Wir lieben die Wundergeschichten über Jesus, seine Speisung der Fünftausend, sein göttliches Heilen, seine ansteckende Gnade. Und wir übersehen die offensichtlichsten Aspekte dieser Geschichten: dass wir sie auf gewöhnliche, nicht wundersame Weise wiederholen sollen. Das bedeutet es, Menschen dazu zu rufen, sich selbst als Gottes Ebenbild zu sehen und in seinem Gnadenbund zu leben:

> *Der Abstand zwischen Gott und den Geschöpfen ist so groß, dass die vernunftbegabten Geschöpfe, obwohl sie ihm als ihrem Schöpfer Gehorsam leisten müssen, ihn doch niemals als ihre Seligkeit und ihren Lohn genießen können, wenn es nicht durch eine freiwillige Herablassung von Gottes Seite aus geschieht, die er nach seinem Wohlgefallen durch einen Bundesschluss zum Ausdruck bringt.*[23]

Nach dem Sündenfall ist der Abstand zwischen Gott und seinen Geschöpfen unüberwindbar geworden. Adams auf uns übertragene Sünde wütet weiter. Sie lässt Menschen gegeneinander kämpfen. Sie lässt Menschen gegen Gott kämpfen. Und sie lässt Menschen gegen ihr eigenes Gewissen kämpfen. Gastfreundschaft ist die naheliegende Brücke, die verzweifelte Menschen in ein christliches Zuhause bringt, wo sie großen Segen sowohl empfangen als auch geben können. Christen kennen den Unterschied zwischen Gnade und einem Mühlstein*. Worin besteht dieser Unterschied? Gnade ist blutig. Gnade ist durch das Blut Christi erkauft worden. Gnade treibt einen auf die Knie. Gnade schenkt einem die Sicherheit, die man braucht, um Buße zu tun. Ein Mühlstein

* A. d. V.: siehe Mt 18,6-7; Lk 17,1f.

ermutigt Menschen dazu, sich an Gott und an anderen zu versündigen – und das alles im Namen der Barmherzigkeit gegenüber den Schwächen des Fleisches. Gastfreundschaft bringt Sie täglich in die Situation, dass Sie einen Plan für Sünde brauchen – für Ihre eigene Sünde und die von anderen Menschen. Verzweifelte Menschen tun verzweifelte Dinge. Aber die Frage lautet: Praktizieren Christen christliche Gastfreundschaft auf regelmäßige, einfache, beständige Weise? Oder ist uns unser Zuhause zu kostbar für Kriminelle und Ausgestoßene? Unser Haus ist nicht unsere Burg. Tatsächlich gehört es nicht einmal uns.

Wo können Sie also anfangen? Da, wo Sie stehen.

Kurzfristige und zuverlässige Gastfreundschaft zu Hause

Es ist für uns normal geworden, dass in unserem Haus jederzeit jemand kurzfristig mit einziehen kann, wenn unser geistlicher Dienst es notwendig macht. Wir haben im Keller ein Zimmer mit einem Bett und einem Schreibtisch (geeignet für Erwachsene oder sogar Familien, wenn wir zusätzliche Luftmatratzen dazulegen). Unsere beiden jüngsten Kinder sind jetzt elf und 14 Jahre alt. Sie stellen bereitwillig ihre Kinderzimmer zur Verfügung und ziehen mit ihren Schlafsäcken ins Wohnzimmer. Dadurch werden zwei Kinderzimmer für Kinder in Not frei. Wir rechnen damit, dass Leute, die wir aus unserer Gemeinde kennen (Singles, die eine aufreibende Zeit durchmachen, oder Familien, die vorübergehend ihre Wohnung verloren haben), oder Kinder bzw. Familien, die wir aus der Arbeit von *SAFE Families** kennen, unser Zuhause brauchen.

Vor zehn Jahren lebten wir in Virginia. Wir waren eine amtlich zugelassene Pflegefamilie. Wir änderten alles in unserem Haus, damit Kinder in Not dort sicher sein konnten. Wir räumten die Putzmittel

---

* A. d. Ü.: Eine gemeinnützige Organisation, die Familien in Krisensituationen unterstützt und in Not geratene Kinder vorübergehend in sicheren Familien unterbringt. http://safe-families.org/.

unter der Spüle weg und in einen Schrank weit über Kopfhöhe. Wir bauten Kindersicherungen in jede Steckdose ein. Wir hatten Babyfone neben dem Gitterbettchen und Kinderschutzgitter oben am Treppenabsatz. Wir lebten noch lange Zeit so, auch als längst niemand mehr mit dem Nachnamen Butterfield davon profitierte.

Und heute betrachten wir unser Haus ebenfalls als eine Farbpalette voller Hoffnung, Trost und Erneuerung, voll von Gottes heilender Gnade für jemanden, den wir noch nicht kennen, oder für jemanden, den wir kennen und dessen Lebensbedingungen unhaltbar geworden sind. Das ist alles sehr einfach.

Manchmal geht es nur darum, Ihren Freunden gut zuzuhören.

Meine Freundin Susanna hatte einen Termin für eine Augen-OP. Sie ist eine alleinstehende und ausgesprochen unabhängige Frau. Und so dachte sie, sie würde mit dem Taxi zum Krankenhaus und wieder zurückfahren, am nächsten Morgen ohne Schmerzen und voll funktionsfähig aufstehen und mit ihrem Leben weitermachen wie bisher. Ich zerstörte ihre Illusionen und erschien in der Augenklinik – ohne Kinder, mit einem Stapel Bücher und einer Tasche voller Strickzeug. Bücher und Strickzeug signalisierten, dass ich gekommen war, um zu bleiben, und ich mich nicht abwimmeln lassen würde. Nach der OP brachte ich meine mit Valium vollgepumpte, halbblinde Freundin zu uns, damit sie sich in unserem Haus erholen konnte. Ihre Mitbewohnerin traf mich auf halbem Weg zu unserem Haus, um mir ihre Übernachtungstasche zu geben, damit meine Freundin ihre eigene Zahnbürste, einen Schlafanzug und Wechselkleidung hatte. Der Genesungsprozess war schmerzhaft. Sie weigerte sich zwar hartnäckig, mehr als Paracetamol gegen die Schmerzen zu nehmen. Trotzdem fuhr Kent durch einen Schneesturm, um das Rezept für alle angebotenen Schmerzmittel einzulösen, damit wir sie zur Hand hätten. Der Arzt hatte gesagt, dass die Schmerzen am zweiten Tag so stark sein würden, dass sie sich wie Geburtsschmerzen in den Augäpfeln anfühlen würden. Kent und ich hatten keine praktischen Erfahrungen damit, was diese Analogie bedeutet. Aber wir wissen: Wenn Ärzte solche Sachen sagen, dann bedeutet das sehr, sehr schlimme Schmerzen.

Susanna ist eine der stärksten Frauen, die ich kenne. Sie ist eine Kämpferin. Ihre Augen pochten. Sie konnte nicht sehen. Sie konnte kein Licht ertragen. Sie ruhte sich aus und schlief viel. Alle drei Stunden nahm sie ihre Augentropfen. Unsere Familie stellte sicher, dass sie Ruhe, gutes Essen, saubere Wäsche und jemanden hatte, der sie zu Nachuntersuchungs-Terminen fuhr. Wir schalteten alle Lichter aus und ließen die Rollläden herunter. Einer für alle und alle für einen. Nichts davon war schwer.

Am dritten Tag beim Frühstück fühlte Susanna sich besser. Doch sie konnte noch immer nicht gut sehen, und das wurde langsam unheimlich. Ich wusste, dass sie durch die lange Genesungszeit wirklich entmutigt war, insbesondere angesichts ihrer Erwartungen. Nach einem Bissen Ei legte sie ihre Gabel hin und stellte mir eine Frage: „Woher kommt dieser Zauber hier?" Dabei schaute sie den Tisch an und fuhr mit den Händen über die Tischfläche. Sie nahm das Rührei, den Toast und das Obst wahr, die ungefaltete Wäsche auf dem Tisch im Unterrichtszimmer, die Kinder, die wegen irgendetwas im anderen Raum kicherten, Kent, der auf seinem Sessel seine Bibel las. Es war eine Frage, die aus einem dankbaren und fragenden Herzen kam. Und es ist eine sehr wichtige Frage. Woher kommt der tagtägliche Elan, der nährt, fördert und verbindet, der einen Haushalt zusammenhält, der andere einlädt hereinzukommen, auszuruhen und sich zu erholen, der häufiger Ja als Nein sagt – woher kommt dieser Elan?

Die Antwort im weitesten Sinn lautet: Gott. Gott schafft diesen Zauber. Und Gott kann solchen Zauber in allen Arten von treuen Haushalten schaffen – in solchen, die von alleinstehenden Christen geführt werden, und in solchen, die von verheirateten Christen geführt werden. Doch es gibt Besonderheiten in unserem Haus, Besonderheiten, die bei den meisten meiner feministischen Freundinnen Anstoß erregen. Die Besonderheiten, die diesen Zauber in meinem Haus ausmachen, haben etwas mit den Opfern zu tun, die wir auf uns nehmen, damit ich als Mutter zu Hause bleiben kann. Sie haben etwas mit der besonderen Dynamik zwischen einem Mann und seiner Frau zu tun, die Jesus mehr als alles lieben und Gastfreundschaft auf eine alltägliche Art und Weise schätzen.

Die Zutaten dieses Zaubers sind alltäglich. Sie finden sich im 1. Buch Mose. Die Familie erfüllt aufgrund von Gottes Plan den Schöpfungsauftrag. Und Gott segnet die Fürsorge, die von ihr ausgeht. In der Familie beginnt Gott mit einem Vater, der das Haupt des Haushaltes ist und ihm in Gottes Liebe und anhand von Gottes Geboten vorsteht. Er kümmert sich um seine Familie. Er versorgt. Er hütet sie gut, der Bibel gemäß. Er ist kein Tyrann, kein Rohling oder wütender Chef. Er leitet, indem er seine Familie lehrt, wie sie in all ihren Aufgaben auf Gottes Gnadenmittel zurückgreifen kann. Er versteht, dass Gnade immer Menschen unter Gottes Schutz stellt und sie nicht davon wegführt. Daher lebt er sowohl die schwierigen Seiten des biblischen Lebensstils vor als auch die angenehmen.

Als Nächstes kommt in der biblischen Familie eine Mutter, die zu Hause ist und zur Verfügung steht, um zu dienen. Ich könnte zwar außerhalb des Hauses eine Vollzeitstelle finden. Aber unsere Familie hat mich immer zu Hause gebraucht. Also bin ich zu Hause. Als Mutter, die zu Hause bleibt, kann ich schon in den ersten 30 wachen Minuten meines Tages 100 hilfreiche Dinge für die Menschen tun, die ich am meisten auf der Welt liebe. Dinge, die von Bedeutung sind, kann man nicht gegen Geld an andere delegieren. Ich liebe meine Rolle als Kents Gehilfin, als Mutter unserer Kinder und Chefköchin in diesem Haus, die unserer Familie Gottes und unseren Nachbarn dient, sie bewirtet und nährt.

Die Geborgenheit stammt von unserem Bundesgott, der weiß, was wir brauchen. Er richtet den Bund der Ehe auf zwischen einem Vater, der weiß, wie man leitet, und einer Mutter, die sich einem gottesfürchtigen Ehemann unterordnet. Und in dieser ausbalancierten Einheit als ein Fleisch, in der Mann und Frau aneinander festhalten und sich gegenseitig und ihre Kinder nähren, strahlt diese Fürsorge auch auf andere aus. Aber täuschen Sie sich nicht: Dieser Zauber geht von einer Mutter und einem Vater aus, die Christus in den Mittelpunkt des Hauses stellen. Er geht von Eltern aus, die die notwendigen Opfer bringen, denen ein Zuhause wichtiger ist als eine Doppelkarriere.

Während ich diese Worte schreibe, weiß ich, dass ich mich auf dünnes Eis begebe.

Ich stieß auf diese Erkenntnis durch heftigen Kummer. Wie konnte das Opfer, das unsere Familie und Gemeinschaft am meisten segnet, ausgerechnet jene gesellschaftliche Norm sein, gegen die ich die prägendsten Jahre meines jungen Erwachsenenlebens erbittert gekämpft hatte? Glaubte das noch irgendjemand anderes? Wenn ich einen Dollar für jeden (sowohl in der Gemeinde als auch außerhalb) bekommen hätte, der mir gesagt hat, dass ich meine Bildung verschwenden würde, indem ich zu Hause bleibe und mich um meine Kinder kümmere, dann wäre ich eine reiche Frau.

Als ich Susanna sagte, dass der Zauber von einer Mutter ausgeht, die zu Hause bleibt, und von einem Vater, der seine Rolle als Leiter ernst nimmt, verschluckte sie sich fast an ihrem Rührei. (Das verstehe ich. Um ehrlich zu sein: Gefühlt bin auch ich hier noch in feindlichem Gebiet unterwegs.) Doch sie aß ihr Rührei auf und wurde so zu meiner Komplizin in demselben „Patriarchat", das zu verachten man uns beigebracht hatte.

Die gottgewollte Unterordnung einer treuen Ehefrau unter ihr Haupt – ihren Ehemann – schmälert nicht die Kraft und Stärke, die Gott Frauen gegeben hat. Vielmehr bündelt sie diese, damit sie den für sie wichtigsten Menschen zuerst dient. Das war eine bittere Pille. Aber ich habe inzwischen gelernt, dass ein gottesfürchtiges Patriarchat nicht mein Feind ist – oder der Feind irgendeiner Frau. Gottesfürchtiges Patriarchat bedeutet die Herrschaft gottesfürchtiger Väter, die Herrschaft guter Männer, die ihr Leben opfern, um ihre Familie zu beschützen. Gott gebraucht die Leiterschaft guter Väter, um die umherstreifenden Banden gewalttätiger Männer in Schach und fernzuhalten. Wir brauchen gottesfürchtige Väter, weil Sünde real ist. Und die sich umtreibenden Banden männlicher Gewalt sind ebenso real. Wenn Männer nicht lernen, nach Gottes Plan zu leiten, dann zerstören sie häufig auf Satans Befehl hin.

Es gibt viele weitere wichtige Möglichkeiten, ein Haus der Gastfreundschaft zu führen. Singles sind dafür ebenso gut geeignet und dazu fähig wie Verheiratete. Aber der Zauber in unserem Haus entspringt den Eigenheiten dieses Hauses. Und hier beginnt er mit einem Ehemann, der aufgrund der Berufung, die Christus ihm erteilt hat, gut hütet.[24]

Und was ist mit den Leuten, die an meinem Tisch großgezogen und genährt worden sind? Sie haben meinen Tisch verlassen, um die Welt wieder und wieder aufs Neue zu erobern. Ich fühle mich geehrt, die Rolle hinter den Kulissen von Tischgemeinschaft, von Essen und Gebet, die Rolle des Kindermädchens und der Wäscherin, der Näherin und der Trainerin zu übernehmen. Und der Herr hat mir außerdem in unterschiedlichen Phasen Arbeit gegeben, die mir ein größeres Publikum verschafft – wie beispielsweise das Schreiben dieses Buches. Aber täuschen Sie sich nicht: Der Zauber spielt sich zu Hause ab. Und die Küche ist mein Königreich.

Lisa

> *Den älteren Frauen musst du sagen, dass ihre Lebensführung dem Heiligen angemessen sein soll. Dazu gehört, dass sie niemand verleumden und sich nicht dem Trunk ergeben. Als Lehrmeisterinnen guten Verhaltens sollen sie die jungen Frauen anleiten, ihre Männer und Kinder zu lieben, besonnen, zuchtvoll und gütig zu sein, ihren Haushalt gut zu versorgen und sich ihren Männern unterzuordnen, und zwar deshalb, damit das Wort Gottes nicht in Verruf kommt. (Tit 2,3-5; NeÜ)*

Das Leben ohne Christus prägt uns darauf, kindlich-unreif zu bleiben. Es feiert Jugend und Verantwortungslosigkeit. Es schätzt Luxus, nicht Selbstbeherrschung. Ich war überrascht, als mir bei meiner Bekehrung bewusst wurde, dass ich zu der Titus-2-Kategorie einer älteren Frau zähle. Allerdings hatte ich wesentliche Entwicklungsstufen des Frauseins in der Unwissenheit und dem Genuss der Sünde und des Unglaubens verpasst. Mit Schmerz und Entschlossenheit zugleich kam ich zur Einsicht.

Ein Bestandteil meines Titus-2-Dienstes an jungen, alleinstehenden Frauen ist damit verbunden, ihnen dabei zu helfen, „gutes

Verhalten" auszuleben, während sie in der letzten Phase ihres Masterstudiums die Hände am Pflug behalten. Diese letzten Meter sind hart und frustrierend. Sie brechen einen auf Weisen, die nur Eingeweihte verstehen. Eine ältere Frau kann im Leben einer jungen christlichen Frau, die gerade ihr Studium abschließt, eine wichtige Rolle spielen. Sie kann ihre Arme im Gebet hochhalten. Sie kann sowohl die geistliche als auch die materielle Unterstützung bieten, die nötig ist, um gut abzuschließen. Sie kann einen Spiegel vorhalten. Sie kann einen Gegenpol bieten, wo dieser benötigt wird. Denn Masterstudiengänge sind immer eine Form von Jüngerschaftsprogramm. Und jede Art von Jüngerschaft, die nicht Christus zum Mittelpunkt hat, birgt Fallen und Gefahren – Dinge, die ältere, gottesfürchtige Frauen, die diesen Weg bereits hinter sich haben, verstehen können.

Es ist weder sündhaft noch falsch für Frauen, sich auf ein Berufsleben vorzubereiten, welches das höchste Level an akademischer Vorbereitung erfordert. Frauen – auch Frauen, die sich zur Ehe berufen fühlen – müssen sich darauf vorbereiten, wie sie für sich selbst sorgen können, falls der Herr sie nicht zur Ehe beruft. Christliche Frauen müssen intensiv und gut lernen und sich den Härten einer beruflichen Ausbildung stellen. Junge verheiratete Frauen und junge Mütter brauchen ältere Frauen in der Gemeinde, die ihnen zur Seite stehen und Gebet, Anleitung, Unterstützung und Rat bieten. Ebenso brauchen auch junge Frauen im Masterstudium und Akademikerinnen ältere Frauen in der Gemeinde, die ihnen zur Seite stehen und Gebet, Anleitung, Unterstützung und Rat bieten können. Ehrgeizige und kluge Frauen sind unverzichtbar für die Gemeinde. Dennoch hat die Gemeinde oftmals keine Ahnung, wie sie diesen Frauen in der aufwühlenden Zerreißprobe einer wissenschaftlichen Ausbildung beistehen soll.

Lisa schloss sich unserer Gemeinde während ihres Medizinstudiums an. Es war die härteste und beängstigendste Phase ihres Lebens. Jeder Tag des Medizinstudiums brachte sie an den Rand des Abgrunds. Sie kommt aus einer Familie mit bescheidenen Mitteln. Sie ist Pionierin und in vielen Dingen die Erste in ihrer Familie: die erste Frau, die als Jahrgangsbeste ihr Studium abschließt, die erste Frau, die ein Masterstudium absolviert, und bald die erste Frau, die einen Doktortitel hat.

Während des Medizinstudiums kämpfte sie mit Schlafmangel und dem Hochstapler-Syndrom, da sie in ihrem Studiengang täglich von Leuten umgeben war, die gesellschaftlich privilegiert waren. Der Professor, der sie betreute, ging schonungslos hart mit ihr um. Ihre Angst drangsalierte sie, sie fühlte sich wie gelähmt. Sie hatte aufgehört zu essen. Selbstverletzung war nur eine weitere Art, sich wachzuhalten – eine naheliegende Sache. Woher wusste ich, dass sie Hilfe brauchte? Ich wusste es nicht. Sie wusste es. Ich stellte nur die Frage.

Eines Tages nach dem Gottesdienst bemerkte ich die typischen Anzeichen. Sie sah genauso aus wie ich im Promotionsstudium. Ich kannte den Schrecken. Ich kannte das Gefängnis der Selbstverletzung. Also tat ich das Nächstliegende. Ich sagte: „Kann ich dir irgendwie praktisch etwas Gutes tun, während du mit diesem verrückten Studiengang fertig wirst? Dir Lunchpakete packen? Deine Wäsche machen? Willst du bei uns einziehen? Ich kann deine Socken falten, während du den Drachen erlegst. Was denkst du?"

In der darauffolgenden Woche bekam ich eine SMS, in der stand: „Kannst du mir helfen?" Ich schrieb zurück: „Natürlich! Was brauchst du?" Lisa antwortete: „Essen! Reis und Linsen und einen probiotischen Kefir-Drink."

Ich war gerade dabei, Brot fürs Abendmahl zu backen, und meine Freundin Susanna war bei mir im Haus. Es war am späten Samstagnachmittag. Sie und meine Tochter Mary waren eben von einem *Compassion-International-Event* zurückgekommen. Sie waren wieder neu motiviert, ihren Patenkindern zu schreiben. Susanna ließ ihren unvollendeten Brief liegen, um Lisa eine Essensbox vorbeizubringen. Doch als sie bei Lisa ankam, wurde ihr klar, dass Lisa mehr benötigte als nur eine Mahlzeit. Susanna schrieb mir eine SMS, und ich schrieb eine SMS an Lisa. Ich lud sie ein, für den verbleibenden Monat ihres höllischen Praktikums bei uns einzuziehen. Das tat sie noch in derselben Stunde.

Im darauffolgenden Monat wurde Lisa in die allgemeine Fürsorge und den Rhythmus unseres Hauses integriert. Oft, wenn ich um vier Uhr morgens auf war, um an diesem Buch zu arbeiten, saß Lisa schon am Küchentisch. Sie lernte oder schlief, zusammengesunken auf einem Stapel Bücher und Notizen. Ich kochte Kaffee, und wir redeten und beteten und packten ihr Lunchpaket.

Im Verlauf ihres Monats hier haben wir sie mit Essen versorgt. Wir wuschen ihre Wäsche, hörten zu und beteten. Dasselbe Programm, dieselbe Geschichte. Nichts an diesem Monat fiel uns schwer. Das *Schwere* lastete vollständig auf Lisa.

Die letzte Zielgerade war kompliziert. Sie hatte schon so lange mit drei bis vier Stunden Schlaf pro Nacht überlebt, dass sie vergessen hatte, wie sich gesunder REM-Schlaf anfühlt. Ich beobachtete sie eines Abends bei ihrer Arbeit am Küchentisch. Sofort nahm ich meine Lesebrille ab und gab sie ihr. Das half. Kent versuchte, den zusätzlichen Computerbildschirm zum Laufen zu bekommen, damit Lisa beim Lernen die Vorteile eines zweiten Bildschirms nutzen konnte. Wir stellten den Fit Desk* an einen Ort, wo sie den besten Zugang dazu hatte, damit sie sich etwas bewegen konnte, während sie sich abmühte.

Es entwickelte sich eine Routine. Beim Morgengrauen, als alle Leute, die bei Verstand sind, noch schliefen, gab Lisa mir eine Liste mit Dingen, für die ich betete, während der lange Tag fortschritt. Ich betete, dass Gottes Fürsorge ihre Last leichter machen würde. Ich betete, dass ihr Betreuer freundlich sein würde, dass sie Freude daran finden würde, für ihre Patienten zu sorgen. Ich betete, dass der Herr ihr Erfolg schenken möge. Wenn Gott im Verlauf des Tages Gebet erhörte, schickte mir Lisa eine SMS, damit wir den Erfolg mitfeiern konnten. Beim Abendessen waren Kent und ich da, um gemeinsam Rückschläge und Jobangebote zu verarbeiten.

Und dann lief Lisa über die Ziellinie. Sie machte ihren Abschluss und zog aus. Es war eine äußerst wichtige – und kurze – Phase in

---

* A. d. Ü.: Ein Ergometer mit integriertem Schreibtisch, der es ermöglicht, beim Arbeiten zu strampeln.

ihrem Leben gewesen. Wir taten nichts Außergewöhnliches. Wir öffneten unsere Arme weit. Wir schlossen Lisa in die Liebe und Fürsorge unseres Hauses ein. Wir sahen ihr bei der Arbeit zu, unterstützten sie mit Gebet und Zuwendung und feierten mit ihr, als sie ihr Studium abschloss. Wir freuten uns, dass wir helfen konnten. Es inspirierte uns zu sehen, wie der Herr sie aus ihrem Tal des Todesschattens herausführte.

Lassen Sie vollkommene Liebe die Furcht vertreiben

Manchmal fürchten wir, dass unsere Nachbarn Probleme und Themen in unser Haus bringen, die wir nicht vor unseren Kindern ausbreiten möchten. Wir sehen eine Spannung zwischen dem Gebot, unsere Kinder in der Furcht und Ermahnung des Herrn großzuziehen und zu unterweisen, und dem Gebot, unseren Nächsten zu lieben.

Wir müssen innehalten und das durchdenken. Einerseits müssen wir unsere Kinder natürlich vor Schaden schützen. Andererseits dürfen wir nicht annehmen, dass das dadurch erreicht wird, dass wir sie abschirmen. Vielleicht müssen unsere Kinder auch wissen: Selbst wenn sie Zweifel und Ängste, sexuelle Versuchungen und moralische Krisen oder Glaubenskrisen erleben, werden wir von dieser Realität weder schockiert noch vor den Kopf gestoßen oder verletzt sein.

Unsere Kinder müssen wissen, dass wir wissen, wie ernst der Feind zu nehmen ist, wie außergewöhnlich und mächtig unsere Gerechtigkeit in Christus ist und wie tief und weit, groß und mächtig unsere Sünde werden kann, wenn wir sie verbergen.

Wenn wir jedoch einen Dienst an den Verlorenen tun und wenn unsere Kinder wissen, dass wir unsere nichtgläubigen Nachbarn wirklich lieben, wenn sie miterlebt haben, wie wir denen beistehen, die mit der Schwere der Sünde und des Schicksals kämpfen, die damit belastet sind oder unter diesem Gewicht fallen – vielleicht, aber auch nur vielleicht werden unsere Kinder uns dann auch mit ihren tiefen Anliegen vertrauen. Vielleicht werden sie sich daran erinnern, dass wir unsere Nachbarn und Fremde in die Arme geschlossen haben.

Vielleicht werden sie sich daran erinnern, dass wir sie geliebt und für sie gebetet haben. Vielleicht werden sie sich daran erinnern, dass wir es nicht für unter unserer Würde hielten und nicht zu ängstlich waren, um Straßenfeste oder Grillabende, unsere Gemeinden und unsere Häuser mit problembeladenen Menschen zu teilen. Vielleicht wird unsere Liebe zu jenen Vertretern dieses Zeitalters – und zwar zu allen, insbesondere den schwierigen – für unsere Kinder ein Beweis dafür sein, dass das Mosaik ihres Privatlebens bei uns sicher ist.

Wir hatten Gelegenheit, das auszuleben, als unser Nachbar Hank für die Herstellung von Crystal Meth in seiner Garage verhaftet wurde. Hank war unser Freund gewesen. Mein Sohn Knox hatte sich Hank besonders verbunden gefühlt – aufgrund seiner Liebe zur Natur, seiner Fähigkeit, alles zu reparieren, seiner Detailverliebtheit und seiner Sorge um unsere Sicherheit auf langen Wanderungen. Als Hank verhaftet wurde, wurde unser Haus sowohl wegen seiner Nähe zu Hanks Haus als auch wegen unserer Freundschaft zu ihm zu einer Rot-Kreuz-Station für Nachbarn, die sich beschwerten. Traurig gelangten wir zu der Erkenntnis, dass wir die einzigen Nachbarn waren, die Hank tatsächlich als einen Menschen sahen, der als Gottes Ebenbild geschaffen war. Knox war untröstlich über Hanks Situation – über alle Aspekte davon. Er trauerte einerseits darüber, wie wir dadurch betrogen worden waren, aber auch über die Tatsache, dass wir nun um sein Leben fürchteten. Knox war zudem untröstlich darüber, wie unsere Nachbarn über Hank redeten. Er stellte fest: „Sie reden über Mr. Hank, als wäre er ein Tier oder ein Außerirdischer." Ich konnte meinen Sohn einfach nicht trösten. Also schickte ich eine SMS an Onkel Christopher.

Onkel Christopher ist mein Freund Christopher Yuan, der Co-Autor von *Ein Sohn auf dem Weg zum Abgrund. Eine Mutter, die betet*[25]. Christopher, Leon und Angela Yuan sind für meine Kinder Onkel, Nai Nai (Oma) und Ye Ye (Opa) . Die Yuans gehören zu unserer Familie. Und Christopher hatte im Bundesgefängnis eine Haftstrafe verbüßt, weil er mit Crystal Meth gedealt hatte. Er war der perfekte Freund, Ratgeber und Onkel im Herrn für meinen sensiblen Sohn.

Knox und Onkel Christopher redeten und schrieben in den Tagen nach Hanks Verhaftung häufig SMS hin und her. Und danach betete Knox täglich für Mr. Hank, dass er genau wie Onkel Christopher eine Zelle bekäme mit „Bibelversen an den Wänden". (Ehrlich gesagt stand an Christophers Zellenwand genau ein Bibelvers und ansonsten jede Menge andere Dinge, die Gott nicht besonders viel Ehre machten. Aber Knox klammerte sich an dieses eine Detail. Daher betete er so.)

Jene Beziehung zu Christopher setzte für meinen Sohn neue Maßstäbe. Ihm wurde vermittelt: Mr. Hank mag für uns verloren sein, aber für Gott ist er nicht verloren. Mr. Hank ist in guten Händen, sogar jetzt. Diese Beziehung ist mit der Zeit und durch andere Umstände weitergewachsen. Es ist gut für Kinder, viele christliche Erwachsene zu kennen, die in ihr Leben treten und ihnen dabei helfen, den Glauben auf die Tatsachen einer schwierigen Situation anzuwenden.

Seien Sie ein Ausweg für jemanden – leben Sie als lebendige Briefe

Radikal einfache Gastfreundschaft beginnt, wenn wir uns daran erinnern, dass Gott uns als lebendige Briefe gebraucht. Sie beginnt, wenn wir uns daran erinnern, dass die Offenheit oder Unzugänglichkeit unserer Häuser und Herzen für die meisten Menschen über Leben und Tod, über Sieg und Niederlage, über Gnade oder Schande entscheidet.

Betrachten Sie mit mir die Spannung in 1. Korinther 10,13: *„Keine Versuchung hat euch ergriffen als nur eine menschliche; Gott aber ist treu, der nicht zulassen wird, dass ihr über euer Vermögen versucht werdet, sondern mit der Versuchung auch den Ausgang schaffen wird, sodass ihr sie ertragen könnt."* Dieser Vers redet von der Intensität, der Einsamkeit und der Gefahr der Versuchung. Er spricht auch von der erlebten Spannung, in der wir stehen, wenn sich unser Glaube in unseren Anfechtungen bewähren muss und wir darauf warten, dass jener Ausweg sich auftut. Haben Sie schon einmal darüber nachgedacht, dass Sie, Ihr Haus und Ihre Zeit nicht

Ihnen selbst gehören? Dass sie vielmehr der von Gott bestimmte Ausweg für jemanden sind?

Ich denke an jedem Sonntagmorgen darüber nach, während ich das Essen für zwei Mahlzeiten vorbereite: ein wöchentliches Gemeinschaftsessen in der Gemeinde und eines zu Hause mit Nachbarn, Freunden und Leuten aus der Gemeinde. Ich bete, während ich das Essen zubereite. Ich bete und erinnere mich daran, dass der Tag des Herrn für mich ein besonderer Tag der Versuchung war, als ich neu zum Glauben gekommen war. Sehen Sie, unter seiner wohltuenden Oberfläche ist er im Ganzen ein Tag des Krieges. Vielleicht haben Sie das nicht bemerkt. Aber der Tag des Herrn ist für viele Leute ein schrecklicher Tag der Versuchung und Sünde. Ohne die Ankerplätze im Gottesdienst, in einer lebendigen Gemeinde und in tiefgehender Gemeinschaft ist es nahezu unmöglich, das vierte Gebot tatsächlich zu halten – das Gebot, das uns erinnert: *„Denke an den Sabbattag, um ihn heilig zu halten“* (2Mo 20,8).

Wie „denken“ wir an diesen Tag, den wir jetzt den „Tag des Herrn“ nennen? Die beste Art, sich an irgendetwas zu erinnern, besteht darin, es gemeinsam zu tun. Gott fordert mich dazu auf, an den Tag des Herrn zu denken – nicht nur für mich selbst, für meine eigene, persönliche Heiligkeit. Ich soll auch auf eine Art und Weise leben, die es anderen ermöglicht, dasselbe zu tun. Ich bin dazu berufen, an meinem Tisch Platz für andere zu schaffen. Ich bin dazu berufen, für die Leidenden und die Verlorenen verfügbar zu sein.

Wir halten den Tag des Herrn auf diese gemeinschaftliche Art und Weise, indem wir die einfachen Mittel der Gnade teilen, die Gott uns gegeben hat. Der Tag des Herrn ist kein „Familientag“ oder ein „Tag nur für uns“. Wenn Sie diesen Tag dafür reservieren, dann stehlen Sie Gott Ehre und bringen unwissentlich andere zu Fall. Erinnern Sie sich an 1. Korinther 10,13? Sie sind der Ausweg.

In Gemeinschaft zu leben ist nicht nur nett. Es rettet Leben. In seinem Buch *Gemeinsames Leben* merkt Bonhoeffer an:

> *Die Sünde will mit dem Menschen allein sein. Sie entzieht ihn der Gemeinschaft. Je einsamer der Mensch wird, desto*

zerstörender wird die Macht der Sünde über ihn, und je tiefer wieder die Verstrickung, desto heilloser die Einsamkeit.[26]

Sünde fordert Isolation. Gemeinschaft immunisiert uns zwar nicht gegen Sünde. Doch gottesfürchtige Gemeinschaft ist ein guter, sicherer Schutzraum. Sie gewährt uns einen Ort und eine gemeinsame Zeit, wo wir geschützt sind, im Umgang mit uns selbst und im Umgang mit anderen.

Der Tag des Herrn ist mein Lieblingstag in der Woche. Ich will diesen Tag mit anderen teilen. Nach dem Gottesdienst öffnen Kent und ich unser Haus jedem, der kommen möchte. Das müssen wir. Wir erinnern uns daran, wie es ist, ein neu bekehrter Christ zu sein. Wir erinnern uns daran, wie es ist, Single zu sein, Geheimnisse zu haben, die einen einsam machen und quälen. Wir erinnern uns daran, wie es ist, keinen Ort zu haben, an den man nach dem Gottesdienst gehen kann. Wir erinnern uns an das seltsame Auseinanderreißen des Leibes Christi, wenn sich jeder in seine eigene Ecke oder Clique zurückzieht, während der Abschlusssegen noch in der Luft hängt. So etwas ist ein Akt der Gewalt und Grausamkeit gegenüber den Leuten in Ihrer Gemeinde, die nach dem Gottesdienst gewöhnlich keinen Ort haben, an den sie gehören, keinen Ort, den sie brauchen und an dem sie gebraucht werden. Der Gottesdienst lässt uns erfüllt und ungeschützt zurück, und wir brauchen einander.

Wir leben in einer Welt, die Funktionalität sehr schätzt. Aber es ist möglich, zu zweckmäßig zu sein. Wenn wir zu zweckmäßig sind, dann vergessen wir, dass das Leben als Christ eine Berufung und keine Show ist. Gastfreundschaft ist notwendig, egal, ob Sie Katzenhaare auf dem Sofa haben oder nicht. Menschen werden eher an chronischer Einsamkeit sterben als an einem Katzenhaar in der Suppe.

Sie müssen wissen, dass jemandem eine weitere Spirale der Pornografiesucht erspart bleibt, weil er stattdessen mit Ihnen *Vier gewinnt* spielt oder mit den Hunden spazieren geht oder auf dem Trampolin springt. Sie müssen wissen, dass diese kleinen Dinge, die Sie für selbstverständlich halten, der Ausweg für einen Bruder oder eine Schwester sind, den der Herr eingerichtet hat. Sie müssen wissen, dass jemandem die Angst und Dunkelheit der Depression erspart bleiben, weil er am Tag des Herrn immer in Ihrem Haus gebraucht wird. Es ist der Tag, an dem diese Person nie allein, sondern stattdessen geschützt in der Gemeinschaft ist, wo ihr Beitrag zur Tischgemeinschaft gebraucht wird und notwendig ist und man sich darauf verlässt, dass sie da ist.

Sie müssen wissen, dass jemand in die Liebe Christi hineingezogen wird, weil die Bibellektüre und das Singen, die am Ende des Essens kommen, jeden mit einschließen. Das erinnert uns daran, dass in dieser Gemeinschaft, die Christus gehört, niemand zum Außenseiter gemacht wird.

Sichere Familien

Öffnen Sie die Türen der Bundesgemeinschaft weit.* Und nehmen Sie dann die auf ihre Schultern, die selbst nicht dorthin laufen können, und tragen Sie sie nach Hause. Haben Sie jemals darüber nachgedacht, eine amtlich zugelassene Pflegefamilie oder eine Gastfamilie bei einer Organisation wie *SAFE Families for Children* zu werden?[27] Wenn Sie amtlich zugelassen werden, Menschen in Ihr Haus aufzunehmen, die Sie ohne die Vermittlung des Jugendamtes überhaupt nicht kennen würden, dann bekommen Sie Zugang zu Kindern und Familien in Not. Amtlich zugelassen zu werden zwingt Sie nicht, Kinder oder Probleme anzunehmen, die Ihre Kapazitäten übersteigen. Aber es gibt Ihnen die Möglichkeit, Menschen in Not zu helfen. Natürlich können Sie immer Menschen vor den Thron der Gnade bringen, selbst wenn Sie sie nicht zu sich nach Hause holen können.

Wenn viele Familien in der Gemeinde in einem Pflegefamiliensystem oder einem *SAFE-Families*-Netzwerk mitarbeiten, dann können Sie sich gegenseitig wertvolle Unterstützung geben. Alleinstehende Christen spielen dabei eine wesentliche Rolle. Im

---

* A. d. V.: Die Ausführungen in diesem Abschnitt sind stark auf die Situation in den USA zugeschnitten.

Pflegefamiliensystem gibt es viele Teenager, die nur in nach Geschlechtern getrennten Haushalten untergebracht werden, weil es in ihrer Vergangenheit sexuellen Missbrauch gab. Es gibt in Ihrer Gemeinde alleinstehende Christen, die dazu berufen sind, Pflegeeltern zu sein. Singles, die diesem Ruf folgen, benötigen die Unterstützung anderer Familien der Gemeinde, die die Last des Lebens als Alleinerziehende mittragen. Es gibt zu viele Teenager in Pflegeunterbringungen, die auf erwachsene Mentoren warten, die ihnen in den Übergangsphasen im Leben beistehen. Alleinstehende Christen sind möglicherweise in besonderer Weise dazu berufen, in das Leben von Teenagern in Pflegeverhältnissen hineinzuwirken, um eine Lebenskrise in einen starken Sieg zu verwandeln.

Selbst wenn Adoption oder die Arbeit als Pflegefamilie nicht Ihre Berufung ist, können Sie sich vielleicht zu einem „großen Bruder“ oder einer „großen Schwester“ ausbilden lassen oder ein vorübergehender *ad-litem*-Vormund werden. Vielleicht können Sie sich mit einer anderen Familie in der Gemeinde zusammenschließen und so dafür sorgen, dass eine Geschwistergruppe zusammenbleiben kann. Oder Sie können Ihre berufliche Qualifikation dafür einsetzen, um eine Gemeindefamilie in der Betreuung von Kindern mit besonderen Schwierigkeiten zu unterstützen. Wenn Sie beim *SAFE-Families-Programm* mitarbeiten, können Gemeindemitglieder, die in der Nähe wohnen, sich vielleicht alle zusammen um eine Familie kümmern, die aufgrund von Armut, Jobverlust oder Hochwasser obdachlos geworden ist. Sie können zusammenarbeiten, um diesen Freunden, die Sie noch nicht kennen, dabei zu helfen, wieder auf die Beine zu kommen.

Kürzlich besuchten Kent und ich mit anderen aus unserer Gemeinde ein Orientierungstreffen von *SAFE Families*. Chloe, die Regionalleiterin, sprach darüber, wie lebenswichtig es ist, Familien mit den nötigen Mitteln auszustatten. Sie sagte, dass Christen dazu berufen sind mitzuhelfen, damit Familien zusammenbleiben. Währenddessen rannte ein kleiner Junge weinend in den Raum. Er war Teil einer *SAFE-Families*-Vermittlung. Seine Mom und sein Dad erhielten die berufliche Weiterbildung, die sie benötigten, um ihre

Jobs zu behalten. Doch ihr Haus stand unter Wasser, und die Familie wurde getrennt. Das Jugend- und Sozialamt verwies diesen Fall weiter an *SAFE Families,* weil es mit Kindern in Not überlaufen ist. Dieser kleine Junge passte gut zum Konzept von *SAFE Families,* weil die Not nur kurzfristig war (drei bis sechs Monate) und die Ursache der Krise in äußeren Umständen begründet war (Hochwasser, das das Familienheim zerstört hatte), nicht in einer Sucht oder Gewalt. Der dreijährige Junge war auf dem Spielplatz hingefallen, und der Spielplatzmitarbeiter hatte die Tür zum Konferenzsaal geöffnet. Ohne zu zögern, steuerte er schnurstracks auf seine *SAFE Family* zu. Er warf sich in die Arme der Mutter, bekam ein kaltes Getränk, einen kalten Waschlappen, etwas Wundspray und ein Pflaster. Er kannte seine *SAFE-Families*-Mutter erst seit einem Monat, aber das war egal. Er wusste, wo er hingehen musste. Alle im Saal waren zu Tränen gerührt. Eine christliche Familie, die von *SAFE Families* zugelassen worden war, hatte offene Arme. Und ein kleiner Junge mit einem aufgeschürften Knie wird keine Ahnung haben, welche Schrecken Gott ihm dadurch erspart hat. Doch seine Eltern, die ihn liebten, aber aus Gründen, die nicht in ihrer Macht standen, gerade nicht für ihn sorgen konnten, erkannten die Gefahr und wussten den Ausweg zu schätzen. Das könnte eine lebenslange Beziehung werden. Überlegen Sie: Könnten Sie dieses Zuhause sein?

Erst gestern bekamen wir eine E-Mail, die uns darüber informierte, dass der Junge wieder mit seiner Mutter und seinem Vater vereint ist. Sie ziehen jetzt in eine neue Wohnung und haben sichere Jobs. *SAFE Families* ermöglicht es Christen, solchen Menschen zu helfen, die wir ohne die Vermittlung einer Agentur niemals kennen würden. Es ist eine leicht zugängliche Anlaufstelle, an der Sie anfangen können, wenn Sie herausfinden wollen, wie Sie Menschen außerhalb Ihrer sozialen Schicht oder Nachbarschaft begegnen können.

Lösen Sie die großen Probleme

Gott möchte von Ihnen, dass Sie auch dabei mithelfen, die großen Probleme zu lösen.

Sie besitzen ein Haus oder mieten eine Wohnung. Sie leben mit Ihrer Familie oder allein. Sie wachen morgens auf und trinken Ihren Kaffee oder Tee. Sie fahren ein Auto oder Motorrad oder vielleicht nehmen Sie den Bus. Sie gehen zur Arbeit und fahren Ihren Computer hoch. […] Sie haben Hoffnungen, Träume, Erwartungen. Sie halten Ihren Wert als Mensch für selbstverständlich. Sie glauben weiterhin, dass Sie ein Mensch sind, selbst wenn eine Katastrophe hereinbricht und Sie heimatlos macht. Ihre Stadt liegt in Trümmern. Sie versuchen, es bis an die Grenze zu schaffen. Erst dann, in der Hoffnung, zu entkommen oder es über die Grenze zu schaffen, begreifen Sie, dass die, die auf der anderen Seite leben, Sie überhaupt nicht als Menschen betrachten. Das ist die schreckliche Erfahrung, ein Flüchtling zu werden oder sich zu den 65 Millionen ungewollten und staatenlosen Menschen zu gesellen, die es heute weltweit gibt.[28]

Wir leben inmitten einer weltweiten Flüchtlingskrise – der schlimmsten, die die Welt seit dem Zweiten Weltkrieg gesehen hat. Das UN-Flüchtlingshilfswerk (UNHCR) berichtet, dass illegale Grenzüberschreitungen im Jahr 2014 um 277 Prozent gestiegen sind – darunter viele Waisenkinder. Die Erfahrung ist erschütternd:

UNHCR schätzt, dass 170 000 Menschen über das Mittelmeer nach Europa gelangt sind […] wobei allein in Italien und auf Malta 24 000 Kinder auf dem Seeweg ankamen, mehr als die Hälfte von ihnen unbegleitet. Jeder von diesen Tausenden von Menschen verbringt in der Regel ein bis vier Tage auf hoher See in stark überfüllten, seeuntüchtigen Booten, in den Händen von kriminellen Schleppern, ohne Essen, Wasser oder gar Schwimmwesten. Boote sind mitunter bis zu zwei Wochen auf hoher See gewesen, sie sind gekentert, untergegangen, haben Feuer gefangen, sind niederträchtig von anderen Schiffen gerammt worden und werden regelmäßig auf dem Meer von Schleusern zurückgelassen.[29]

Wer sollte für diese globale humanitäre Krise Verantwortung übernehmen?

Ist es ungefährlich, sich hier zu engagieren?

Sind Flüchtlinge Terroristen?

Ist es vertretbar, die Bibel als Richtschnur für unser Handeln zu verwenden?

Das sind schwierige und berechtigte Fragen. Doch eins ist klar: Verzweifelte Menschen tun verzweifelte Dinge. Aber Christen sind nicht dazu berufen zu verzweifeln – nicht einmal in verzweifelten Zeiten. Die Psalmen zeugen davon. Christen sind dazu berufen, in verzweifelten Zeiten Gottes Werk zu tun.

Es ist tödlich, die biblische Lehre über den Dienst am Fremden zu ignorieren – es ist tödlich für die Menschen, die dringend Hilfe benötigen. Und es ist tödlich für jeden, der für sich beansprucht, dass Christus König ist. Die Zugehörigkeit zum Reich Gottes steht in enger Verbindung dazu, in diesem Leben Gastfreundschaft zu praktizieren. Gastfreundschaft ist biblisch gesprochen *das* Thema des christlichen Lebens. Eine entscheidendere Frage für den bibelgläubigen Christen ist daher folgende: Ist es ungefährlich, mich *nicht* zu engagieren?

Jesus sagt: *„Denn mich hungerte, und ihr gabt mir zu essen; mich dürstete, und ihr gabt mir zu trinken; ich war Fremdling, und ihr nahmt mich auf; nackt, und ihr bekleidetet mich; ich war krank, und ihr besuchtet mich; ich war im Gefängnis, und ihr kamt zu mir“* (Mt 25,35-36). Wenn wir meinen, wir hätten entweder aufgrund unserer Familiengeschichte oder aufgrund unserer Entscheidungen ein Recht auf Gottes Gnade, dann werden wir niemals zum Kern hinter Jesu Worten durchdringen. Was ist nötig, damit wir Jesus so sehen, wie er sich selbst hier darstellt? Uns selbst so zu sehen? Ist unsere mangelnde Fürsorge für den Flüchtling und den Fremden unschuldiger Mangel an Möglichkeiten oder eine Form von vorsätzlicher Brutalität? Handelt es sich hier um einen vernünftigen Akt der Selbsterhaltung oder eine hartnäckige Sünde?[30]

Der amerikanische Dichter William Stafford (1914–1993) umreißt in seinem Gedicht „Easter Morning“ (dt: „Ostermorgen“) eine Begegnung mit Jesus auf folgende Weise:

„You just shiver alive and are left standing / there suddenly brought to account: saved."

„Du erzitterst lebendig und bleibst stehen / dort plötzlich zur Rechenschaft gezogen: gerettet."

Dann formuliert Stafford die Herausforderung, Jesus in dem Fremden zu erkennen, weil manchmal stattdessen Satan vor der Tür steht. Er schreibt:

„The slick voice can sell you anything, even / Hell, which is what you're getting by listening."

„Die glatte Stimme kann dir alles verkaufen, ja, sogar / die Hölle, die du bekommst, wenn du zuhörst."

Das Risiko liegt auf der Hand: Wenn wir versäumen, Jesus im anderen zu sehen, setzen wir die Macht von Gottes Ebenbild herab, über die Dunkelheit der Welt zu strahlen. Wenn wir nie etwas anderes als Jesus im anderen sehen, verkennen wir hingegen, dass wir in einer gefallenen Welt leben – und dass Satan weiß, wo wir wohnen. Aber Urteilsvermögen baut keine Mauern. Urteilsvermögen hält sich an das uns von Gott gegebene Gebot, Gastfreundschaft zu praktizieren.

Radikal einfache Gastfreundschaft zu praktizieren ist gut für den Gebenden

Wir empfinden so viele Hindernisse, die uns davon abhalten, Gastfreundschaft dort zu praktizieren, wo sie dringend und täglich benötigt wird: im christlichen Zuhause. Wir haben Angst, dem nicht gewachsen zu sein. Wir haben Angst, unsere Kinder nicht vor dieser gefährlichen Welt beschützen zu können. Wir haben Angst, von den Menschen und ihren Bedürfnissen bis aufs Blut ausgesaugt zu werden. Wir wissen, dass Gott uns befiehlt, zu seiner Ehre und zum Schutz seiner anderen Ebenbilder Gastfreundschaft zu praktizieren. Doch inwiefern ist die Praxis radikal einfacher Gastfreundschaft auch zum Wohle des Gebenden geboten?

Radikal einfache Gastfreundschaft zu praktizieren hilft uns dabei, unseren Mund zu hüten (Ps 141,3). Wir lernen, nur Worte der Gnade zu sprechen, die andere in Christus aufbauen: *„Kein faules Wort komme aus eurem Mund, sondern nur eins, das gut ist zur* *notwendigen Erbauung, damit es den Hörenden Gnade gibt!*" (Eph 4,29). Wir leben von einem gewaltigen Strom treuer Gnade durch sein Blut. Sie wurde uns von Christus großzügig geschenkt, war aber für ihn fast unerträglich teuer. Sie wurde uns für unsere Einheit mit Christus, für unsere Heiligung durch Christus und für die Glaubensgemeinschaft der Heiligen zuteil.

Wenn Menschen sich um Ihren Tisch versammeln, heilt Christus die ausgedörrten Bereiche der Herzen. Er tut das, während Sie Worte weitergeben, die Salz und Licht sind. Dabei gehen Sie mit Demut, Geduld, Sanftheit und offenen Bibeln ungezwungen auf die Bedürfnisse des Moments ein. Radikal einfache Gastfreundschaft bedeutet, dass Stille und Trauer zum Gebet werden, ohne dass man extra „nach Gebetsanliegen" fragen muss. Sie geschieht, wenn in dem Moment, in dem Spannungen und Uneinigkeit eskalieren, die Bibeln aufgeschlagen werden – nicht, um dem Konflikt aus dem Weg zu gehen, sondern um Jesus zu bitten, in den Konflikt hineinzukommen.

Weil wir hier nicht „nur unter uns" sind, weil Sie sich für die Gesellschaft von leidenden Menschen entschieden haben, die Ihren Haustürschlüssel haben, werden Sie nicht unachtsam. Dieser Tag wird durch Gottes Gnade kein Tag sein, der in eine quälende Nacht mündet, in der Sie immer wieder durchspielen, was Sie gesagt haben, und dabei wünschen, Sie könnten es ungeschehen machen. Ihre Kinder werden lernen, wie man das Evangelium auslebt und verständlich weitergibt. Sie lernen, wie man das Evangelium vor einer beobachtenden Welt wertschätzt. Und wiederum sehen Sie die Früchte des Evangeliums durch Ihre Aufgabe in Gottes Gemeinschaft: als jemand, der verbindet und hilft, der dient und sich kümmert, als jemand, der gibt und der empfängt. Sie haben Ihre Gebete am Kummer über Menschen geschärft, die Sie ohne ein gastfreundliches Zuhause niemals kennengelernt hätten. Sie betrachten es als Freude – sogar, wenn Sie todmüde sind –, weil Sie wissen, dass Gott Ihre Bemühungen belohnen wird.

Zu lernen, wie man in einer Welt, die auf Gier, Leistung und Konsum ausgerichtet ist, Erbarmen praktiziert, erfordert etwas

Übung. Es erfordert sowohl Übung darin, das Neue zu erlernen, als auch das Nutzlose zu verlernen. Wir leben in einer Welt, die das Jesus-Paradox dringend braucht. Wir leben in einer Welt, die ansteckende Gnade und konservative Christen braucht, die bereitstehen, auf Arten zu dienen, wie wir es vorher nicht getan haben.

Aber was ist mit Judas Iskariot? Bekommt er auch einen Hausschlüssel?

6.

JUDAS IN DER GEMEINDE

Die Grenzgebiete der Gastfreundschaft

August 2014, Tag des Herrn, nachmittags im Hause Butterfield

Das Haus war voller Leben. Es waren Freunde aus der Gemeinde und der Nachbarschaft da, die alle für unser Sonntagabendessen in unser Esszimmer gekommen waren. Nach dem Gottesdienst ist das der Teil, auf den ich mich am meisten freue. An jenem Tag waren alle drei Tische mit Gemeindefamilie und Nachbarn voll besetzt.

Wir reichten Teller herum, und ich schenkte Eistee nach. Eine seltsame Tatsache des Lebens im Süden ist folgende: Die Leute wollen zu jedem Getränk Eiswürfel – zu jeder Jahreszeit. Sie klirren wie nicht zusammenpassende Glocken. Und im Sommer im Süden Eiswürfel vom Schmelzen abzuhalten ist wissenschaftlich ein Ding der Unmöglichkeit. Aber die fruchtlosen Versuche sind ein wichtiger Bestandteil, damit Südstaatler sich heimisch fühlen. Also stellte ich den Eiswürfelbehälter beiseite, um ihn wieder aufzufüllen, und half den älteren Mitgliedern unserer Gemeinde, sich zuerst hinzusetzen.

Als ich mich vorbeugte, um süßen Tee in das beschlagene und mit kondensierten Wasserperlen bedeckte Glas von Mr. Buzzy nachzuschenken, blickte er mit warmen und liebevollen Augen zu mir auf. Und dann zündete er ohne Boshaftigkeit oder böse Absicht folgende Bombe: „Rosaria, mir ist gerade etwas bewusst geworden. Du bist genau wie Rex Miller."

Er grinste breit, so als hätte er mir gerade zum Geburtstag Blumen überbracht.

„Ihr habt beide gesündigt. Im großen Stil. Und ihr habt beide Buße getan. Öffentlich. Das ist ziemlich cool! Ich lobe Gott für euch beide."

Er war nicht hinterlistig. Er meinte es nicht böse. Und theologisch war das goldrichtig und korrekt. Er sagte es in Liebe. Er meinte es in Liebe.

Und ich wollte seine Beobachtung auf die Weise annehmen, wie er sie gemeint hatte. In Liebe. Doch mein Stolz wallte auf wie Sodbrennen. Absurd, dachte ich! Wie könnte ich so sein wie Rex?

Wir waren – so wie eigentlich immer hier – eine kulturell bunt gemischte Gruppe. Nichtgläubige Nachbarn und Gemeindemitglieder – alle zusammen.

Nicht jeder, der an jenem Tag an meinem Tisch saß, glaubte, dass Homosexualität eine Sünde ist. Meine Vergangenheit mit einem kürzlich verhafteten Sexualstraftäter in Verbindung zu bringen war daher mehr, als manche Leute ertragen konnten. Eine Nachbarin, die meine sexuelle Vergangenheit kannte, nahm Blickkontakt auf und suchte nach einer Reaktion bei mir. Jene Analogie zwischen Homosexualität und Sexualdelikten war gerade in der jüngsten politischen Diskussion über die gleichgeschlechtliche Ehe breitgetreten worden. Und da tauchte sie wieder auf – an meinem Esstisch. Mein Stolz flammt immer noch auf, wenn ich unachtsam werde und die Person verteidige, die ich einmal war. Seit die öffentliche Sünde von Rex Miller aufgeflogen und überall in den Nachrichten und der Gesellschaft verbreitet worden war, hatte ich tief drinnen geglaubt, ich sei anders als Rex. Besser.

Öffentlich Maria Magdalena, die Frau des Pastors, mit dem Sexualstraftäter in Verbindung zu bringen, der unter Gemeindezucht stand und nun im Gefängnis saß, warf jedes Gespräch aus dem Sattel.

Es war äußerst peinlich – für mich und für alle anderen.

Im Raum wurde es still.

Viele Gesichter schauten mich mit unterschiedlichem Ausdruck an. Verletzte Gesichter. Aufgebrachte Gesichter. Mitfühlende Gesichter. Verlegene Gesichter. Verunsicherte Gesichter.

Das fühlte sich an wie eine öffentliche Demütigung. Es brachte mich dazu, diese ganze Praxis täglicher Gastfreundschaft als Lebensrhythmus mit konkurrierenden Weltanschauungen am gleichen Tisch noch einmal zu überdenken. Es brachte mich dazu, hastig nach einem Sicherheitsnetz zu suchen. Es brachte mich dazu, mich zu fragen, ob diese Praxis offener Einladungen eine gute Idee war. Vielleicht wäre es sicherer, wenn ich das Gemeindemitgliederverzeichnis durchginge und nur Leute einlud, die meine Meinung zu den Dingen teilten? Vielleicht brauchte unser Haus ein wenig Frieden durch zivilisierte Aufteilung der Gruppen nach Weltanschauungen?

Radikal einfache Gastfreundschaft spielt sich jedoch nicht im Reich der Märchen ab. Sie ist schonungslos und unordentlich. Sie zwingt uns dazu, uns mit Diversität und Meinungsverschiedenheiten, mit schwierigen Menschen, mit unserer eigenen Sünde, über die wir noch keine Buße getan haben, und mit harten Herzen auseinanderzusetzen. Sie fordert Vergebung, bevor auch nur einer von uns bereit ist, damit herauszurücken.

Hier ist die Vorgeschichte zu meinem äußerst peinlichen Moment.

Rex Miller war Gegenstand eines sehr öffentlichen Skandals mit Verhaftung wegen Kinderpornografie. Sein Fall war überall in den Nachrichten und zog sich monatelang hin. Echte Namen. Echte Gesichter. Während er im Gefängnis saß, legte er ein Schuldgeständnis ab und stimmte einem Vergleich zu. Rex bereute seine Sünde und nahm das volle Strafmaß in Kauf. Er verteidigte sich nie und bat nie um eine mildere Strafe. Er ist schon älter und hat eine angegriffene Gesundheit. Seine leidgeprüfte Familie blieb an seiner Seite, was kein Spaziergang ist.

Nachdem der Fall bekannt geworden war und bevor er inhaftiert wurde, wurde er von Kent und den Ältesten seelsorgerlich betreut. Ein Teil seiner Gemeindezucht bestand darin, dass er vom Abendmahl ausgeschlossen wurde. Natürlich übertraf die durch den Zivilrichter verordnete Strafe noch die Gemeindezucht. Doch für Rex' nächste Angehörige und den Leib Christi war all das sehr spürbar und schmerzhaft.

Zur selben Zeit wurde Ben Little, ein Gemeindeältester, beim Ehebruch ertappt. Er schlug einen anderen Weg ein als Rex, indem er sich verteidigte, sich herausredete und mit dem Finger auf alle anderen zeigte. Ben wurde sofort als Gemeindeältester des Amtes enthoben. Im Gegensatz zu Rex, der Buße tat, setzte Ben seine Abwärtsspirale fort. Er ließ sich von seiner kranken und treuen Ehefrau scheiden. Er schob die Schuld auf andere. Er lebte weiter in

Sünde. Nach jahrelanger Seelsorge, nach Flehen und Beten wurde Ben aus der Gemeinde ausgeschlossen. Er verließ uns, und viele von uns sahen oder hörten nie wieder etwas von ihm.

Sexuelle Sünde machte beiden Männern den Garaus.

Einer tat hinter Gittern Buße. Der andere weigerte sich.

Unsere Gemeinde und unsere Gemeinschaft haben seitdem mit den Folgen dieser beiden Fälle von Gemeindezucht zu kämpfen gehabt.

Und plötzlich war dieser seltsame Mix aus Gemeindezucht und Gastfreundschaft dort an meinem Esstisch präsent – wie Öl auf Wasser oder Benzin auf einer Flamme.

Das Wissen, wer diese beiden Männer vor ihrem öffentlichen Absturz gewesen waren, vergrößerte den Schmerz dieses Augenblicks.

Beide Männer hatten mit starkem und schneidendem Biss gesellschaftlich konservative Positionen vertreten. Sie hatten über die Einführung der gleichgeschlechtlichen Ehe und über Menschen, die sich als schwul, lesbisch oder transgender bezeichnen und das ausleben, geredet, als wären diese Menschen nicht unsere Nächsten und als würden wir nicht mehr über Mitebenbilder Gottes sprechen. Sie redeten über die LGBTQ-Gemeinschaft, als gäbe es Leute wie mich und andere ernsthafte Nachfolger Christi nicht, die den Weg von hier nach da gefunden hatten. Es war unerträglich.

Beide Männer hatten sich als großartige Familienmenschen dargestellt – als rechtschaffene Väter und Ehemänner. Sie hatten eine tolle Show hingelegt. Sie hatten wie das Original ausgesehen. Nur dass sie es nicht waren.

Beide Männer hatten zudem anerkannte geistliche Dienste ausgeübt. Einer war ein beeindruckender Lehrer, der andere ein begeisterter Leser. Sie hatten unser Leben berührt – unser aller Leben. Wir hatten gute Zeiten gemeinsam erlebt. Und wir hatten uns auf weitere gefreut. Einer teilte bei uns das Abendmahl aus. Der andere organisierte von der Gemeinde gesponserte Campingausflüge und Grillpartys. Ihre Gaben waren echt. Wir verloren etwas Wesentliches, als wir sie an die Sünde verloren.

Kent gab beide Fälle von Gemeindezucht am selben Sonntag bekannt.

Es war ein Grand Slam der Schmach für uns alle.

Sexuelle Sünde hat unsere kleine örtliche Gemeinde verwüstet.

Sexuelle Sünde verwüstet die globale Gemeinde.

Manchmal, wenn sexuelle Sünde die Gemeinde ausplündert, fühlen wir uns schlecht, sind schockiert.

Andere Male, wenn sexuelle Sünde die Gemeinde zerstört, fühlen wir uns selbstgefällig im Recht und sind insgeheim stolz, auf der „richtigen Seite der Geschichte" zu stehen.

Sexuelle Sünde entzweit und zerstört Menschen.

Sexuelle Sünde entzweit und zerstört Familien.

Sexuelle Sünde entzweit und zerstört Gemeinden.

Und Christi Opfer ist so lebensverändernd und schuldbeseitigend, dass sexuelle Sünder, wenn sie Buße über ihre Sünde tun, nicht zugrunde gerichtet werden – selbst wenn sie alles verlieren, was sie je geliebt und wofür sie so hart gearbeitet haben. Jesus ist das wahre Passahlamm. Er erlöst uns wahrhaftig aus der Sklaverei. Als die Ältesten Gemeindezucht durchführten, lernten wir alle einander besser kennen, als wir es jemals wollten. Es wurde schwierig. Sehr schnell.

Bis das geschah, kannten nur sehr wenige in unserer Gemeinde einander gut genug, um von den vergangenen oder gegenwärtigen Sünden des anderen zu wissen. Plötzlich gab es keinen Ort, an dem man sich verstecken konnte. Unser Privatleben lag offen.

Menschen gingen aufeinander los. Es wurde mit dem Finger auf andere gezeigt.

Ein Lager war fest davon überzeugt, dass diese Männer offensichtlich nicht gerettet waren – dass es besser zu wissen auch bedeutet, es besser zu machen. Christen – echte Christen – sollten keine Sünder mehr sein, behauptete dieses Lager.

Mein Mann, unser Pastor, stellte sich auf die biblische Position – dass Sünde trügerisch ist und dass auch Menschen, die Christus gehören, dem Betrug, der Täuschung und der Macht der Sünde erliegen. Leider. Erschreckenderweise. Die Bibel lehrt, dass Buße das ist, was einen Gläubigen von einem Nichtgläubigen unterscheidet. Buße ist ein Geschenk Gottes. Nur ein Gläubiger kann Buße tun.

Offensichtlich sündigen Christen in großem Stil. Das weiß die Welt bereits. Die Gemeinde muss sich da von ihren Illusionen verabschieden. Gemeindezucht stellt sich der Sünde entgegen. Doch was bedeutet das? Wenn ein Gemeindemitglied bei einer entsetzlichen, schweren Sünde ertappt wird, bedeutet das dann, dass diese Person nicht wirklich gerettet ist? Diese Debatten entzweiten uns.

Die Bibel macht deutlich, dass es bei Sünde nicht darum geht, es besser zu wissen. Wenn das so wäre, dann bräuchten wir keine Gnade durch den sühnenden Retter Jesus Christus. Sünde ist trügerisch. Sie nimmt Menschen gefangen. Sünde ist mehr als eine schlechte Idee, über die man vollständige Kontrolle hat. Schon auf den ersten Seiten der Bibel sagt Gott zu Kain: *„Die Sünde [lagert] vor der Tür. Und nach dir wird ihr Verlangen sein, du aber sollst über sie herrschen“* (1Mo 4,7). Dasselbe gilt für uns. Die Sünde liegt auf der Lauer und hat die Macht, uns zu täuschen. Die Sünde weiß, wo wir wohnen. Und die einzige Möglichkeit, über sie zu herrschen, besteht darin, sich vor ihr in Acht zu nehmen. Wir müssen alle Begierde der Autorität Christi unterstellen. In dem Moment, wo Sie irgendein Verlangen über das eindeutige Gebot Christi stellen, sind Sie ein toter Mann. Verführung bedeutet nichts weniger als das: Eine böse Macht hat es darauf abgesehen, Sie zu erobern, Sie zu besitzen, indem sie Ihre eigenen sündigen Begierden nutzt, um Sie gefangen zu nehmen, damit Sie ihr zu Willen sind. Im Handumdrehen werden Sie zum Komplizen Ihres Verführers. Sie werden zu dem, was Sie früher verabscheuten. Alles, wofür die Sie jemals gearbeitet und was Sie geschätzt haben, kann innerhalb von 30 Sekunden in Ihren eigenen Händen zerbrechen.

Aber es besser zu wissen sollte doch etwas bedeuten, oder? Ja, das sollte es wirklich. Es besser zu wissen sollte Sie wachsam machen im Hinblick auf die Versuchung. Es sollte Sie dazu bringen, Gott zu fürchten. Es sollte Sie aus jeglicher Einbildung herausreißen, Sie hätten die Kontrolle über Ihre Sünde. Es sollte Sie dazu bringen, sich vor jeder Lehre zu schützen, die irgendeine Sünde passabel, annehmbar oder nachvollziehbar erscheinen lässt. Wenn Sie Ihre Sünde nicht hassen können, dann können Sie sie auch nicht bekämpfen. Es besser zu wissen ist wichtig, bevor Sie fallen, denn es warnt Sie vor der ernst zu nehmenden Gefahr. Aber nachdem Sie der Sünde ins Netz gegangen sind, wird es Ihnen nichts nützen, es besser zu wissen. Dafür benötigen Sie Jesus, den Retter. Sie benötigen das Geschenk und die Gnade der Buße. Und Gemeindezucht ist ein Alarmsignal.

Gemeindezucht ist der Weckruf, sich zu Christus zu flüchten und aufzuhören, sich zu verstecken. Bei denjenigen, die meinen, es reiche, es besser zu wissen, bringt Gemeindezucht jedoch die Sünde des Stolzes zum Vorschein. Sie lässt Menschen Dinge sagen wie: „Das könnte ich niemals tun!“ Sie kultiviert in Leuten das Verlangen nach einer Gemeinde, in der unser soziales Kapital dadurch vermehrt wird, dass man miteinander Golf spielt und Filme schaut, aber nicht durch Sack und Asche. Diese Menschen sehnen sich nach weniger Durcheinander, nach mehr intakten Familien. Nach weniger Tattoos, mehr gestreiften Fliegen.

Diese Krise brachte wahrhaftig den Pharisäer in uns allen zum Vorschein.

Unsere Gemeinde war am Boden zerstört. Wir waren ohnehin schwach. Wir hatten einen lehrenden Ältesten (Kent, unseren Pastor) und zwei leitende Älteste. Wir dachten, wir wären am Tiefpunkt – so schwach wie überhaupt möglich. Zwei Monate, nachdem wir einen leitenden Ältesten wegen reueloser Sünde abgesetzt hatten, verloren wir den anderen wegen Erschöpfung und angegriffener Gesundheit. Unsere Gemeindeleitung sorgte für Übergangsälteste – gute Männer, aber sie lebten in Indiana. Ohne örtliche Älteste und mit einer Gemeinde, die aus einer ihrer Hauptschlagadern blutete, verdreifachte sich Kents Arbeit. Er war so strapaziert, wie ich ihn noch nie gesehen hatte. Sein Fitness-Tracker zeichnete den Kollateralschaden auf: zwei bis drei Stunden Schlaf pro Nacht. Unsere neue, gefährliche Norm.

Trotz der Erschöpfung verdoppelte Kent seinen Einsatz. Er setzte sich dafür ein, so viele Gemeindedienste wie möglich am Laufen zu halten. Wir richteten weiterhin freitagabends den *Kids Club* in unserem Haus aus. Während die Glühwürmchen zu fliegen begannen, spielten wir *Erobere die Fahne*, als ob unsere einzige Sorge im Leben ein Touchdown, ein erobertes rotes Tuch und das Lachen von Kindern wäre. Wir versuchten verzweifelt, unser Gleichgewicht zu finden, in der Hoffnung, dass wir irgendwo sicher ankommen würden, wenn wir nur schnell genug über eine hypothetische Ziellinie flögen. Wir sehnten uns nach festem Boden unter den Füßen.

Kents Stresshusten kam zurück. Er brauchte alle Hilfe, die er bekommen konnte.

Doch statt Hilfe bekam er etwas anderes.

Drei große Familien schossen sich einstimmig sowohl auf die Sünder als auch auf die Gemeindeältesten ein. Ehemals stark, verlässlich und als unsere zukünftigen Leiter vorgesehen, wurden diese Familien schlagartig von Mitarbeitern und Unterstützern zu unseren lautstarken Kritikern. Sie monierten genau jene Dinge, für die sie unsere kleine Gemeinde früher gelobt hatten – von der Predigt bis zur Gemeinschaft.

Sie suchten ihr Glück woanders. Sie wollten nicht in einer Gemeinde sein, die den Schmerz von Gemeindezucht ertragen musste. Sie wollten nicht mit all den unbeantworteten Fragen leben und mit dem langsamen und zögerlichen Prozess, für Umkehr zu flehen und zu beten. Sie wollten mehr für ihre Kinder – mehr Spaß, mehr Freude im Herrn, mehr Gemeindewachstum, mehr Beweise dafür, dass wir als Christen zu der Siegermannschaft gehören, mehr Kinder, mit denen man Spaß haben kann. Wer konnte es ihnen verübeln? Nichts offenbart so schonungslos die erbärmliche Tatsache, dass wir wahrhaftig nur Menschen sind, wie unbußfertige Sünde als Reaktion auf Gemeindezucht.

Unsere aussichtslose Situation machte deutlich: Wir werden allein im auferstandenen Christus bestehen oder wir haben schlichtweg keine Chance.

Als wir die großen Familien verloren, schien zunächst alles leer. Der Gemeindegesang war schwach. Das Kinderprogramm schrumpfte von drei großen, nach Alter organisierten Gruppen zu einer Gruppe für alle. Ich übernahm wieder die Sonntagsschule für die Kinder und war wieder abwechselnd mit der musikalischen Leitung des Gemeindegesangs dran. Kent war jetzt der einzige verfügbare Lehrer für das Erwachsenenprogramm in der Sonntagsschule, der einzige Prediger und der einzige Seelsorger vor Ort.

Der Schock zuzusehen, wie die Leute sich aus dem Staub machten, die wir für die zukünftigen Leiter der Gemeinde gehalten hatten, war niederschmetternd. Es fühlte sich an, als würden wir mit einer Amputation leben. Unter dem Schmerz des Verlustes lernten wir, auf eine Weise als Leib Christi zu beten, wie wir es vorher nicht getan hatten.

Wie die meisten Pastorenfrauen, die außerdem Mütter sind, empfand ich angesichts des Verlustes dieser großen Familien einen unmittelbaren Schmerz für meinen Mann und meine Kinder. Wir liebten diese Familien und diese Kinder. Wir vermissten sie.

Die wenigen Kleinfamilien und Singlehaushalte, die blieben, waren niedergeschlagen angesichts der vor uns liegenden Arbeit, angesichts der Zerstörung in unserer Mitte und gedemütigt angesichts der Tatsache, dass Christus alles gebrauchen kann, was uns demütig macht, um sich zu verherrlichen und uns – sowie unsere Gemeinde – von den Toten aufzuerwecken. Sich mit Sünde auseinanderzusetzen ist nichts für schwache Nerven. Wir sind schwache Menschen. Wir spürten den Ruf der Totenklage. Es war wie eine nie enden wollende Beerdigung.

Diese beiden Fälle von Gemeindezucht dauerten zwei Jahre lang. Während dieser Zeit – sogar als dunkle Schatten auf die *First Reformed Presbyterian Church* von Durham zu fallen schienen – praktizierten wir weiter tägliche, chaotische, offene Gastfreundschaft. Kent predigte treu weiter und leitete die Sonntagsschule sowie eine Bibelstunde mit Gebetszeit am Mittwochabend. Und unsere Gemeinde hieß weiterhin Gäste und sogar neue Mitglieder willkommen. Menschen begannen, als Gäste zu kommen, und blieben dann. Viele kamen aus Gemeinden, die auf Gemeindezucht verzichteten. Sie fanden in unserer Gemeinde treue Predigt und einen aufopferungsvollen christlichen Lebensstil. Alles, was ich sah, war ein Desaster. Aber trotz meiner Trauer und trotz der Sünde wuchs die Gemeinde.

Eine meiner größten Sorgen während dieser Zeit betraf das geistliche Wohl von Knox und Mary. Sie hatten sich bisher nicht zum Glauben bekannt. Meine Sorge war, dass sie es auch nie tun würden, wenn sie immer nur das Schwierige und Schwere sahen.

Während dieser Zeit setzten die Übergangsältesten zudem unserer Gastfreundschaft zu Hause eine Grenze. Der abgesetzte und ausgeschlossene Älteste bekam keinen Zugang mehr zu unserer offenen Gastfreundschaft. Er wurde nicht hereingelassen – erst, wenn die Ältesten grünes Licht gaben. Unser nicht bußfertiger ehemaliger Ältester verstand anscheinend nicht, was Buße von ihm forderte. Die Übergangsältesten schritten ein – nicht nur, um ihn und seine Familie seelsorgerlich zu betreuen, sondern auch um unsere Gastfreundschaft zu Hause zu schützen.

Und all das wirft eine Frage auf: Heben Gemeindezucht und christliche Gastfreundschaft sich gegenseitig auf? Diese Frage mag exotisch wirken, weil zu viele Gemeinden tatsächlich weder radikal einfache Gastfreundschaft noch treue Gemeindezucht praktizieren. Aber christliche Gemeinden sind dazu aufgefordert, beides zu praktizieren. Und wir praktizieren beides. Und deshalb muss diese Frage gestellt werden. Dürfen Menschen, die unter Gemeindezucht stehen, an unserer offenen Tischgemeinschaft teilnehmen? Dafür gibt es keine vorgefertigte Antwort. Jede Situation sieht anders aus. Die Ältesten treffen diese Entscheidung.

Die Grenzen, die bei öffentlichen Fällen von Gemeindezucht im Hinblick auf Tischgemeinschaft und häusliche Gastfreundschaft gezogen werden, werden in den verschiedenen Situationen unterschiedlich aussehen. Die Ältesten kennen diese Situation besser als die Mitglieder – vielleicht sogar besser als die engsten Angehörigen. Sie wissen, ob Gemeindemitglieder, die unter Gemeindezucht stehen, eine potenzielle Gefahr für den Leib darstellen. Gute Älteste setzen Grenzen, ohne Vertrauliches offenzulegen.

Aber täuschen Sie sich nicht: Es ist eine Million Mal ungefährlicher, nichtgläubige Nachbarn und Menschen einzubeziehen, die das Blut Christi oder die Mitgliedschaft der Gemeinde nicht in Anspruch genommen haben, als einen potenziellen Judas in der Gemeinde frei umherziehen zu lassen.

Atheisten richten weit weniger Schaden an als Heuchler.

Was ist Gemeindezucht?

Um ein Bundesmitglied meiner Gemeinde zu werden, legte ich sieben Mitgliedschaftsversprechen ab. Eines davon befasste sich mit Gemeindezucht. Mir machte dieses Versprechen erhebliche Angst. Es ist sehr lang, und die letzte Zeile lautet folgendermaßen: „Versprichst du, in dem Fall, dass du Korrektur in Lehre oder Leben benötigen solltest, die Autorität und Zucht der Gemeinde zu respektieren?“ Das Versprechen trifft eine einfache Aussage: Zucht ist ein zentraler Bestandteil von Jüngerschaft, und jedes Gemeindemitglied hat daran teil.

Während meiner 18 Jahre in dieser Denomination habe ich vier Fälle von Gemeindezucht miterlebt. In jedem Fall handelte es sich um eine öffentliche Sünde, die eine öffentliche Bekanntmachung erforderlich machte. Und in jeder dieser heiklen, schrecklichen Situationen gab der Pastor den Fall unter Tränen und mit der Demut bekannt, die darum weiß, dass wir alle zu jeder Sünde imstande sind.

Gemeindezucht hat ein Hauptziel: den sündigenden Bruder oder die sündigende Schwester mit Gott und den Menschen zu versöhnen, an denen er oder sie sich versündigt hat. Das geschieht durch Buße, Sinneswandel und Verhaltensveränderung. Dieses eine Hauptziel hat außerdem fünf zusätzliche Folgen: (1) einem Gemeindemitglied die ernst zu nehmende Gefahr bewusst zu machen, in der es sich befindet; (2) andere im Leib ernstlich vor der Gefahr dieser bestimmten Sünde zu warnen; (3) die Reinheit der Gemeinde Christi und die Einheit und den Frieden innerhalb des Leibes zu wahren; (4) die Wahrheit des Evangeliums hochzuhalten; und (5) zu vermeiden, dass Gottes Zorn über die Gemeinde kommt. Zucht in einem Glaubenshaushalt zeigt, dass Gott den züchtigt, den er liebt. Es gibt keine größere Dummheit, als mit den Dingen Gottes zu spielen.

Gemeindezucht bewahrt Seelen. Biblische Gemeindezucht hat fünf aufeinanderfolgende Stufen: (1) Ermahnung (bei der Vernachlässigung einer Pflicht und auch bei schwerwiegenderen Sünden); (2) Zurechtweisung (bei fortwährender Vernachlässigung von Pflichten); (3) zeitweilige Aussetzung von Privilegien der Mitgliedschaft, einschließlich der Teilnahme am Abendmahl (bei groben Sünden oder anhaltender Nachlässigkeit); (4) Absetzung oder Enthebung eines ordinierten Amtsinhabers aus seinem Amt (bei groben Sünden aufseiten eines Amtsinhabers der Gemeinde); (5) Ausschluss aus der Ortsgemeinde (bei Sünde, über die keine Buße getan wird).

Aus einem gewissen Blickwinkel mag das übergriffig wirken. Es scheint möglicherweise bevormundend, von jemand anderem – vielleicht Ihrem Pastor oder Ihren Ältesten – gesagt zu bekommen, was Sie tun dürfen und was nicht. Gottesfürchtige Gemeindezucht steht und fällt mit richtiger Leitung durch die Ältesten, die in Liebe versuchen, verlorene Schafe zurückzubringen. Dazu gehört auch Rechenschaftspflicht gegenüber den Ältesten. Gemeindezucht appelliert an das Herz eines Bruders (oder einer Schwester), der für Gottes Warnung taub geworden ist. Gemeindezucht will ihn zurückholen, damit Erneuerung geschieht. Einen belehrbaren Geist zu haben bedeutet, offen für Korrektur zu sein.

Aus einem anderen Blickwinkel mag Gemeindezucht zu stark ins persönliche Leben eingreifen. Wie in aller Welt soll Ihr Pastor Sie gut genug kennen, um vorauszusehen, wann Sie straucheln könnten? Gott wirkt auf eine besondere Weise durch den Pastor und die Ältesten. Die Leiter müssen im Leben ihrer Leute präsent sein. Doch wie kann das möglich werden?

Unsere Gemeinde ist regelmäßige, planmäßige Hausbesuche gewohnt, bei denen die Pastoren und Ältesten normalerweise jedes Mitglied zu Hause besuchen. Dabei erfahren sie von den besonderen Kämpfen und Gaben, die jede Person und jede Familie hat. Man kennt sich untereinander gut. Unsere Kämpfe sind nicht verborgen – oder sollten es wenigstens nicht sein.

Bibelgläubige Christen wissen, dass Sünde manche Menschen zu Opfern macht. In jedem Fall von Gemeindezucht, den ich erlebt habe, gab es Opfer. Die Opfer waren in diesen Fällen immer Frauen. Menschen, die von Mitgliedern einer Gemeinde ungerecht behandelt worden sind, müssen ebenfalls rehabilitiert werden. Bücher wie *Restoring the Soul of a Church* können der Gemeinde dabei helfen, diejenigen wieder aufzubauen, die verletzt worden sind, und ihnen zu dienen.[31] Opfer von sexuellen Verfehlungen müssen ernst genommen werden. Ihre Vorwürfe müssen fair untersucht werden. Und wenn sich die Vorwürfe bestätigen, müssen die Opfer unterstützt werden, und man muss ihnen glauben. Sie müssen daran erinnert werden, dass diese Sünde nicht ihre Schuld war. Sie müssen wissen, dass die Gemeinde nicht zulassen wird, dass der Täter Zugang zu anderen möglichen Opfern haben wird. Sie müssen eine Entschuldigung von dem Täter und vielleicht auch von der Gemeinde hören. Das ist alles eine sehr schmerzhafte Angelegenheit.

Dem *New Dictionary of Biblical Theology* zufolge besteht das Ziel von Gemeindezucht auf jeder Ebene darin, Umkehr herbeizuführen. Aber wie funktioniert das? Wie bringt Gemeindezucht Buße hervor? In welcher Hinsicht ist biblisch definierte Gemeindezucht gastfreundlich? Wie wird Gemeindezucht zum Rettungsboot in stürmischen Gewässern?

Ich glaube, dass Gemeindezucht Güte Gottes ist. Sie ist Gottes Schutz für jedes Gemeindemitglied. Sie stoppt Täter und heilt Opfer. Buße ändert alles. Und die Bibel hält fest, dass der Ruf zur Buße eine unverkennbare Güte ist, die der Heilige Geist schenkt: *„Oder verachtest du den Reichtum seiner Gütigkeit und Geduld und Langmut und weißt nicht, dass die Güte Gottes dich zur Buße leitet?“* (Röm 2,4). Ich habe zu viele Menschen gekannt, die sich erst dann eines gefährlichen Sündenproblems in ihrem Leben bewusst wurden, nachdem es ihnen um die Ohren geflogen war und alles zerstört hatte, was ihnen lieb und teuer war. Gemeindezucht versucht, Brüder und Schwestern wachzurütteln, bevor die Folgen der Sünde überhandnehmen. Es ist zwar nie zu spät, um Buße zu tun – wo Leben ist, da ist Hoffnung. Es ist jedoch oftmals zu spät, um die Situation wiedergutzumachen. Gemeindezucht versucht, Mitgliedern dabei zu helfen, geistliche Maßstäbe auszuleben und notwendige Veränderungen vorzunehmen, bevor so etwas passiert.

Wenn ein Mitglied unter Gemeindezucht steht, erhält er oder sie Seelsorge und Begleitung vom Pastor und den Ältesten. Das geschieht mit dem Ziel, die Frucht der Buße zu sehen. Dieser Bruder bzw. diese Schwester erhält allerhand Aufmerksamkeit. In einer kleinen Gemeinde saugt eine Person, die unter Gemeindezucht steht, Zeit- und Kraftressourcen und alles andere auf, was der Pastor und die Ältesten zu geben haben. Das ist harte und schmerzhafte Arbeit. Die Übergangsältesten, die berufen wurden, um uns zu helfen, flogen und fuhren aus Indiana nach North Carolina, um uns in Zeiten der Not zu unterstützen. Als Pastorenfrau habe ich hinter den Kulissen die schonungslose Traurigkeit des Prozesses miterlebt. Ich habe gesehen, wie mein Mann treu betete, seelsorgerlich begleitete und flehte. Es gibt Zeiten, in denen es so scheint, als würden die Menschen in der Gemeinde, die am meisten Aufmerksamkeit benötigen, erst alle Ressourcen aufsaugen und dann auf dem Absatz kehrtmachen und gehen.

Während dieser Phase intensiver seelsorgerlicher Begleitung und Überzeugungsarbeit ist es wichtig, dass die Person, die unter Gemeindezucht steht, weder zum Thema noch zum Verursacher von Tratsch wird. Insbesondere im Fall schwerwiegender Sünde mit zahlreichen Opfern, die anwesend sind, ist es von höchster Wichtigkeit, dass die Tischgemeinschaft zu Hause nicht zu einem Anlass wird, den Prozess der Gemeindezucht zu stören. Satan würde nichts lieber tun, als Ihre guten Absichten zu benutzen, um seine Zerstörung voranzutreiben. In Wahrheit verfügen Ihr Pastor und Ihre Ältesten über mehr Informationen als Sie. Beten Sie für Ihre Ältesten und für das Mitglied, das unter Gemeindezucht steht. Und wenn Sie Informationen haben, über die die Ältesten nicht verfügen, dann sagen Sie es ihnen unbedingt. Aber meinen Sie nicht, mehr zu wissen, als Sie tatsächlich tun.

1. Korinther 5 ist der klassische biblische Text über Gemeindezucht:

> *Überhaupt hört man, dass Unzucht unter euch ist, und zwar eine solche Unzucht, die selbst unter den Nationen nicht stattfindet: dass einer seines Vaters Frau hat. Und ihr seid aufgeblasen und habt nicht etwa Leid getragen, damit der, der diese Tat begangen hat, aus eurer Mitte entfernt würde! (V. 1-2)*

In dieser Textpassage setzt sich Paulus mit der Sünde des Inzestes auseinander. Das Problem wurde dadurch noch verschlimmert, dass die Gemeindeversammlung in Korinth sich mitschuldig gemacht hatte – Gemeindemitglieder beglückwünschten sich zu ihrer Aufgeschlossenheit. Im heutigen Gemeindesprachgebrauch würden wir sie als eine „einladende Gemeinde" bezeichnen. Matthäus 18,15-20 zeigt uns, wie wir auf jemanden reagieren sollen, der sich an uns versündigt hat: Bevor wir die gesamte Gemeinde einbeziehen, gehen wir persönlich zu dem Täter. Wenn eine Konfrontation unter vier Augen keine Buße und Aussöhnung herbeiführt, dann soll die Gemeinde einbezogen werden. In Korinth hatte es der Apostel Paulus mit einer sündhaften Situation zu tun, bei der er persönlich nicht involviert war. Doch die Auswirkungen der Sünde waren in der gesamten Gemeinde zu spüren. Mit öffentlichen Sünden, auch mit Häresie oder falscher Lehre, muss man sich öffentlich auseinandersetzen. Denn öffentliche Sünden werfen ein großes Fangnetz aus, indem sie andere dazu ermutigen, ebenfalls zu sündigen. Alles, was weniger als eine öffentliche Buße über eine öffentliche Sünde ist, leugnet dann die Verantwortung eines Gläubigen vor Gott und der Gemeinde. Paulus ermahnte die Gemeinde, die Sünde und den Sünder aus der Gemeinschaft zu entfernen, um ihn zur Umkehr zu bewegen. Gewiss, das ist hart. Aber liebevoll.

Paulus empfiehlt hier Gemeindezucht. Und um den Mann wachzurütteln, der den Inzest begeht, muss Paulus sich auch mit der Gemeindeversammlung auseinandersetzen. Er sagt der Gemeindeversammlung: „*Euer Rühmen ist nicht gut*" (1Kor 5,6). Er macht auch die Grenzen von Gemeindezucht deutlich: *„Nun aber habe ich euch geschrieben, keinen Umgang zu haben, wenn jemand, der Bruder genannt wird, ein Unzüchtiger ist oder ein Habsüchtiger oder ein Götzendiener oder ein Lästerer oder ein Trunkenbold oder ein Räuber; mit einem solchen nicht einmal zu essen*" (1Kor 5,11). Paulus unterscheidet zwischen dem Gemeindemitglied, das sexuell sündigt (dem „Bruder"), und Außenstehenden, die nicht der Aufsicht der Gemeinde unterstehen. Sie werden stattdessen von Gott gerichtet werden. Paulus schreibt: *„Richtet ihr nicht, die drinnen sind? Die aber draußen sind, richtet Gott. Tut den Bösen von euch selbst hinaus!*" (1Kor 5,12-13). Das sind starke, resolute Worte. Paulus versucht nicht zu verstehen, aus welchen Motiven der Mann Inzest begeht. Paulus bittet den Mann nicht, seine Meinung zu erläutern. Der Mann, der Inzest begeht, muss aus der Gemeinschaft entfernt werden. Die Gemeinde muss dazu gebracht werden, ihre Mittäterschaft zu beenden. Das ist ein Warnruf. Paulus schlägt Alarm – um ihrer Seelen willen und um der Integrität der Gemeinde willen.

In meiner Bibel habe ich Rex' und Bens Namen an den Seitenrand von 2. Korinther 2,7-8 geschrieben: *„Jetzt solltet ihr eher verzeihen und trösten, damit er nicht in Verzweiflung getrieben wird. Deshalb bitte ich euch: Beschließt, ihn wieder in Liebe anzunehmen*" (NeÜ). In der Gemeinde in Korinth beendete der Mann die inzestuöse Beziehung zu seiner Stiefmutter und tat Buße. Er wurde wieder in die Gemeinde aufgenommen. Wir sehnen uns nach ähnlichen Resultaten. Ich schrieb Rex' und Bens Namen in meine Bibel, als Kent über diesen Textabschnitt predigte. Ich fühlte mich persönlich der Sünde überführt, sie zu hassen. Denn ich hasste sie.

Kent predigte an jenem Tag vor einer sehr kleinen Gruppe, da die massenhafte Abwanderung von Familien nur 15 Mitglieder übrig gelassen hatte. Doch ich fühlte mich durch Kents Predigt enorm vom Herrn der Sünde überführt.

Als Gemeinde haben wir bei einem der Männer, die unter Gemeindezucht standen, Überführung von Sünde gefolgt von Buße erlebt. Paulus' Aufforderung – *„Jetzt solltet ihr eher verzeihen und trösten, damit er nicht in Verzweiflung getrieben wird. Deshalb bitte ich* *euch: Beschließt, ihn wieder in Liebe anzunehmen*" – ist wichtig. Das ist der Augenblick, den Paulus die ganze Zeit herbeigesehnt hatte – der Augenblick, in dem der Mann, der eine abscheuliche Sünde begangen hatte, zurückkommen und öffentlich Buße tun würde. Und in diesem Text fordert Paulus die Gemeinde dazu auf, sich um den bußfertigen Sünder zu versammeln. Paulus will, dass die ganze Gemeindeversammlung beteiligt ist – nicht an der Sünde, aber an der Buße. Buße ist die Türschwelle, über die wir gehen müssen, um zu Gott kommen. Als ich von meiner Sünde überführt wurde, machte mir das bewusst, dass ich mich nicht selbst vor der Sünde schützen kann – weder meiner eigenen noch vor der von jemand anderem. Nur Gott kann das.

Buße gibt Gott die Ehre. Kent erinnerte die Gemeindeversammlung immer wieder an dieses allgemeine biblische Prinzip, während wir durch Schmerz und Scham hindurchwateten. Kent brachte uns wieder zurück zu Josua 7,19:

> *Da sagte Josua zu Achan: Mein Sohn, gib doch dem HERRN, dem Gott Israels, die Ehre und gib ihm das Lob und teile mir mit, was du getan hast! Verschweige nichts vor mir!*

Josuas eindringliche Bitte folgte auf eine schmachvolle militärische Niederlage. Nach dieser Niederlage hatte der Herr Josua offenbart, dass sie durch Sünde im Lager verursacht worden war. Bei der Überprüfung des Lagers wurde aufgedeckt, dass Achan die Sünde begangen hatte. Er hatte von der Beute gestohlen und dann seinen unrechtmäßig erworbenen Schatz in der Erde vergraben. Er hatte seinen Blick schweifen lassen. Er begehrte. Er stahl. Er versteckte. Seine Sünde verursachte Niederlage, Entmutigung und Tod. In diese Richtung gehen die meisten Ausleger mit Achan. Aber das war nicht das, worauf Kent hinauswollte.

Kent wollte, dass wir sahen, dass Buße Frucht bringt. Selbst wenn wir den Preis für die Folgen der Sünde zahlen müssen, geben wir Gott die Ehre, wenn wir Buße tun. Buße ist nicht das Endziel; sie ist die Startrampe. Wir tun Buße und kehren damit zur Heiligkeit um. In der Buße werden wir Christus ähnlicher. Wir zeigen, dass Gott im Hinblick auf Sünde und Gnade immer recht hat. Unsere Seele wird erneuert und bereit gemacht, auf gute Weise zu sterben, wenn wir, wie Achan, sterben müssen. Buße erneuert also den Gläubigen. Sie gibt Gott die Ehre und bringt christliche Frucht. Buße ist ein Geschenk Gottes, denn nur Gläubige können Buße tun.

Und zurück zu 1. Korinther 5: Die öffentliche Buße eines Sünders macht Paulus überglücklich. Paulus weiß, wie tief echte Buße geht – wie sie einen Sünder befreit und ihn neu macht. Er weiß, wie sie ihn nackt, verletzlich und transparent zurücklässt. Ich stelle mir Paulus vor – Jahre, nachdem der Herr ihn zum Apostel gemacht hatte, Jahre nach den Tagen, in denen er Christen aus religiösem Eifer niedergemetzelt hatte – wie er mit einem Mitgläubigen Brot bricht und etwas im Blick, dem Rümpfen der Nase, dem Klang eines Lachens oder Rufes wiedererkennt. Ich stelle mir außerdem das Entsetzen vor, das ihn gepackt hat, ihn innehalten und nach Luft schnappen lässt. Ich kann den Moment des Wiedererkennens spüren: diese Augen, diese Nase, diese Stimme, die der einer Person so ähnlich ist, die er getötet hatte. Möglicherweise befand Paulus sich in Tischgemeinschaft mit den Kindern einer gläubigen Mutter, die er in seinem pharisäischen Eifer umgebracht hatte.

Buße ändert alles. Durch Buße werden Sie etwas, das Sie sich niemals hätten vorstellen können. Und Buße ist ein Geschenk Gottes. Sie kann nicht gemacht oder vorgetäuscht werden.

Verlorene Schafe und umherstreifende Wölfe

Was aber, wenn wir es nicht mit einem verirrten Schaf, sondern mit einem Wolf in der Gemeinde zu tun haben?

Es gibt ein Buch, das inzwischen seit Jahren aufgeschlagen auf meinem Schreibtisch liegt. Es ist *Der leidende Christus: Ein Passionsbuch* des deutschen reformierten Pfarrers F. W. Krummacher, das 1856 zum ersten Mal veröffentlicht wurde. Es ist ein starkes Buch und eine tägliche Erinnerung daran, wer Jesus ist und was er wirklich tut. Und wer wir ohne ihn sind.

Krummachers Kapitel zu Judas Iskariot ist besonders eindrücklich. Ich habe es viele Male und immer und immer wieder gelesen.

Er schreibt etwas mit Bezug auf Judas, dem sich die Gemeinde stellen muss. Er sagt: „Das Heidentum kennt keinen Judas und konnte einen solchen nicht erzeugen. Solch Ungetüm reift nur im Strahlenkreise des Christentums. […] Er kam mit Christus in eine zu nahe Berührung, als dass er, wo er nicht ganz sein eigen ward, nicht gänzlich des Satans hätte werden müssen."[32] Krummacher wollte damit sagen, dass man niemals mit den Dingen Gottes herumspielen sollte. Mit anderen Worten: Man sollte sich nie einer Beziehung zu Jesus rühmen, die auf dem beruht, was Sie sich davon erhoffen. Wagen Sie es niemals, Jesus nur für den öffentlichen Anschein nahezukommen. Verwechseln Sie niemals das Wissen von Fakten damit, den Hirten selbst zu kennen. Es geht um alles oder nichts. Entweder Ihr Herz gehört Jesus oder Sie verherrlichen sich selbst, zu Ihrer eigenen Zerstörung.

Worte wie die von Krummacher laufen mir eiskalt den Rücken herunter. „Er kam mit Christus in eine zu nahe Berührung, als dass er, wo er nicht ganz sein eigen ward, nicht gänzlich des Satans hätte werden müssen."

Die Szene, in der Judas' Herz offenbart wird, ereignet sich im Haus von Simon, dem Aussätzigen. Sie spielt sich im Kontext von Gastfreundschaft und Tischgemeinschaft ab. Im Leben wie auch in der Heiligen Schrift ist christliche Gastfreundschaft oftmals der Ort, an dem die Wahrheit offenbar wird und Menschen demaskiert werden. Und Wahrheit ist provokativ. Wahrheit ist entzweiend. Jesus starb für die Wahrheit. Sind wir bereit, dafür zu leben?

Während wir weiter über diese harte Wahrheit aus 1. Korinther 5 nachdenken – die Wahrheit nämlich, dass die Gemeinde häufig die Sünden ihrer Judasse begünstigt und deckt –, wollen wir zwei weitere Textpassagen aus der Heiligen Schrift bedenken:

> *Als aber Jesus in Betanien war, im Hause Simons, des Aussätzigen, kam eine Frau zu ihm, die ein Alabasterfläschchen mit sehr kostbarem Salböl hatte, und goss es aus auf sein Haupt, als er zu Tisch lag. Als aber die Jünger es sahen, wurden sie unwillig und sprachen: Wozu diese Verschwendung? Denn dies*

hätte teuer verkauft und der Erlös den Armen gegeben werden können. Als aber Jesus es erkannte, sprach er zu ihnen: Was macht ihr der Frau Mühe? Sie hat doch ein gutes Werk an mir getan. (Mt 26,6-10)

Es sagt aber Judas, der Iskariot, einer von seinen Jüngern, der ihn überliefern sollte: Warum ist dieses Salböl nicht für dreihundert Denare verkauft und [der Erlös] den Armen gegeben worden? Er sagte dies aber nicht, weil er für die Armen besorgt war, sondern weil er ein Dieb war und die Kasse hatte und beiseiteschaffte, was eingelegt wurde. Da sprach Jesus: Lass sie! Möge sie es aufbewahrt haben für den Tag meines Begräbnisses! Denn die Armen habt ihr allezeit bei euch, mich aber habt ihr nicht allezeit. (Joh 12,4-8)

Schauen wir uns zuerst die Personen in Matthäus 26,6-10 an. Sie liefern uns eine literarische Vorlage, um uns selbst zu erkennen.

Simon der Aussätzige

Warum ist Simon als „Simon der Aussätzige" bekannt? Wer war er? Warum war er für seinen Aussatz bekannt? Offensichtlich war er zu diesem Zeitpunkt kein Aussätziger mehr. Warum erinnert man sich dann noch an ihn als Aussätzigen? Über diesen Abschnitt schreibt Matthew Henry:

Vermutlich war er jemand, der auf wundersame Weise durch unseren Herrn Jesus von seinem Aussatz gereinigt worden war. Und er brachte seine Dankbarkeit gegenüber Christus zum Ausdruck […], der zu ihm gekommen war, um mit ihm zu Abend zu essen. Obgleich er gereinigt war, wurde er dennoch Simon der Aussätzige genannt. Diejenigen, die sich skandalöser Sünden schuldig gemacht haben, werden feststellen, dass die Sünde zwar verziehen ist, das schlechte Bild jedoch an ihnen haften bleibt.[33]

Das zu hören mag schwer zu ertragen sein, aber es ist eine Wahrheit, die ins Bewusstsein dringen muss. Auch Sünden, die solcherart sind, dass Kulturen sie zu Tabus erklären – Inzest, Homosexualität, Prostitution –, werden denen, die umkehren und Buße tun, vergeben und ein für alle Mal mit dem Blut Christi bedeckt. Aber die Begnadigung von Sünden geht nicht mit der Beseitigung der Schande einher. Die Bibel beschreibt sie als schwerwiegende Sünden.

Maria

Und wer ist diese Maria? Die meisten denken, sie ist Maria, die Schwester von Lazarus, die Zeit zu Jesu Füßen verbracht hatte, um nicht nur von ihm, sondern auch über ihn zu lernen. Sie kannte seine Lehre und den Gottmenschen selbst. Sie wusste, dass das Öl ihn körperlich erfrischen und beleben und erfreuen würde. Und sie wusste, dass Jesus es wert war. Das Öl symbolisiert die Botschaft des Evangeliums selbst: Es ist zugleich teuer und diesen Preis wert.

Doch es war sehr luxuriöses Öl. Und sie besaß ein ganzes „Alabasterfläschchen" bzw. ein römisches Pfund davon. Der monetäre Gegenwert davon war so viel, wie benötigt wurde, um 800 Menschen mit Brot zu versorgen.[34] Wie um alles in der Welt kamen Menschen mit bescheidenen Mitteln an ein ganzes „Alabasterfläschchen" von so gutem Öl heran? Edersheim spekuliert:

> *Möglicherweise hatte Maria jenes Alabasterfläschchen voll von sehr teurem Salböl noch von früher, bevor sie gelernt hatte, Christus zu dienen. Dann lernte sie ihn kennen und muss erfahren haben, wie [sein Tod], von dem er ständig sprach, ihm ununterbrochen vor Augen stand. Möglicherweise stellte sie es daraufhin beiseite. Sie bewahrte es auf für den Tag seines Begräbnisses. Und nun war die entscheidende Stunde gekommen.*[35]

Maria wusste besser als die anderen, dass Jesus im Begriff stand, die Schrift zu erfüllen. Sie wusste, dass die festgesetzte Stunde, in der er sterben, retten und wieder auferstehen würde, jetzt gekommen war.

Vielleicht ist das der Grund dafür, dass Jesus sagt: *„Wo dieses Evangelium gepredigt werden wird in der ganzen Welt, wird auch von dem geredet werden, was sie getan hat, zu ihrem Gedächtnis"* (Mt 26,13). Was hatte sie getan? Sie hatte dem Herrn zugehört. Und sie wusste, dass die Erfüllung der Schriften sein Blut einfordern würde. Sie erkannte die Zeiten und wurde weder von Sentimentalität noch von Wunschdenken bewegt. Sie sah es deutlich. Seine Zeit war gekommen. Und sie gab ihm alles, was sie hatte – sie setzte ihr Herz, ihre Träume, ihre Hoffnung und ihr Vertrauen auf ihn. Sie wusste nicht, wie das aufgehen würde. Aber sie kannte den Herrn. Und zu wissen, wer er wirklich war, hieß, dass sie seine Füße salben, die Kritik der Jünger aushalten und standhaft bleiben konnte.

Und während Maria dem Herrn alles gab, im Glauben wandelte, beschwerten sich die Jünger über Marias Gastfreundschaft. Sie sei zu aufdringlich. Das sei zu kostspielig. Und keiner außer Jesus ahnte, dass sie Judas nicht zum Zuge kommen ließ. Judas bediente sich an dem Geld, das für die Armen zurückgelegt wurde. Er bestahl den allmächtigen Gott. Und da er in seiner Sünde geübt – und daher verhärtet – war, war sein Herz hart. Er empfand es als sein Recht, nach Belieben zu nehmen.

Das Drama hier ist fesselnd. Das Licht von Marias Glauben „ließ die Züge von Judas in gigantischen, dunklen Umrissen vor der Kulisse erscheinen. Er wusste, dass sein Verrat Christi bevorstand, und hasste umso mehr; sie wusste, dass der kostbare Tod [Christi] bevorstand, und liebte umso mehr", wie Edersheim anmerkt.[36]

Die Welt kann böse Diktatoren hervorbringen. Doch nur die Gemeinde kann einen Judas heranwachsen lassen. Diktatoren haben die Absicht zu beherrschen; sie fangen schon als Heuchler an. Nicht so die Judasse. Krummacher schreibt:

> *In dem Moment, da er sich dem Meister zu Dienst erbot, war er kein Heuchler, mindestens kein bewusster. Und wenn er hinfort mit den übrigen Jüngern bald betete, bald sich in Gottes Wort erging, bald sogar, wie es später geschah, dieses Wort auch andern verkündete, so geschah dies eine Zeit lang unstreitig noch mit*

> *einem gewissen Maße innerer Wahrheit; […] [Aber] unter aller Überwucherung frommen Empfindungslebens blieb in seinem Innern doch eine böse Wurzel haften: die Liebe der Welt […].*[37]

Wie konnte etwas so Gewöhnliches wie die Liebe zur Welt einen Jünger in ein Monster verwandeln? Es geschah langsam, Schritt für Schritt. Er kam Jesus nahe genug, um von seiner Lehre fasziniert zu sein, ohne aber jemals davon gebrochen zu werden, ohne jemals den Gottmenschen und Hirten zu kennen, ohne sich jemals selbst zu sterben und von den Händen Jesu, die in Kürze am Kreuz durchbohrt werden würden, neu gemacht zu werden.

Jesus wies Judas sanft zurecht, als er sagte: *„Was macht ihr der Frau Mühe? Sie hat doch ein gutes Werk an mir getan“* (Mt 26,10). Doch die Worte Jesu landeten auf einem harten Herzen. Sie landeten auf einem Herzen, das so hart war, dass das Gefühl in ihm aufstieg, er hätte einen Anspruch auf das, was ihm nur in der Verblendung seines Stolzes zustand. Judas reagierte auf Jesus mit selbstgerechtem Zorn. In seinem Herzen und durch sein Handeln sagte er: „Du hast kein Anrecht auf mich, nicht auf diesen tiefen und persönlichen Teil von mir. Ich werde bekommen, was ich will.“ Durch sein Handeln sagte Judas: „Du, Jesus, hast mich hängen gelassen. Du hast mir nicht gegeben, wofür ich gebetet habe.“ Ihm entging die zentrale Lektion: Ein Herz, das von Jesus gebrochen wurde, bittet den Herrn darum, dass er es gottesfürchtig macht, nicht, dass er dessen natürliche Begierden segnet. Ein von Jesus gebrochenes Herz betet: „Herr, mach mich zu deinem Eigentum“, nicht: „Herr, gib mir, was ich will.“

Krummacher sagt: „Das Licht der Welt ward ihm zum brennenden Feuer; der Sünderheiland […] [Christus war] zum Inquisitor, vor welchem er entweder als einen todesschuldigen Buben sich bloß zu geben oder – und er wählte das letztere – in die Schleier scheinheiliger Lüge sich zu verhüllen hatte.“[38] Er traf eine Wahl. In seinem Herzen traf er eine Wahl.

Aber für Judas gingen die Dinge nicht so rasant den Bach hinunter, dass er zu einem unschuldigen Opfer erklärt werden könnte. Von außen sah alles in Ordnung aus. Aber dann kam die

Tischgemeinschaft, eine Abendgesellschaft mit Maria und dem kostbaren Öl. Und Judas hatte einen Ausraster. In anmaßendem Stolz tadelte er Maria öffentlich – und ich vermute, er war überzeugt davon, dass alle ihm zustimmen würden, denn so blind macht Sünde einen Menschen. Der Herr antwortete darauf mit einer Rüge, die so sanft war wie der Retter selbst. Hier sehen wir die Anfänge von Gemeindezucht. Und daraufhin flackerte rasende Wut tief in Judas auf. Das ist immer eine tödliche Kombination – eine sanfte Rüge Jesu, auf die ein Träger des Ebenbildes mit dem auflodernden Zorn des Anspruchsdenkens reagiert. Ironischerweise stellt diese Herzenssünde eine entscheidende Frage: *Wer bist du eigentlich, dass du mich so behandelst?* Doch sie bleibt nicht lange genug still, um die Antwort des Herrn zu hören.

Was verlangsamte diese Szene, sodass Judas Zeit bekam, die er anders hätte nutzen können? Tischgemeinschaft. Tischgemeinschaft gibt Menschen Zeit und einen Raum, um zu bekennen. Was würde Judas tun?

> *Entweder stürzte der verirrte Jünger jetzt unter einem Strom von Reuetränen zu Jesu Füßen nieder und suchte mit dem unverhohlenen Bekenntnis seines verlorenen Zustandes Rettung und Erbarmen am Thron der Gnade; oder es siegte in ihm das gekränkte Ehrgefühl und machte, in die entgegengesetzte Bahn einer absichtlichen Verhärtung ihn hinreißend, dem Satan Raum, den Höllenfunken einer geheimen Erbitterung wider [Jesus] ihm einzuflößen.*[39]

Bin ich's?

Doch dort spielte sich noch mehr ab als das. Es gab Jünger, die die richtige Frage stellten. Es gab Zuschauer, denen Gemeindezucht eine starke Warnung war. Sie lernten ihre Lektion daraus. Ihnen verhalf sie zu einem Leben, das auf Kurs bleiben würde.

> *Und als sie aßen, sprach [Jesus]: Wahrlich, ich sage euch: Einer unter euch wird mich verraten. Und sie wurden sehr betrübt*

und fingen an, jeder einzeln zu ihm zu sagen: Herr, bin ich's? Er antwortete und sprach: Der die Hand mit mir in die Schüssel taucht, der wird mich verraten. Der Menschensohn geht zwar dahin, wie von ihm geschrieben steht; doch weh dem Menschen, durch den der Menschensohn verraten wird! Es wäre für diesen Menschen besser, wenn er nie geboren wäre. (Mt 26,21-24; LUT)

Die Demut der elf Treuen sollte nicht übersehen werden. „Herr, bin ich's?"* ist die beste Frage, die ein Jünger je stellen kann, wenn Jesus vor Sünde warnt, wenn Gemeindezucht erfolgt, wenn wir von der Sünde hören, die jemand anderes begangen hat. Während wir jeden Morgen die Seiten unseres Herzens mit den Seiten der Bibel abgleichen, sollten wir fragen: „Bin ich's?" Diese Worte offenbaren das Herz wahrer Glaubender, die wissen, dass sie zu jeder erdenklichen Sünde fähig sind. Die wissen, dass nur die in ihnen wohnende rettende Gnade Christi die Wahrheit über sie und ihre Begierden offenbart. „Bin ich's?" sind die aneinander gereihten Worte, durch die der Glaubende sich selbst entdeckt – die verurteilende Wesensart seiner Sünde, die Wiederherstellung des Selbst in Christus.

Und was, wenn Sie diese Frage stellen und der Herr sagt: „Ja, du bist es"? Was dann? Nun ja, dann müssen Sie auf Ihr Angesicht fallen und Buße über Ihre Sünde tun. Es gibt zwei Arten, die Frage „Bin ich's?" zu stellen. Man kann sie mit einem belehrbaren Herzen stellen, mit einem Herzen, das bereit ist, Buße zu tun, wenn der Herr Sünde aufdeckt. Man kann sie aber auch mit einem harten Herzen stellen. Man kann die Frage als Möglichkeit nutzen, um zu verlangen, dass der Herr unser Diskussionspartner wird. Man kann verlangen, dass er uns zu unseren Bedingungen erklärt, warum unsere Sünde so furchtbar unakzeptabel sein soll. Und dann aß Judas das Brot, das ihn als Verräter kennzeichnete. „Das ‚Jahr des Heils' schloss sich ab; die Stunde der Heimsuchung göttlicher Barmherzigkeit hatte ausgeschlagen. Die Engel des Friedens traten

* Mt 26,22; ZÜ

dauernd von seiner Seite weg; der Satan aber triumphierte und ‚fuhr in ihn'."[40]

Diese Lektion ist eine schreckliche, denn tatsächlich: Judasse gibt es überall. Ohne es zu beabsichtigen, haben viele Gemeinden die Entstehung eines Judas begünstigt. Sie sind vom Weg abgekommen. Sie halten sich selbst für barmherziger als Gott. Sie denken, die Bibel sei zu streng, sie fordere zu viel von Leuten. Sie produzieren in ihren theologischen Seminaren Judasse, stellen sie auf ihre Kanzeln und vervielfältigen sie dadurch auf ihren Kirchenbänken. Was wir lernen müssen, ist: „Die Neutralität ist ein verlorener Posten. Wer halbwegs nur in die herrschende Richtung unsrer Tage eingeht, der endet, ehe er sich's versieht, [...] im Netz des Teufels."[41]

Während wir uns um meinen Tisch versammeln – als Gemeindefamilie, die durch Sünde verwundet, durch Gemeindezucht geschützt und durch die Buße eines wiederhergestellten Bruders erneuert wurde –, können wir nicht anders, als zu fragen: „Herr, bin ich's?" Alle Gläubigen müssen fragen: „Herr, bin ich's? Ich bin dazu fähig, dich zu verraten. Ich bin schwach, aber du bist stark. Halte mich. Bewahre mich." Wie David für uns schreibt: „Bewahre mich, Gott, denn ich berge mich bei dir! / Ich habe zum HERRN gesagt: ‚Du bist mein Herr; / es gibt kein Glück für mich außer dir'" (Ps 16,1-2). Die Anwesenheit von Judas in der Gemeinde setzt der Gastfreundschaft Grenzen, Grenzen der Fürsorge, des Schutzes und der Freundlichkeit. Sie wird dadurch besser. Petrus befiehlt: *„Darum, Brüder, befleißigt euch umso mehr, eure Berufung und Erwählung festzumachen! Denn wenn ihr diese Dinge tut, werdet ihr niemals straucheln"* (2Petr 1,10). Wenn wir einander das Evangelium verkündigen – was wir auch als Nachfolger Christi untereinander tun müssen –, dann helfen wir einander dabei zu fragen: „Herr, bin ich's? Bin ich dein Verräter?" Das tun wir, um Buße tief in unsere Herzen einzuschreiben. Wir wollen Gnade. Aber wir wissen, dass wir Buße nicht umgehen können, wenn wir zu Gottes Gnade gelangen wollen. Wir alle können uns täuschen lassen. Uns selbst und anderen diese Frage zu stellen, ist ein Ausdruck von Güte, nicht von Verurteilung.

Und was ist aus unserer kleinen Gemeinde geworden?

Der Herr half uns über die schwierige Zeit hinweg. Er ließ uns sowohl in der Gnade als auch zahlenmäßig wachsen. Menschen, die hungrig nach Gottes Gnade und Wahrheit waren, begannen zu kommen und zu bleiben und wurden durch einen Bund zu Mitgliedern der Gemeinde. Sie bauten verschiedene Gemeindedienste für die Außenseiter und Ausgestoßenen auf. Auch Kinder fanden wieder den Weg zu uns. Und in den Trümmern von Mühe und Not vertrauten Knox und Mary Jesus ihr Leben an. Durch Gottes Gnade. Allein durch Gnade, nicht, weil die Gemeinde Spaß macht oder groß ist oder alle ihre Freunde dort sind. Nein, überhaupt nicht. Nur weil Jesus wirklich der ist, der er zu sein behauptet.

7.

DIE GEISTER LOSWERDEN

Das Klagelied der Gastfreundschaft

3. Februar 2017, Durham, North Carolina

Als an diesem Morgen mein Wecker um vier Uhr klingelte, griff ich intuitiv nach einem Pullover meiner Mutter, der noch nach ihr roch – nach Jasmin und *Suave*-Haarspray und Teebaumöl.

Meine Mutter und ich standen uns zu nahe und gleichzeitig standen wir uns überhaupt nicht nahe. Ich war ihr einziges Kind. Und den Großteil meines Lebens wurde ich von ihren überzogenen Erwartungen erdrückt.

Meine Mutter war eine frühe Feministin, die eine feministische Tochter großzog. Ich erinnere mich daran, wie ich mit etwa fünf Jahren im Aufzug des *Marshall-Field*-Kaufhauses in Chicago stand. Ein (in meiner Erinnerung etwas gruseliger) Mann beugte sich zu mir herunter und kam meinem Gesicht zu nahe. Er roch widerlich nach *Old Spice* (zu süß!) und *Brandywine* Pfeifentabak (zu muffig!). Er hauchte: „Was für ein hübsches kleines Mädchen. Wirst du einen Doktor heiraten?" Meine Mutter, 1,50 m groß, zwängte sich zwischen mich und diesen Mann und verkündete: „Meine Tochter wird keinen Doktor *heiraten*. Sie wird einer *werden*." Von jenem Tag an stand mein Schicksal fest. Und das Aufbegehren für weibliche Ermächtigung und Unabhängigkeit von Männern wurde zu meinem treibenden Idol.

Meine Mutter war zudem manisch. Bis sie das schließlich 2008 – im Alter von 77 Jahren – einem Arzt gegenüber zugab und anfing, regulierende Medikamente zu nehmen, war es unerträglich, in ihrer Nähe zu sein. Kein majestätischer Gebirgszug konnte die Höhen ihrer Begeisterung übertreffen und kein gähnender Abgrund die Tiefen ihres Zorns und ihrer Verzweiflung. Meine Aufgabe bestand darin, sie aus ihrer mentalen Krankheit herauszuholen und bei Laune zu halten, damit sie irgendwo in der Mitte blieb. Ich verbrachte mein Leben mit dem Versuch, die seelische Gesundheit meiner Mutter zu orchestrieren. Und ich scheiterte kläglich.

Die meiste Zeit unserer gemeinsamen Jahre gab es nur sie und mich. Mein Halbbruder verschwand aus meinem Leben, als ich zehn wurde. Bei meinem Vater brachten es sein Alkoholmissbrauch und ein Doppelleben voller Kleinkriminalität mit sich, dass er schon lange abwesend war, bevor er dann sieben Tage nach meinem 27. Geburtstag verstarb.

Meine Mutter war im Grunde nicht in der Lage, Freundschaften langfristig aufrechtzuerhalten. Ihr unvorhersehbarer Zorn machte ihre überschwängliche Großzügigkeit zunichte. Meine Mutter konnte jedoch im Nu mit einem Lächeln Freundschaften schließen. Mom war sympathisch, witzig, gesellig und der Mittelpunkt jeder Party.

Als ich frischgebackene Professorin an der *Syracuse University* war, nahm mich meine damalige Partnerin Kate mit nach Hause zu ihrem Vater und ihrer Stiefmutter. Sie wohnten ein paar Meilen von unserem Haus entfernt. Zusammen mit Bill und Janet (Kates Vater und Stiefmutter) spielten wir Bridge und tranken Merlot. Wir gingen gemeinsam Bowlen und danach mexikanisch essen. Wir sahen uns das Festival in Sylvan Beach an und spielten alberne Jahrmarktspiele. Wir blieben lange auf und schauten uns im Pyjama zusammen Filme an. Wenn wir bei ihnen zu Hause waren, konnten Kate und ich stundenlang an unseren Büchern arbeiten oder lange Joggingrunden drehen. Wir konnten zu ihnen nach Hause kommen, wann es uns passte, und gehen, wann wir wollten. Wir wurden nicht für unsere Abwesenheit gescholten oder für unsere Anwesenheit kritisiert. Ich hatte bis dahin nicht gewusst, dass man sich tatsächlich in der Gegenwart von Eltern entspannen kann. Nach meinem ersten Wochenende mit ihnen war ich von Kummer und Trauer überwältigt angesichts all der verpassten Gelegenheiten in meiner Beziehung zu meinen Eltern.

Im Gegensatz dazu bestand meine Aufgabe in der Gegenwart meiner Mutter darin, jedes ihrer emotionalen Bedürfnisse vorauszuahnen, alle Konversationen abzublocken, die ihre Herrschaft infrage stellten, und mit allen mir zur Verfügung stehenden Mitteln zu verhindern, dass sie explodierte. Aber ich scheiterte. Wenn

Explosion und Implosion zu den „Sprachen der Liebe" zählen würden, dann wären dies die einzigen, die meine Mutter beherrschte.

Als ich mich als Lesbe outete, diagnostizierten Kate und andere in meiner lesbischen Community meine Beziehung zu meiner Mutter zu Recht als „toxisch" und „co-abhängig". (Es gibt in der lesbischen Community keine zwei Wörter, die stärker verurteilen; ich wusste das also ernst zu nehmen.) Ich begann, mehr Distanz zwischen meine Mutter und mich zu bringen. Das bedeutete, dass ich nicht mehr mehrfach am Tag mit ihr redete, sondern stattdessen versuchte, nur einmal die Woche mit ihr zu reden. Sie nahm das nicht leicht. Doch ich packte die Gelegenheit beim Schopfe: Aufgrund der Wiederheirat und des Umzugs meiner Mutter nach Scottsdale, Arizona, konnte ich die Flucht ergreifen.

Meine Mutter heiratete Theo, als ich an der Graduiertenfakultät studierte. Er hatte einen positiven Einfluss auf sie und war eine willkommene Ablenkung. Aber meine Mutter mochte keine Grenzen zwischen uns. Sie fand immer noch Gründe, mich jeden Tag anzurufen. Ich rieb mich auf an ihrer kurzen Leine. Mit ihrer neuen Ehe stieg meine Mutter jedoch sozial auf. Wie schätzte ich die Urlaubsreisen nach Europa, die meine Mutter und ihr neuer Mann nun machten – Anrufe waren in jenen Zeiten unerschwinglich. Es war wunderbar, endlich atmen zu können.

Meine Mutter nahm es gelassen hin, dass ich lesbisch war. Es war nicht ihre erste Wahl für mich. Doch sie war Männern gegenüber argwöhnisch. Als jemand, der sexuellen Missbrauch überstanden hatte, gab sie sich keinen Illusionen hin. Solange ich meinen Fokus auf meine akademische Karriere und meinen Erfolg legte, konnte sie meine Entscheidungen respektieren.

Dann outete ich mich als Christin, und der Teufel war los.

Theo bildete eine Brücke. Er war besonnen, witzig und klug. Er fühlte sich in jedem sozialen Umfeld wohl. Er liebte gute Bücher. Er las die *New York Times* täglich von vorn bis hinten. Er las jede Woche den gesamten Buchbesprechungsteil (so wie ich). Er ging mit all den verrückten Veränderungen in meinem Leben um wie ein Universalgelehrter, der er auch war. Als ich mich als Christin outete, wurde er daher auch damit gut fertig. Er war einst in die Fußstapfen seines Vaters, eines griechisch-orthodoxen Christen, getreten und hatte seinen Abschluss am Priesterseminar gemacht. Doch im Priesterseminar kam Theo schließlich zu der Überzeugung, dass das Neue Testament unzuverlässig und unhaltbar, einfach nicht glaubwürdig sei. Er gab seinen Glauben zugunsten eines Promotionsstudiums an der *University of Chicago* und dem *Massachusetts Institute of Technology (MIT)* auf und wurde schließlich ein Selfmade-Millionär, bevor er 50 wurde.

Theo war nicht aus der Ruhe zu bringen. Als ich Christin wurde, wurde Theo mein Griechisch-Nachhilfelehrer. Mir Griechisch beizubringen war eines der vielen Dinge, die uns verbanden. (Ich kam nicht weit über das Alphabet hinaus, aber unsere Beziehung wurde durch seine Nachhilfe tiefer als meine Sprachkenntnisse.)

Als meine Mutter 2008 anfing, Medikamente für ihre psychische Krankheit zu nehmen, zeigten sich bei Theo Anzeichen von Demenz. Es handelte sich jedoch um eine milde und erträgliche Demenz. Die beiden entschieden sich, nach Virginia zu ziehen, um Theos letzte Jahre mit unseren Kindern zu verbringen, die er liebte. Die Enkelkinder nannten ihn „Papu" – das griechische Wort für „Opa" –, und nach einer Weile nannten wir alle ihn „Papu". Unsere gemeinsamen Jahre in Virginia waren wunderschön. Das Medikament Zoloft bewirkte, dass meine Mutter zum ersten Mal in ihrem Leben normal funktionierte. Und ohne die manische Bewusstseinsverschiebung erstrahlte ihre Gabe für Gastfreundschaft und Fürsorge in neuem Glanz. Sie stürzte sich in unser Homeschooling, unsere Nachbarschaftsbeziehungen, den Schwimmunterricht unserer Kinder, die Vogelspaziergänge und unsere Homeschooling-Kooperative.

Meine Mutter zog sich jedoch zurück, wenn irgendetwas in den Vordergrund trat, was in Zusammenhang mit der Gemeinde stand, oder wenn Kents Schwester und Schwager in der Stadt waren. Sie war wahnsinnig eifersüchtig auf beide. Sie war eifersüchtig auf die liebevolle Art, wie der Leib Christi und auch Kents Familie mit uns umgingen, uns wirklich liebte. Wenn sie bei etwas nicht gewinnen konnte, dann spielte sie überhaupt nicht mit.

Meine Mutter forderte abgöttischen Gehorsam. Während Theo auf das Sterben zuging, wuchs seine Liebe zu den Dingen Gottes. Selbst in seiner Demenz freute Papu sich auf die Familienandachten. Er bat mich, ihm nach dem Abendessen Psalmen vorzusingen, wenn das Geschirr abgetrocknet war, der Hundespaziergang erledigt und die Kinder im Bett waren. Einmal, als wir das Geschirr abgeräumt hatten, rügte meine Mutter Theo: „Ich dachte, wir wären uns einig, dass die christliche Religion Mist ist!"

„Vielleicht ändere ich gerade meine Meinung, Dee", antwortete er sanft.

Im Jahr 2011 lag Papu im Alter von 89 Jahren mit Hospizpflege zu Hause im Sterben. Meine Mutter pflegte ihn in den Tagen vor seinem Tod unermüdlich. Wir hatten Babyfone in seinem Zimmer, damit wir ihn hören konnten, wenn wir gerade nicht an seinem Bett saßen. Meine Mutter war wachsam. Eines Tages tranken sie und ich in der Küche Kaffee. Wir konnten über das Babyfon hören, wie die Kinder mit Papu redeten. Mary sang gerade Psalm 23. Und dann begann sie zu reden. Mary war zu der Zeit fünf Jahre alt. Sie hatte einen Sprachfehler, der Wörter auf den Kopf stellte und verdrehte. (Später erfuhren wir, dass das ein Indikator für Legasthenie ist.) Meine Mutter brachte mich zum Schweigen, damit sie zuhören konnte. Während Marys goldige, entstellte Wörter klarer wurden, wurde meine Mutter immer wütender. Mary gab das Evangelium mit einer durchdringenden Klarheit weiter, die kein Sprachfehler vermindern konnte.

„Papu, wohin gehen, wenn sterben? Jesus bei dir? Christ? Jesus Hirte?"

Papu verstand jedes Wort, das sie sagte. Er antwortete ihr so: „Meine kleine Mary, ich bin Christ. Ich habe Frieden geschlossen mit Jesus, meinem Hirten. Zu guter Letzt. Ich habe dich lieb."

Mary kam außer sich vor Freude in die Küche gerannt. „Hören ihr habt? Hören ihr habt?", quietschte sie in ihrer Rückwärtssprache. Meine Mutter fluchte. Sie warf das Buch, das sie in der Hand hielt, quer durch den Raum und stampfte aus der Wohnung.

Papu starb am 11. August 2011.

Ein Jahr später erhielt Kent einen Ruf als Pastor in die *First Reformed Presbyterian Church* in Durham, North Carolina. Wir alle dachten, es wäre das Beste, wenn meine Mutter mit uns dorthin umzöge. Ich weiß wirklich nicht, warum wir das dachten. Vielleicht wollten wir sie nicht in Virginia zurücklassen, nachdem sie gerade erst dorthin gezogen war, um bei uns zu sein. Vielleicht lockte uns der Gedanke daran, gemeinsam ein hübsches Haus zu kaufen, nachdem wir jahrelang in den äußeren Vororten von Washington D. C. einen Großteil unseres Einkommens fürs Wohnen ausgegeben hatten. Ich habe noch immer Schwierigkeiten, die Motivation hinter dieser Entscheidung zu bewerten. Warum hatte ich so viel Vertrauen auf das Zoloft meiner Mutter gesetzt, dass ich wieder im selben Haus mit ihr wohnen wollte – obwohl ich mir geschworen hatte, das niemals wieder zu tun? Götzen sind merkwürdige Monster. Sie schießen aus dem Boden wie Unkraut, das ständig seine Gestalt verändert, und versprechen, dass es diesmal anders sein wird.

Meine Mutter lebte vom April 2012 bis Oktober 2013 in unserer Familie. Dann zog sie von unserem Haus in ein drei Kilometer entferntes Seniorenheim. Die Ältesten wollten, dass Kent sofort in der *First Reformed Presbyterian Church* Durham ins Amt eingeführt würde. Meine Mutter leistete die Anzahlung für unser Haus in Durham. Meine Mutter war äußerst großzügig, aber ihre Großzügigkeit war an Bedingungen geknüpft. Ich war dankbar, als unser Haus im nördlichen Teil von Virginia einen Monat nach unserem Umzug verkauft war und wir ihr das Geld zurückzahlen konnten. Doch die Bande, die uns ihr gegenüber verpflichteten, bestanden über die Bezahlung unserer Schulden hinaus fort. Damals wurde mir bewusst: Nur wenn Jesus die Schuld bezahlt, ist sie wirklich vollständig bezahlt.

Mit ihr zusammenzuleben war schrecklich, und ich bin sicher, sie würde dasselbe über das Leben mit uns sagen. Ich hasste mich selbst dafür, dass ich meine Familie dem ausgesetzt hatte. Die harten Ecken und Kanten meiner Kindheit, die aufgrund von Abstand und Wunschdenken zu einer konturlosen Erinnerung verblasst waren, kamen mit voller Wucht zurück. Meine Mutter war zornig und kontrollierend. Sie stellte meine Kinder bloß. Sie kratzte an der Autorität meines Mannes. Und sie verurteilte unseren Glauben. Familienandachten wurden zu einem Reizthema. Und gleichzeitig kämpfte Kent als neuer Pastor einer Gemeinde, die förmlich aus allen Nähten platzte, mit jahrzehntealter Sünde, die ausgerechnet jetzt ans Tageslicht kam.

Es waren geistlich wertvolle Tage, denn das einzig Süße, das in bitterer Verzweiflung übrig bleibt, sind die Verheißungen des Evangeliums. Diese Tage zwangen mich dazu, die täglichen Kämpfe in christlicher Liebe zu bewältigen. Meine Mutter war von dem Augenblick an, da sie aufwachte, bis zu dem Moment, in dem sie schlafen ging, unglücklich. Sie hatte etwas an dem Haus auszusetzen, das wir gemeinsam gekauft hatten. Sie hatte etwas an den Menschen auszusetzen, mit denen sie zusammenlebte (einschließlich ihrer Enkelkinder, die sie mehr als alles andere liebte). Und auch sonst hatte sie an allem anderen, das ihr in den Sinn kam, etwas auszusetzen. Sie setzte ihr Medikament (Zoloft) ab, und zwar von heute auf morgen. Sie bekam unvorhersehbare Wutanfälle. Sie kaufte so viel Toilettenpapier und Taschentücher bei Amazon Prime Pantry, dass wir sie nicht lagern konnten und die Pappkartons nicht in den Papiermüll passten. Wir hatten Angst, Gäste einzuladen. Ich fühlte mich elend, weil ich meine Familie einer Wiederholung meiner demütigenden Kindheit aussetzte. Ich fühlte mich schuldig, weil ich meinem Mann verbot, der grundlegendsten Aktivität nachzugehen, die von Pastoren erwartet wird – Gastfreundschaft zu praktizieren. Und während dieser Tage offenbarte der Herr mehr Sünde in meinem Herzen, als ich dachte, dass irgendein Mensch haben könnte. Ich dachte, meine Mutter hätte sich durch Zoloft verändert. Ich hatte Zoloft zu meinem Götzen gemacht, zum Retter meiner Mutter. Und ich hatte mir fälschlicherweise selbst eingeredet, dass meine atheistische Mutter durch Zoloft in unserem christlichen Zuhause zufrieden leben könnte.

Kent und ich waren Menschen gewesen, die für ihre Gastfreundschaft bekannt waren. Nun waren wir zu Menschen geworden, deren Haus verbarrikadiert war. Wir hielten Treffen und Abendessen in der Gemeinde oder im *Eno River State Park* ab. Unser Zuhause wurde zu dem mir vertrauten Gefängnis des Schreckens. Täglich graute uns vor dem, was meine Mutter sagen oder tun könnte. Wenn Sie denken, ich würde scherzen, dann lesen Sie weiter. Ein einziges Mal versuchte ich während dieser Zeit, ein telefonisches Buchinterview zu Hause zu geben. Mary war krank, und ich wollte sie nicht aus dem Haus und in die Gemeinde mitnehmen, wo ich üblicherweise Interviews in Kents Büro führe. Also verbarrikadierte ich mich in meinem Schlafzimmer, gab jedem strikte Anweisungen, nicht an der Tür zu klopfen, und hängte große Schilder aus Tonpapier auf. Mit fettem Edding schrieb ich darauf: „Achtung: Interview. Bitte nicht stören." Während dieses Interviews konnte ich (und mein guter christlicher Journalist vermutlich ebenfalls) hören, wie meine Mutter gegen die Tür hämmerte und schrie: „Sar! Leg auf, verdammt noch mal! Dein blöder Hund hat gerade auf den Boden gekackt, und du musst das sofort aufwischen!"

Die Wechseljahre quälten meinen Körper. Die kleine Gemeinde, in die sich Kent als Pastor berufen fühlte, spuckte tief aus den Reihen ihrer Mitglieder und aus dem Ältestenkreis bisher geheim gehaltene Sünden aus.

Meine Kinder waren betrübt über die verlorenen Freunde aus ihrer alten Heimat. Auch das terrorisierende Geschrei meiner Mutter belastete sie. Zu alledem konnten wir uns das Haus nicht mehr leisten, das wir gekauft hatten. Während jener Jahre lernten Kent und ich, sehr ernsthaft zusammen zu beten und Familienandachten so zu halten, als säßen wir in einer Gefängniszelle. Wir lernten, voll Vertrauen auf Gottes Verheißungen zu schauen, anstatt in der Angst zu leben, die unsere Umstände hervorriefen. Wir beteten für die Bekehrung meiner Mutter in einer Weise, wie wir es niemals getan hätten, wenn sie nicht bei uns gelebt hätte. Gott ließ uns an diesem Tiefpunkt sehen, wie schmerzhaft es ist, ohne Christus zu leben, wie beängstigend und hoffnungslos. Er ließ uns sehen, wie die Frucht des Geistes unter Extrembedingungen trainiert werden muss (und kann).

Als meine Mutter aus unserem Haus aus- und in ein örtliches Seniorenheim einzog, das drei Kilometer von uns entfernt war, konnten wir alle wieder aufatmen. Ich sprach täglich mit ihr und aß einmal die Woche mit ihr zu Mittag. Und wir trafen uns als Familie mehrfach im Monat zu gemeinsamen Mahlzeiten. Aber Zoloft erfüllte seinen Zweck nicht mehr wie früher – selbst, wenn sie es wie verschrieben einnahm. Unsere täglichen Telefonate waren genau wie in alten Zeiten: eine Flut von Zorn, die gegen mich gerichtet war. Nur dass meine Mutter jetzt zwei Prügelknaben mehr hatte: Jesus, meinen Hirten, und Kent, meinen Mann. Dass meine Mutter mich nicht als sich unterordnende christliche Ehefrau großgezogen hatte, war eindeutig. Doch hier waren wir nun – wieder an demselben alten Ort, und der Zorn und die Enttäuschung meiner Mutter legten sich wie eine Schlinge um meinen Hals.

Am ersten Weihnachtsfeiertag 2015 brachte meine Mutter Neuigkeiten mit. Sie teilte es zuerst Kent mit. Dieser quälende Husten war Lungenkrebs, und sie würde bald sterben. Sie wollte auf ihre Weise sterben. Und sie wollte, dass wir das respektierten. Als langjähriges Mitglied der *Hemlock Society* (einer Gruppe, die sich für das Recht auf ein selbstbestimmtes Lebensende einsetzt) machte es sie wütend, dass sie nicht in einer Zeit lebte, in der Menschen dieselbe Würde besaßen wie ein Hund, der auf Wunsch eingeschläfert werden kann.

Als meine Mutter uns eröffnete, dass sie bald sterben würde, zog sich die Schlinge weiter zu. Ich fürchtete viele Dinge im Hinblick auf den Tod meiner Mutter. Vor allem fürchtete ich – wie schon die ganze Zeit – um ihre Seele und ihre ewige Zukunft. Meine Mutter war nicht nur nichtgläubig. Sie war eine völlig überzeugte Atheistin. Und sie hatte ihren Atheismus bestätigt gesehen, als sich ein paar Jahre vorher jemand in unserer Gemeinde an ihr versündigt hatte – im großen Stil.

Als wir alle nach North Carolina zogen, hatten wir die Hoffnung, dass wir sie mit christlicher Liebe umgeben könnten. Wir beteten, dass sie sogar Gefallen daran finden würde, am Tag des Herrn mit uns in die Gemeinde zu gehen. Zunächst tat sie das auch. Sie schien die Leute wirklich zu mögen, insbesondere die älteren. Und dann wurde sie eines Tages ganz plötzlich unwirsch, feindselig, ärgerlich und verurteilend gegenüber den Leuten in unserer Gemeinde.

Einen Monat später fand ich heraus, warum. Meine Mutter hatte Schwierigkeiten, ihr Scheckbuch abzugleichen, und bat mich um Hilfe. Meine Mutter war bis zu ihrem letzten Atemzug fit in Mathe und im Umgang mit Geld. Das war also wahrhaft merkwürdig. Sie hatte eine Differenz von 1500 Dollar. Dass der Betrag so gerade war, war ebenfalls wirklich merkwürdig. Doch meine Mutter versicherte mir, dass sie es niemals vergessen haben würde, wenn sie einen Scheck über diesen Betrag ausgestellt hätte. Also gingen wir zur Bank, um zu schauen, ob wir den fehlenden Scheck ausfindig machen konnten. Wir fanden ihn. Der fehlende Scheck offenbarte das Geheimnis um die Frage, warum meine Mutter unsere Gemeinde nie wieder betreten würde. Ein langjähriger Leiter unserer Gemeinde hatte meine Mutter auf dem Weg zu den Gemeindetoiletten in die Zange genommen. Er hatte ihr gesagt, dass er dringend Geld benötige. Er beschwor sie, Kent und mir niemals zu sagen, worum er sie bat. Er bat sie um 1500 Dollar. Und sie nahm ihr Scheckbuch heraus und stellte ihm einen Scheck aus, während sie sich im Herzen schwor, niemals wieder durch die Türen dieser – oder irgendeiner anderen – Gemeinde zu gehen. Wie ein starker Wolf im Schafspelz schenkte er ihr ein bezauberndes Lächeln und kehrte gerade rechtzeitig in den Gemeinderaum zurück, um das Abendmahl einzunehmen.

Es schien, als könnte nichts, was wir taten, meine Mutter vor solchen Gefahren bewahren.

Satan wusste nicht nur, wo wir wohnten und wie man durch die instabilen Fenster einbricht. Er richtete sich in unseren vier Wänden ein eigenes Büro ein.

Doch ganz egoistisch ließ mich die Nachricht von dem bevorstehenden Tod meiner Mutter auch das Monster fürchten, zu dem ich ohne sie werden könnte. Die Tatsache, dass meine Mutter täglich ihre Wut in Jekyll-and-Hyde-Manier an mir ausließ, stoppte meinen eigenen brodelnden Zorn. Die Götzen meines Herzens quollen hervor wie Wasser. 53 Jahre lang waren meine Mutter und ich zusammen gewesen – eine verworrene, toxische, co-abhängige Verstrickung. Bevor ich mich zu Christus bekehrt hatte, hatten die tägliche Kritik meiner Mutter und ihre unvorhersehbaren verbalen Wutausbrüche mir einen guten Grund gegeben, aus ihren Klauen zu fliehen. Nach meiner Bekehrung wurden sie zu der Sache, die Gott am besten gebrauchte, um mich auf die Knie zu bringen.

Nachdem meine Mutter mir gesagt hatte, dass sie sterben würde, legte ich meine Reisepläne auf Eis, schrieb den Homeschooling-Plan so um, dass er auf ein minimalistisches Programm reduziert war (Mathe-, Sprach- und Literaturunterricht). Ich hockte mich mit ihr in ihr Apartment und hörte zu, während sie mit mir alte Familienfotos und neue Finanzunterlagen durchsah. Wir räumten alte Kleidungsstücke aus, und ich überredete sie, ihre Haushaltspapier-Bestellungen bei Amazon Prime Pantry zu stornieren. (Trotz alledem hinterließ meine Mutter mir einen Jahresvorrat an Toilettenpapier und dreilagigen Tempos, als sie starb.)

Und dann fingen Kent und die Kinder sich die Grippe ein. Dann verhob Kent sich den Rücken. Dann fing ich mir die Grippe ein. Und ja, wir waren alle gegen Grippe geimpft. Als ich krank wurde, waren Kent und die Kinder wieder aus dem Bett, aber sie schleppten sich so dahin. Und Kents Rücken schmerzte so sehr, dass er sich kaum bücken oder irgendetwas heben konnte.

Es folgten zwei Wochen voll Fieber, Schmerzen und Bettruhe. Kent machte alles, und die Kinder machten Schulaufgaben am Computer – *Learning-Ally*-Hörbücher für Mary und Mathe am Computer für Knox. Ich sprach täglich am Telefon mit meiner Mutter, aber ich kann mich an nichts von dem erinnern, worüber wir gesprochen haben. Mein Onkel und seine Frau kamen in die Stadt, um sich von meiner Mutter zu verabschieden. Und auch in Bezug darauf kann ich mich an nichts erinnern außer daran, dass Kent sie am Flughafen abholen wollte. Er rief unseren Freund Will an und fragte, ob dieser mitkommen könnte, um das Gepäck zu tragen, weil Kent das nicht konnte.

Nach zwei Wochen schleppte ich mich zum Arzt. Die Ärztin sagte mir, dass die Grippe am Abklingen sei (ach!). Sie verordnete mir Ibuprofen und viel zu trinken und sagte: „Ich muss Ihnen etwas sagen, das ich eigentlich nicht sagen sollte."

Sie offenbarte mir, dass meine Mutter mich bei ihrem letzten Arzttermin von ihrer Liste mit Notfallkontakten gestrichen hatte. Die Ärztin sagte mir, dass meine Mutter gerade leichtsinnig und gefährlich mit ihrer Gesundheit umgehe und dass ich das irgendwie korrigieren müsse. Ich fuhr in einem unerwarteten Schneesturm (die bekommen wir im Süden ein- bis zweimal im Jahr) nach Hause. Ich rief meine Mutter an. Keine Antwort. Ich rief die zentrale Telefonnummer des *Croasdaile-Village*-Seniorenheims an. Dort sagte man mir, dass meine Mutter gerade eben einen Krankenwagen gerufen hatte.

Wir wohnen in Durham, North Carolina, das aus gutem Grund die Stadt der Medizin genannt wird. Einer der Vorteile, meine Mutter hierher mitzunehmen, bestand darin, dass die medizinische Versorgung hier besser war als im Norden von Virginia. Doch die Herausforderung lag jetzt in der Fülle der Möglichkeiten. Meine Mutter wurde ins Krankenhaus gebracht, aber in welches? Wir haben drei Krankenhäuser in einem Radius von zehn Minuten Fahrzeit. Kent war fest entschlossen, sie zu finden. Er setzte sich ins Auto und begann mit der Suche.

Wie sich herausstellte, war meine Mutter ins *Durham Regional Hospital* gebracht worden. Es war einer von Gottes „Zufällen", dass mein Nachbar Bob dort arbeitete. Kent tauchte im *Regional* auf, als er meine Mutter nicht im *Duke Hospital* finden konnte. Bob ist einer unserer wöchentlichen Gebetspartner. Er hatte jahrelang dafür gebetet, dass meine Mutter gerettet würde. Als ich geduscht, einen Mundschutz angezogen und 600 mg Ibuprofen eingeworfen hatte und durch die Tür ihres Krankenhauszimmers ging, unterhielt Bob meine Mutter bereits mit albernen Wortspielen. Er bastelte mit einer Sicherheitsschere ein Meisterwerk von einer Schneeflocke aus wiederverwerteter Weihnachtsfolie (wenn Sie mir nicht glauben, dann sehen Sie sich seine Website an[42]). Er verteilte „Schmerztabletten" – ein Tablettenfläschchen mit bunten Kaubonbons. Meine Mutter hielt sich die Seiten vor Lachen. Doch dann erstarrte ich.

Ich erinnerte mich. Meine Mutter wollte mich nicht dahaben. Ich sollte hier nicht sein. Würde sie bei meinem Anblick auf mich losgehen? Sollte ich ihrer Entscheidung, mich zu streichen, Folge leisten oder einfach hereinplatzen? Ich war von der Grippe geschwächt und hatte keine Lust auf einen Kampf.

Ich wusste nicht, was ich tun sollte. Also stand ich in der Tür und betete.

Als meine Mutter mich in der Tür sah, wurden ihre Augen ganz sanft, und sie empfing uns alle, als würde sie gerade ein Fest geben. Meine Mutter war ganz offensichtlich außer sich vor Freude, uns zu sehen. Ich fragte mich, was für Medikamente man ihr verabreicht hatte.

Wir besuchten sie und machten Smalltalk. Als Kent mit den Kindern zum Verkaufsautomaten ging, stupste ich den sprichwörtlichen Elefanten im Raum an: „Mom, warum hast du mich von deiner Kontaktliste entfernt?“ Mit Tränen in den Augen sagte sie: „Ich war sauer auf dich, und dann habe ich vergessen, dass ich das gemacht hatte. Aber ich will nicht ohne dich sterben.“ Und dann fügte sie als Nachsatz hinzu: „Mir gefällt es hier. Bob ist witzig, und sie geben mir Morphium.“

Ich denke oft darüber nach, über die kleinen Verknüpfungen und Puzzleteile, die Gottes fürsorgliche Vorsehung für uns ausmachen. Was, wenn Bob nicht da gewesen wäre? Was, wenn Kent sie nicht gefunden hätte? Was, wenn es zwei Wochen früher passiert wäre und ich mit 39 Grad Fieber im Bett gelegen hätte, unfähig, mich zu bewegen oder wach zu bleiben? Oder vier Wochen früher, als meine gesamte Familie krank war, Grippe und Schmerzen hatte? Gottes vorsehende Hand lenkte liebevoll jedes Detail.

Nach zwei Tagen im Krankenhaus erklärten die Ärzte meine Mutter zur Sterbepatientin. Wir begannen, Vorkehrungen fürs Hospiz zu treffen. Meine Mutter wurde in den *Hock Family Pavillon* verlegt. Sie erhielt ein Einzelzimmer, und ich zog bei ihr ein. Kent übernahm das Homeschooling und die Hausarbeit. Ich machte es mir auf einem Stuhl im Zimmer meiner Mutter mit meiner Bibel, dem Psalter und meinen Stricksachen bequem. Sterbebetten sind einzigartige und heilige Orte. Ich erinnere mich daran, wie einer der Puritaner etwas darüber sagte, dass Buße vor dem Abendmahl und am Sterbebett am lieblichsten sei. Doch meine Mutter war – beim besten Willen – keine Gläubige.

Als meine Mutter für 16 Monate bei uns lebte, hatte sie für die Familienandachten, die Schriftlesungen und den christlichen Homeschooling-Lehrplan nur Spott übrig. Sie glaubte, dass die Wissenschaft den Glauben widerlegt habe. Und das gab ihr, wie sie sagte, das Recht, zu tun, was zum Teufel sie wollte. Meine Mutter war überzeugte Vertreterin des Rechtes auf Abtreibung und Euthanasie. Sie glaubte, dass ein Leben nur lebenswert sei, wenn es nützlich ist. Die Krankenschwestern halfen meiner Mutter behutsam, es sich in ihrem Krankenhausbett bequem zu machen. Sie erklärten, wie man die Morphiumpumpe benutzte. Annie, die goldige Sozialarbeiterin, die einen Irokesenschnitt und hohe rote Sneakers trug, gab mir eine gute Leselampe und ein ausziehbares Feldbett. Kent nahm die Kinder mit zur Wohnung meiner Mutter, um ihr Lieblingskissen zu holen.

Als wir schließlich allein waren, wandte meine Mutter sich zu mir um. Ich spürte, wie Angst in meinem Herzen aufstieg. „Sar, ich sterbe auf meine Art, nicht auf deine. Du musst das respektieren. Ich habe deine Bücher gelesen. Wenn irgendetwas mich zu einer Christin gemacht hätte, dann wären es diese Bücher gewesen. Aber ich bin nicht schwach, so wie du."

Der marxistische Theoretiker Raymond Williams sagt, dass bestimmte Wörter und Ausdrücke nicht nur Wörter sind: Sie sind Schlüsselworte – eine Lingua Franca, die eine Revolution starten oder tausend Schiffe versenken kann. „Ich bin nicht schwach, so wie du" werden für immer meine Schlüsselworte sein. Ich bin schwach. Als ich die letzten Worte meiner Mutter hörte, fühlte ich, wie eine Welle von Scham über mich hinwegspülte. Und dann hatte Gottes Wort das letzte Wort in meinem Herzen: In meiner Schwachheit ist Christus stark (2Kor 12,9-10).

Am Bett einer sterbenden Mutter gibt es viel zu tun.

Es waren arbeitsreiche, keine trägen Tage.

Nach den ersten zehn Minuten wurde mir bewusst, dass es sich hier um eine christliche Kunst handelte – Gastfreundschaft am Sterbebett zu praktizieren.

Sterbende Menschen sind launisch im Hinblick auf Kissen und Menschen, im Hinblick auf die Temperatur des Wassers, das aus einem Strohhalm kommt und die Art, wie die Jalousien hochgezogen werden.

Meine Mutter entwickelte einen seltsamen Geschmack in Bezug auf Besucher, Avocados und Wassermelonen.

Sie wollte meinen ältesten Sohn Michael und seine Frau nicht sehen (obwohl sie die beiden sehr liebte). Aber sie wollte ihre Freunde sehen, die ihre selbst gewählte Suizidkampagne unterstützten.

Ich lernte, sterbenden Lippen die richtige Menge Wasser zu verabreichen. Ich lernte, Emu-Öl mit der richtigen Berührung auf rissige Haut aufzutragen. Ich lernte, ihren schwachen Körper zu heben und ihr Rückenkissen zu justieren. Ich lernte, die Morphiumpumpe zu aktivieren, wenn es nötig war. Und dann, als einer von den Freunden meiner Mutter mich bekniete, sie „aus ihren Qualen zu erlösen" und ihr eine Überdosis Morphium zu verabreichen, lernte ich eine weitere wichtige Kunst der Gastfreundschaft am Sterbebett: Das „Keine Besucher"-Schild aufzuhängen und den Stecker ihres Telefons zu ziehen.

Und nach dem fünften von insgesamt acht Tagen am Sterbebett wurde mir etwas bewusst: Nicht jeder kann in der Fülle des Lebens zu Christus kommen – während die Welt, das Fleisch und der Teufel toben und stark sind. Aber jeder, der vom Geist geführt wird, kann auf dem Sterbebett zu Christus kommen, wenn das Fleisch schwach ist. Jeder. Sogar meine Mutter. Doch wer wird ihm den Weg zeigen? Wer wird die Fülle Christi in Gegenwart dieser Schwäche verkünden? Wenn Sie nicht am Sterbebett sitzen, können Sie dort keine Gastfreundschaft spenden. Gastfreundschaft erfordert immer Hände, Köpfe und Herzen sowie Unordnung, Opfer und Schwäche. Immer.

Es war nicht einfach, weil meine Mutter Christus voller Gehässigkeit abgelehnt hatte.

Aber als meine Mutter sagte, dass sie schwach sei, betete ich, dass Gott ihre Schwäche mit erlösender Kraft füllen würde.

Also begann ich da, wo ich immer beginne. Ich sang.

Ich sang die Psalmen für meine Mutter, die im Sterben lag.

Ich sang fast den gesamten Psalter, wobei ich zwischendurch unterbrach, um einige ihrer Lieblingspsalmen zu wiederholen: 23, 100, 141.

Krankenschwestern fingen an zu fragen, ob wir die Tür offenlassen könnten, damit andere Patienten diese schöne Musik ebenfalls hören könnten.

Manchmal kamen Sanitäter und Krankenwagenfahrer in ihr Zimmer, nahmen ihre Hüte ab und sangen die Bass- und Tenorstimme.

Annie, die buddhistische Krankenschwester, hatte eine wunderschöne Altstimme und sie sang gerne vom Blatt.

Gott stellt Menschen an alle möglichen Orte, damit sie mit anpacken.

Kent brachte mehr Psalter mit, damit Leute, die mit mir singen wollten, sich auf dem Weg ins Zimmer einen nehmen konnten.

Meine zehnjährige Tochter spielte auf dem Klavier Kirchenlieder vor, damit die anderen Bewohner sie ebenfalls hören konnten.

Mit meiner Tochter im Foyer und mir in den Zimmern der Sterbenden wurde die Musik des Glaubens zu einem Stärkungsmittel des Glaubens.

„Gott ist mein Hirt, nie werd ich Mangel leiden; / Er lagert mich auf ewig grünen Weiden.“[43]

Meine Mutter unterbrach mich. Sie kommentierte: „So Zeit mit dir zu verbringen, alle meine Bedürfnisse erfüllt zu bekommen ist wirklich eine grüne Weide. Sterben ist gar nicht so schlimm, solange ich viel Morphium habe.“

Ich sang weiter.

„Er führet mich an kühle Wasserbäche, / Er stärkt mein Herz, Er kennet meine Schwäche.“[44]

Meine Mutter meldete sich und gab mir zu verstehen, dass ich unterbrechen und näherkommen solle.

„Ich liege im Sterben. Ich werde schwach, nicht stark. Wie kann meine Seele stark werden?“

Und dadurch veränderte sich meine Welt in der mächtigsten Weise, die ich je erlebt habe. Das lässt meine eigene Bekehrung irgendwie blass erscheinen, als fehlte ihr der letzte Schliff.

„Mom, deine Seele trägt Gottes Ebenbild. Sie wird für immer bleiben, sogar, wenn dein Körper dahinsiecht“, flüstere ich. Meine Hände zittern, und ich bringe die Worte kaum hervor.

„Glaubst du diesen Mist wirklich?“, stößt meine Mutter hervor.

„Von ganzem Herzen“, flüstere ich.

„Vielleicht werde ich schwach wie du“, grübelt meine Mutter. „Wenn ich so verweichliche wie du, warum verstehe ich es dann nicht?“, überlegt sie laut.

„Mom, ich glaube, du verstehst das Evangelium. Aber weil du den Hirten nicht kennst, wirkt es auf dich wie Unsinn“, bringe ich vor.

„Vielleicht hast du recht. Dann erzähl mir von ihm. Erzähl mir vom Hirten. Aber sing bitte weiter.“

Also singe ich den Rest von Psalm 23:

Und seine Hand führt mich auf rechtem Steige,
dass sich an mir Sein Name groß erzeige.
Und walle ich im finstern Todestale,
so weiß ich, dass ich hier auch sicher walle;
du bist bei mir, dein Stecken wird mich leiten;
ich fürchte nichts, dein Stab wird für mich streiten.
Das ist mein Trost, wo ich auch wandeln möge,
du bist und bleibst mein Führer auf dem Wege.
Im Angesicht der Neider, die mich hassen,
hast du ein Mahl mir zubereiten lassen;
du salbst mein Haupt mit deinem Freudenöle,
dein voller Kelch erquicket meine Seele.
Mir folgen Heil und Seligkeit im Leben,
einst wird dein Haus mir ewig Ruhe geben.[45]

Im Himmel hat sich etwas verändert. Gemäß dem geheimen Rat der Dreieinigkeit wurde ein weiteres verlorenes Schaf in die schützenden Arme seines Retters aufgenommen. Die Sterne leuchteten heller. Der Kosmos bewegte sich. Meine Mutter öffnete die Augen mit geistiger Klarheit und sagte: „Nun, damit ist es also entschieden. Jetzt bin ich schwach. Ich bin so schwach wie du. Ich brauche den Hirten doch. Was nun?"

„Möchtest du hören, wie man Frieden mit Jesus schließt?"

„Ja, aber zuerst will ich wissen, was ich mit meiner Sünde machen muss. Und bitte ruf keinen Priester."

Und damit änderte sich alles, auf der Erde und im Himmel.

Meine Mutter wollte, dass ich ihr Psalmen vorsang, bis ich nicht mehr singen konnte.

Sie wollte, dass Kent ihr die Bibel vorlas und betete und alle ihre Fragen beantwortete.

Meine Mutter, die ehemalige Atheistin, setzte ihr Vertrauen in Jesus. Sie tat Buße über ihre Sünde und schloss zwei Tage, bevor sie starb, Frieden mit Gott.

Gott ist so barmherzig mit mir, einer Sünderin.

Die folgenden Verse erdeten uns während jener letzten acht Tage gemeinsam in Christus:

> *Das Ausharren aber soll ein vollkommenes Werk haben, damit ihr vollkommen und vollendet seid und in nichts Mangel habt. (Jak 1,4)*

Errettung bedeutet, dass meine Mutter keinerlei Mangel hat. Sie durchlitt einen heftigen Kampf gegen den Lungenkrebs und setzte all ihre Hoffnung auf Jesus, weil es nichts anderes mehr gab. In der Tat sind bestimmte Erfahrungen ein echter Abglanz dessen, wie die Dinge wirklich sind. Und der Tod ist eine davon. Wegen des Sündenfalls ist der Tod unausweichlich und zugleich ein brutaler Angriff auf das, was eigentlich sein sollte. Es liegt an Jesus, an seiner sühnenden Liebe, dass er all die Schuld und Verdorbenheit auf sich nimmt, die wir in Adam geerbt haben. Er macht alle Dinge – uns und unser Wesen eingeschlossen – heil und gut und herrlich, sodass wir bereit sind, in Ewigkeit mit unserem Retter zu leben.

Der Herr ist erhaben, er wohnt in der Höhe
und wird Zion mit Recht und Gerechtigkeit erfüllen.
Er wird zu jeder Zeit seine Zuverlässigkeit beweisen.
Er wird dir ein reicher Vorrat an Rettung,
Weisheit und Erkenntnis sein.
Gottesfurcht wird dein Schatz sein. (Jes 33,5-6; NLB)

Ich habe Jesaja 33,5-6 viele Male in der Sterbebegleitung wiederholt, ebenso wie viele andere Trost spendende Verse. Meine Mutter begann, auf eine Art zu reden, die das Hier und Jetzt mit Dingen verband, die Halluzinationen zu sein schienen, manchmal ergänzt durch Bibelstellen. Einmal öffneten sich ihre Augen weit und starr. Sie hob den Kopf vom Kissen hoch (was sie übermenschliche Kraft kostete) und fragte: „Warum dauert das so lange? Ich bin bereit für meinen Mantel der Gerechtigkeit" (Jes 61,10). Meine Mutter wartete sehnsüchtig auf den Himmel und wusste, was das bedeutete. Doch während meine Mutter wartete – und während wir warten – verspricht Gott, dass Jesus, wenn er unser Herr ist, *„zu jeder Zeit seine Zuverlässigkeit beweisen"* wird. Sterben ist kein stabiler Prozess. Der Körper versagt Stück für Stück. Jeder neue Tag und jede neue Stunde bringen neue Probleme. Und während das Fleisch zerfällt, erstarkt die Seele, wenn man in Christus ist. Und während dieses Prozesses – der ohne den Herrn unglaublich beängstigend wäre – verspricht Gott, *„zu jeder Zeit seine Zuverlässigkeit [zu] beweisen"*. Aus diesem Grund ist die Furcht des Herrn der Weisheit Anfang (Spr 9,10). Denn nur Gott beweist seine Zuverlässigkeit inmitten des Sturms. Und sterben ist ein stürmischer Prozess. Er ist für die Person, die stirbt, stürmisch. Und er ist für die von uns stürmisch, die weiterleben.

Jene acht Tage in der Sterbebegleitung gaben uns – meiner Mutter und mir – Zeit, gemeinsam Seelenarbeit zu betreiben. Wir bereiten uns auf unser himmlisches Zuhause vor, indem wir uns bewusst machen, dass nur zwei Dinge für immer bleiben werden: Unsere Seelen und Gottes Wort. Jene acht Tage im Krankenhaus ermöglichten es uns, zu sagen:

„Ich habe dich lieb."

„Ich weiß, dass du mich lieb hast."

„Vergibst du mir?"

„Ich vergebe dir."

Ich weiß, es erfordert viel Glauben, das zu glauben. Eine Woche nach ihrem Tod überlegte ich laut gegenüber einer befreundeten Homeschooling-Mom. Ich sagte etwas in Richtung: „Ich denke, meine Mutter ist im Herrn gestorben. Aber vielleicht hat da auch nur das Morphium gesprochen?" Sie wies mich behutsam zurecht. Sie blickte mir fest in die Augen und sagte: „Ich wette, dass die Leute anfangs auch nicht wirklich glaubten, dass deine Bekehrung echt war. Es erfordert Glauben zu glauben, dass Gott Sünder rettet, oder?" Ja. Das ist der Punkt: Es erfordert alles Glauben. Und Glaube ist ein Geschenk von Gott. Hebräer 11,1 erklärt: *„Der Glaube aber ist eine Wirklichkeit dessen, was man hofft, ein Überzeugtsein von Dingen, die man nicht sieht."*

Eine Woche nach dem Tod meiner Mutter sprach ich mit ein paar christlichen Masterstudenten an der *Duke University,* in der Nähe unseres Wohnorts. Irgendwann sagte ich etwas, das im Laufe der Woche zu einer mächtigen und deprimierenden Lüge geworden war. Als Antwort auf die Frage eines Studenten sagte ich: „Kent, ich und ein paar unserer Kinder sind die einzigen Gläubigen in unserer Familie." Dann hielt ich inne. Ich stockte und sagte wie zu mir selbst: „Nein. Das ist nicht mehr wahr. Meine Mutter kam zwei Tage vor ihrem Tod zum Glauben. Meine Mutter glaubt auch. Meine Mutter hat mich auf dem Weg zum Himmel überholt."

Die Rettung meiner Mutter veränderte nicht nur ihre Zukunft. Sie veränderte auch unsere Vergangenheit. All die schrecklichen Details unserer Vergangenheit stehen nun unter dem Zeichen von Gottes lenkender Hand. Jeder Kummer ein Kuss vom Herrn. Das lebenslange Gefühl, dass ich nie den Ansprüchen genügen würde, erwies sich als Faden in dem Wandteppich des ausharrenden Glaubens. Hoffnung heilt. Glaube macht uns neu. Wirklich.

8.

DER ALLTAGSTROTT

Die Grundlagen der Gastfreundschaft

1. Januar 2017, Durham, North Carolina

Es war wirklich eine einfache Aufgabe und keine, über die ich auch nur eine Sekunde lang betete.

Meine Nachbarin Shae, die das Kinderprogramm beim örtlichen CVJM leitet, wollte verreisen. Ich und eine andere Nachbarin, Skylar, kümmerten uns für eine Woche um ihre Katzen. Tigger, die große und menschenfreundliche getigerte Katze, musste zweimal am Tag Tabletten nehmen. Katzen Tabletten zu verabreichen gehört zwar nicht zu meinen Lieblingsbeschäftigungen, aber es ist eine der Fähigkeiten in meinem Repertoire. Ich übernahm die Morgenschicht und Skylar die Abendschicht. Da die Aufgabe klein und nebensächlich war – der Katze die Tablette geben, den Katzendreck beseitigen, sicherstellen, dass die andere Katze die Woche über drinnen blieb, Futter und Wasser nachfüllen und die Post hereinholen –, störte es mich nicht, dass ich keine dieser beiden Nachbarinnen besonders gut kannte.

Schließlich können wir unsere Nachbarn lieben, indem wir ihre Katzen versorgen, nicht wahr?

Gewöhnliche Gastfreundschaft interessiert sich für die Dinge, die die Nachbarn interessieren

Als ich um 6:30 Uhr am Tag des Herrn, der das Jahr 2017 einläutete, das Haus aufschloss, wusste ich, dass irgendetwas schrecklich schiefgegangen war. Im ganzen Haus verteilt waren Pfützen von blutiger Körperflüssigkeit. Tigger lag in einer verdrehten Embryonalhaltung und rang nach Luft. Er sah elend aus.

Ich kniete mich hin, streichelte seinen warmen Kopf und befühlte seinen Unterleib.

Ganz der kultivierte, erfahrene Staatsmann, der er war, versuchte er, den Kopf zu mir zu heben, um mir zu zeigen, dass er auch in seinem angeschlagenen Gesundheitszustand eine gute Kopfmassage schätzte.

Es war offensichtlich, dass er ein sehr kranker Kater war.

Ich schickte der Besitzerin eine SMS und bekam keine Antwort.

Ich schrieb Skylar eine SMS und erzählte ihr von Tiggers Zustand.

Ich lief durch das Haus und verwendete Shaes gesamten Vorrat an Küchenrollen, um so viel von der Schweinerei sauberzumachen, wie ich konnte. Ich beugte mich wieder über Tigger und sagte ihm, dass er eine gute Katze sei. Dann ging ich wieder nach Hause und zur Gemeinde.

Unsere Sonntage sind voll, und ich kehrte erst um halb vier in Shaes Haus zurück. Inzwischen hatte Skylar mir zurückgeschrieben. Sie äußerte ihre Besorgnis. Sie erklärte, dass es ihr erst später am Abend möglich sei, herüberzukommen.

Am Sonntagabend war klar, dass Tigger im Sterben lag. Shae war, wie ich dann erfuhr, außer Landes und konnte ihre SMS und E-Mails nicht abrufen. Skylar und ich reagierten unterschiedlich auf diese sich entwickelnde Tragödie. Skylar wusste als ausgebildete Tierarzthelferin, dass Tigger eingeschläfert werden musste. Sie war zutiefst davon überzeugt, dass Tigger das Recht habe zu sterben. Ich im Gegensatz dazu hatte (1) keine Gewissensfreiheit, (2) nach der Gesetzeslage in North Carolina keine Erlaubnis und (3) kein Geld auf meinem Konto, um diese Katze einschläfern zu lassen. Unsere Ehemänner kamen mit allen Kindern und meiner Freundin Susanna zu Shaes Haus. Während wir unsere Köpfe zusammensteckten, um über Tiggers Wohlergehen zu entscheiden, ließen wir versehentlich die Hintertür offenstehen, und Maisie, die andere Katze, entwischte. Unsere bunt gemischte Truppe verlagerte daraufhin ihre Energie von Tigger darauf, eine verängstigte schwarze Katze in einer kalten, regnerischen Nacht zu finden. Nach einer erfolglosen Stunde gingen wir. Ich betete, dass der Fuchs in unserer Nachbarschaft nicht hungrig war, und wir verabschiedeten uns von einer sterbenden Katze im Haus und einer verirrten Katze draußen.

Als wir zu Hause waren, sank ich am Homeschooling-Tisch zusammen, den Kopf auf die Hände gestützt. Mein Mann schien zu wissen, wie es um mein Herz stand. Er sagte: „Wir sitzen wirklich in der Patsche."

„Ohne Scherz!", seufzte ich, „Eine Katze liegt im Sterben, und die andere hat sich verirrt. Ich bin ein großartiger Haustiersitter."

Kent schaute verwirrt drein. Er schüttelte den Kopf und sagte: „Nein, nein, nein, nicht die Katzengeschichte. Ich meine das Abendessen. Wir sitzen wirklich in der Patsche. *Was gibt es zum Abendessen?*"

Susanna und die Kinder brachen in schallendes Gelächter aus.

Kent setzte ein Gesicht auf, das wir das „Daddy-Gesicht" nennen: Er guckte zugleich schuldbewusst, aber auch entschlossen, das Wesentliche nicht aus den Augen zu verlieren. Ungeachtet sterbender Katzen wollte der Mann essen!

Ich verdrehte die Augen. Im Kühlschrank stand Linsensuppe und auf der Küchenarbeitsplatte das übrig gebliebene Abendmahlsbrot. Die Suppe musste einfach in den Schongarer gefüllt werden, und das Brot, das ich gestern gebacken hatte, musste in Scheiben geschnitten und in den Brotkorb gelegt werden. Während ich die Spülmaschine ausräumte und die Kinder anwies, den Tisch zu decken, fragte ich: „Welchen Gefrierschrank soll ich für die Leiche nehmen?"

„Wie bitte?", Kent schaute entsetzt, „Welche Leiche?"

Susanna setzte den Gesichtsausdruck eines braven Südstaatenmädchens auf, das in einer guten Baptistengemeinde großgezogen worden war. Sie murmelte so etwas wie: „Nur in diesem Haus stehen wir vor solchen Problemen."

„Leute, wenn er über Nacht stirbt, dann müssen wir Tiggers Leichnam in den Gefrierschrank packen. Wahrscheinlich übersteht er die Nacht nicht. Und ich kann Shaes Gefrierschrank nicht dafür benutzen, besonders, weil ich sie während dieser Woche nicht erreichen konnte. Kommt schon, sie kann doch nicht durch die Tür hereinkommen und ihre Lieblingskatze im Gefrierschrank finden!"

Wir saßen wirklich in der Patsche. Ehrlich, wenn wir unsere Nachbarn nicht lieben und nicht versuchen würden, zu helfen, dann würden wir jetzt nicht im Tiefkühler Platz für eine tote Katze schaffen.

Skylar schlief die ganze Nacht nicht. Der Gedanke daran, dass Tigger alleine leiden musste, war für sie moralisch unerträglich. Ihre SMS dokumentierten ihre Not. Sie hatte zu Hause kleine Kinder und einen Ehemann, der allergisch gegen Katzen war. Deshalb konnte sie nicht tun, was sie gerne getan hätte: hinübergehen und auf dem Badezimmerboden bei Tigger schlafen und ihn im Arm halten, während er starb. Ich lebte näher an Shaes Haus und war mobiler, um das zu tun. Aber selbst, wenn ich mich dazu genötigt gefühlt hätte, hätte Kent mich bei Verstand gehalten.

Ich weiß, dass Gastfreundschaft nicht nur moralisches Getue ist. Ich weiß, dass Gastfreundschaft heißt, seinen Nachbarn bei jeder Gelegenheit zu fast jedem Preis zu lieben. Ich hatte – großzügig, wie ich glaubte – 30 Minuten pro Tag angesetzt, um diese Katzen zu versorgen, ihnen Tabletten zu geben, sie zu füttern und ihre Hinterlassenschaften zu beseitigen, während meine Nachbarin im Urlaub war. Aber ein 24-stündiges Katzenkrisenmanagement und obendrauf noch Für-meine-Nachbarin-bricht-eine-Welt-zusammen-Seelsorge, na ja, das stand einfach nicht auf meiner To-do-Liste.

Ich stand am Montagmorgen früh auf, wie ich das für gewöhnlich tue. Nach meiner Stillen Zeit, Kaffee und Gebet lief ich im dunklen, kalten Nieselregen zu Shaes Haus. Maisie miaute mir von unter der Veranda hinterm Haus entgegen. Gelobt sei Gott! Sie schoss ins Haus, sobald ich die Tür geöffnet hatte, und schickte sich an, sich am Sofa abzutrocknen, bevor ich nach einem Handtuch greifen konnte. Ich öffnete eine Dose mit *Friskies-Buffet*-Katzenfutter, und Maisie zerkratzte mir mit ausgefahrenen Krallen die Wade, bevor sie es sich mit ihrem Frühstück bequem machte. Das heißt „danke" in Katzensprache.

Ich sammelte mich innerlich und öffnete die Badezimmertür in der Erwartung, Tigger tot vorzufinden. Doch er war nicht tot. Er war teilnahmslos, und der Badezimmerboden und die Handtücher waren voller weiteren Pfützen blutiger Ausscheidungen. Ich kraulte ihm den Kopf, und er ließ ihn schwer auf meiner geöffneten Hand ruhen. Ich verschickte eine Gruppennachricht mit Infos zu Tiggers

Zustand. Dann machte ich das Badezimmer sauber und ging nach Hause, um den Tierarzt zu rufen.

Es war ein Feiertag (der Montag nach einem Neujahrssonntag*) und der einzige Tierarzt, der geöffnet hatte, war die tiermedizinische Notfallpraxis. Ich rief an. Die Dame an der Anmeldung bestätigte, was ich schon wusste: Zum Einschläfern war die schriftliche Zustimmung der Besitzerin erforderlich, und die Kosten würden 300 Dollar übersteigen. Der Tierarzt, der Bereitschaft hatte, sagte mir, dass es Tigger guttun würde, wenn ich ihm stündlich Wasser aus einer Pipette und vielleicht etwas Babynahrung mit Hühnchen aus der Hand geben würde. Ich schickte eine weitere Gruppennachricht los, griff nach meiner Pipette, schaute bei einer Nachbarin vorbei, die wahrscheinlich Babynahrung da hatte, und fuhr dann zurück zu Shaes Haus. Ich fühlte mich schlecht bei dem Gedanken, dass Shae, die natürlich auch in unserer Verteilerliste war, mit Nachrichten bombardiert werden würde, sobald sie ihr Handy einschaltete.

Kristins Jungs kamen zu uns in Shaes Haus. Sie sind zehn und zwölf Jahre alt und Knox und Marys beste Freunde. Während ich Tigger gerade Wasser einflößte, hörte ich Tumult aus dem Wohnzimmer. Ich hörte Hunde rasend bellen und Knox sagen: „Bitte lass Maisie nicht raus, Miss Emily!“ Vergeblich. Emily kam geradewegs ins Haus mit ihren beiden kleinen, kläffenden Hunden, die an ihrer Leine zerrten, während Maisie aus der Tür stürmte. Wirklich, wer will es der Katze verdenken?

Emily ist eine liebe Nachbarin, die ihre Hunde überallhin mitnimmt. Shaes Haus ist ihr Zufluchtsort. Natürlich musste sie ausgerechnet jetzt auftauchen. Ich war kurz angebunden. Ich war barsch. Ich sagte ihr, dass Tigger im Sterben lag und dass wir die Hunde nicht hierlassen konnten. Bei der Andeutung, ihre Hunde seien nicht willkommen, sah sie verletzt aus. Sie sagte mir unmissverständlich, dass ihre Hunde sanft und brav seien. Sie ging zügig. Sie war niedergeschlagen. Und ich fühlte mich wie ein Miststück.

---

* A. d. V.: Fällt Neujahr auf einen Sonntag, so ist der folgende Tag in den USA ebenfalls ein Feiertag.

Und dann schrieb Shae. Sie war untröstlich. Sie wollte, dass Tigger eingeschläfert würde, und sie wollte seine Asche. Sie dankte uns dafür, dass wir ihn am Leben erhalten hatten, bis sie Handyempfang hatte und alles überdenken konnte. *Wir haben ihn nicht am Leben erhalten*, dachte ich bei mir.

Skylar war auf der Arbeit und konnte nicht mit mir zur Notfall-Tierarztpraxis fahren.

Ich tat, was ich in Notfällen oft tue: Ich rief Kristin an.

Kristin ist eine der besten Brückenbauerinnen, die ich kenne. Es fällt ihr leicht, Freundschaften zu schließen, und das über alle Weltanschauungen und politischen Positionen hinweg. Bei ihrer 40. Geburtstagsfeier bezeichneten sie Dutzende Frauen aus allen denkbaren Lebensphasen als „Mentorin" und „Freundin".

Gemeinsam traten wir in Aktion.

Kristins Mutter ging mit allen Kindern frühstücken. Kristin und ich brachten Tigger in die Notfalltierarztpraxis.

Während des gesamten Prozesses schickte Shae mir SMS mit Abschiedsanweisungen für Tigger. Ich kniete mich zu diesem geliebten, sterbenden Haustier hin und sagte all die Dinge, die Shae gesagt haben wollte: dass er eine gute Katze war, dass sie ihn liebte, dass sie ihn vermissen würde, dass sie die Ringe auf seinem Schwanz gezählt hatte, während sie ihre eigenen Babys versorgte.

Und dann wurde uns die Rechnung vorgelegt.

Wussten Sie, dass die Spritze an einem Feiertag 350 Dollar kostet?

Wir hatten in dem Monat zu viel Geld für Gastfreundschaft ausgegeben. Und wir hatten das Geld nicht auf dem Girokonto.

Kristin bezahlte die Rechnung, weil ich das Geld dazu nicht hatte.

Wir beteten, wir lachten, wir weinten und wir klagten, warum es immer geistliche Notfalldienste und -anstrengungen sind, die uns zusammenschweißen. Wir trafen die Kinder und Paula (Kristins Mutter) bei Elmo's. Paula setzte uns an einen Tisch, drückte uns Speisekarten in die Hand und sagte, dass sie die Rechnung für das Frühstück bezahlen und die Kinder nach Hause bringen würde, damit wir noch ein wenig weiterreden konnten. Gutes Essen und die christliche Gemeinschaft taten gut.

Später am Abend, als das Homeschooling und der Abwasch erledigt waren, ging ich zurück zum Haus, um Maisie hereinzulassen. Wir spielten das Skript vom Morgen wieder durch: Wütende, nasse Katze zerkratzt inkompetenten Haustiersitter, bevor sie es sich mit einer leckeren Dose pikantem Hühnchen und Gemüse bequem macht. Dann schickte ich Emily eine SMS und entschuldigte mich dafür, dass ich so barsch mit ihr geredet hatte. Sie dankte mir, vergab mir und kam dann mit den Hunden herüber, um mich in den Arm zu nehmen.

Christliche Gastfreundschaft interessiert sich für die Dinge, die unserem Nächsten wichtig sind. Andere höher zu achten als uns selbst bedeutet nichts weniger als das. Es bedeutet, dort anzufangen, wo man steht, und sich danach umzuschauen, wer einen braucht. Es bedeutet, christliche Liebe in Wort und Tat zu kommunizieren. Es bedeutet, vertrauenswürdig genug zu werden, um die Lasten des echten Lebens und echter Probleme zu tragen.

Radikal einfache Gastfreundschaft geht von Stärken und Interessen aus

Meine Freundin Vicki aus der Gemeinde ist eine lebhafte und bezaubernde junge Mutter. Ihre zwei Töchter sind fünf und zwei Jahre alt. Als ihre Familie letztes Jahr in eine neue Nachbarschaft zog, bat sie um Gebet, weil sie gastfreundlich sein wollte. Aber mit zwei kleinen Kindern ist es wirklich schwierig zu wissen, wo man anfangen soll oder zu wie viel man sich verpflichten kann. Also begann Vicki, indem sie das tat, was sie selbst gerne macht – Kunst und Basteln und vertonte Bibelstellen auswendig lernen. Und sie lud andere Mütter mit kleinen Kindern in ihrer Nachbarschaft ein, sich dazuzugesellen.

Zuerst lud sie die Nachbarinnen in ihrer Straße ein, dienstagmorgens für Geschichten und zum Auswendiglernen von Bibelstellen herüberzukommen. Sie bastelte Einladungen von Hand und verteilte sie mit ihren Töchtern in der Stichstraße. Das war's. Am ersten Dienstag kam eine Nachbarin mit ihrer Tochter.

In der darauffolgenden Woche lud sie ein paar Leute aus benachbarten Straßen ein. Zusätzlich lud sie die Leute aus ihrer Stichstraße nochmals ein zu kommen. Jede Woche wurde ihr Treffen größer. Jede Woche lud sie mehr Nachbarinnen ein. Mit einem Doppelkinderwagen betend durch die gesamte Nachbarschaft zu laufen verschaffte ihr Bewegung und gab ihr ein gutes Gespür für die verschiedenen Häuser und die Menschen, die dort wohnten.

Inzwischen hat sie circa 15 Mütter und Kinder, die ihre Treffen besuchen. Zuerst gibt es Geschichten, Spiele und Bibelverse zum Auswendiglernen, danach helfen die Mütter sich gegenseitig dabei, den Wocheneinkauf und Fahrten für die Kinder zu organisieren. Manche dieser Mütter sind gläubig, andere nicht. Ein Dienstagmorgentreffen zum Bibelverse- und Lieder-Auswendiglernen für Kinder hat sich zu einem ganztägigen Event entwickelt, bei dem Nachbarinnen sich gegenseitig helfen. Denn nach dem Bibellesen, den Liedern und einem Mittagessen fahren die Frauen abwechselnd zum Supermarkt, während andere auf die Kinder aufpassen.

Vicki und ich unterrichten in unserer Gemeinde zusammen die Sonntagsschule. Wir lieben Dana Dirksens Musik, mit der man Bibelverse auswendig lernen und Antworten auf theologische Fragen vermitteln kann.[46] Vicki verwendet Danas Lieder für ihre Dienstagmorgengruppe, die zu so viel mehr als nur einer Dienstagmorgengruppe geworden ist. Die Mütter identifizieren sich mit Dana, und das Evangelium ist für die Leute zugänglich und präsent geworden.

Nach einer Weile wollten die Mütter in Vickis Dienstagsgruppe mehr über Jesus erfahren. Vicki griff zu Jen Wilkins Buch *Women of the Word*.[47] Bald begannen einige der Mütter zu fragen, ob sie sich treffen, etwas lesen und füreinander beten könnten. Auch das fasste langsam Fuß.

Gott segnete die einfachen Bemühungen meiner Freundin um Gastfreundschaft. Sie hatte offene Augen und betete für die Leute in ihrem Umfeld. Sie holte sie herein und teilte Gottes Wort mit ihnen.

Und jeden Dienstagmorgen gehe ich für Vicki und ihre befreundeten Mütter auf die Knie. Weiß der Himmel, Mütter mit kleinen Kindern brauchen Hilfe – die beständige Hilfe von Gottes Wort und von Schwestern im Herrn, die sich zusammentun und andere zu ihm ziehen.

Radikal einfache Gastfreundschaft achtet auf alte Menschen

Donna kam letzten Sommer zu mir und sagte: „Wenn ich eine alte Dame bin, dann will ich einmal in der Woche eine Bibelstunde besuchen. Deshalb denke ich, dass wir so was jetzt schon anfangen sollten."

Wir wohnen in einer Nachbarschaft mit einer Reihe von älteren Frauen – so vielen sogar, dass die Sackgasse am Ende unserer Straße „Witweneck" genannt wird.

Donna ist zudem die beste Bibellehrerin, die ich kenne. Und ich kenne ein paar ausgesprochen gute.

Donna lud mich und Sally zu sich nach Hause ein. Zu dritt entschieden wir, die Gleichnisse von Jesus unter uns aufzuteilen. Donna ist nicht nur eine fähige Bibellehrerin. Sie ist auch eine großartige Mentorin und Ermutigerin. Sie wollte, dass Sally und ich unseren Part übernahmen, dass wir unsere eigenen, unverwechselbaren Stimmen und Gaben einsetzten, dabei aber nicht unsere Zuhörerinnen vergaßen. Wir teilten Texte und Tage unter uns auf, und so begann der Veranda-Bibelclub in unserer Nachbarschaft.

Zu unserem ersten Treffen kamen fünf Frauen. Sie kannten einander nur vom Hallo-Sagen und weil sie nach den Gärten der anderen schauten. Gemeinsam Bibel zu lesen ist ein sehr persönliches Unterfangen. Eine der ersten Fragen, die Hazel hatte, lautete: „Wenn ich mit dem, was ihr sagt, nicht einverstanden bin, darf ich das trotzdem sagen?"

Es waren goldige, kleine, alte Südstaatendamen – die Sorte, die einmal die Woche zum Friseur geht. Und sie waren außerdem tiefe Wasser mit Hoffnungen und Ängsten, Träumen und Bedürfnissen.

Jede Woche wurde die Gruppe größer und warmherziger. Bald waren unsere Leben immer mehr miteinander verflochten. Die

Woche über beteten wir füreinander. Manchmal unternahmen wir morgens gemeinsam einen Spaziergang. Als Beatrice operiert wurde, brachten wir ihr abwechselnd Essen vorbei.

Über die Jahre haben sich die Freundschaften vertieft. Manche der Frauen sind gläubig, andere nicht. Manche von ihnen sind von der Kirche verletzt und verraten worden, und das hat seinen Tribut gefordert. Andere leben allein. Sie haben davon profitiert, Nachbarn in Reichweite zu haben, die täglich nach ihnen schauen. Diese Bemühung von Donnas Seite ist uns allen zum Segen geworden. Wie Donna sagt: Wir wollen schließlich auch zu einer Bibelstunde gehen können, wenn wir alt sind.

Donna tat einfach nur, was sie am besten kann – sie ist eine fantastische Bibellehrerin. Und sie hat Verständnis für die Bedürfnisse älterer Frauen in unserer Nachbarschaft. Sie öffnete einfach ihre Arme weit und zog andere an.

Radikal einfache Gastfreundschaft zieht in Nachbarschaften, die stark von Drogen, Kriminalität und Armut betroffen sind

Sie haben Ken und Floy Smith, den Pastor und die Pastorenfrau, die der Herr bei meiner Bekehrung gebrauchte, bereits kennengelernt. 1975 war Ken Smith Pastor der *Covenant Fellowship Church*. Die Gemeinde liegt in Wilkinsburg, Pennsylvania, einem bitterarmen Ort, der von Drogen, Banden und Gewalt geprägt ist. Ken und Floy schätzten Gastfreundschaft und den Aufbau von Gemeinschaft. Da sie sowohl von Billy Graham als auch von Dawson Trotman (dem Gründer der Navigatoren) unterwiesen worden waren, lebten sie das Evangelium mit großen Plänen aus. Als sie damals vom Missionsfeld zurückkehrten, weil Ken dazu berufen wurde, Pastor einer Gemeinde in einer heruntergekommenen städtischen Gegend zu werden, konzentrierten sie sich auf soziales Engagement und den Aufbau von Gemeinschaft. Wöchentliche Bibelstunden fanden in sogenannten „Gemeinschaftsgruppen vor Ort" statt und jeder gehörte irgendwo dazu. Gemeindemitglieder begannen, Häuser und Doppelhaushälften zu kaufen, und zogen in diese von hoher

Kriminalität gezeichnete Gegend – nicht daraus weg. Singles mieteten Zimmer bei Familien. Es entwickelte sich eine starke Gemeinschaft, die auf Liebe zu Jesus, Unterweisung im Wort und sozialem Engagement basierte und die ganzen 1980er-Jahre über erblühte.

1987 zogen meine Freunde Drew und Lynne Gordon nach Wilkinsburg. Die Nachbarschaft verschlimmerte sich zu der Zeit gerade – Armut, Kriminalität, Drogen und Banden nahmen zu. Drew und Lynne zogen dorthin, als gerade viele Leute der Gemeinde von dort wegzogen. Lynne erinnert sich an die Identitätskrise und die Angst, die damit einherging: Drei kleine Kinder in einem Haus großzuziehen, wo man draußen vor der Haustür ständig Schüsse hörte, war nervenaufreibend und zerrte an ihrer Entschlossenheit. Es handelte sich um einen Bandenkrieg, und niemand wusste, wie man ihn beenden sollte.

Die Gemeinde verlor 50 Mitglieder, während sie ums Überleben kämpfte. Sie brauchte einen Sinn und ein Ziel, um einer Nachbarschaft zu dienen, die ihr ein Rätsel war. Dann, als es aussah, als könnte es nicht mehr schlimmer kommen, kam es schlimmer: Ken Smith verließ die *Covenant Fellowship Church,* um Pastor in einer Gemeinde in Syracuse, New York, zu werden. Ich bin froh, dass er das tat. Denn obwohl ich das zu dem Zeitpunkt nicht wusste, brauchte ich ihn wirklich, wie ich in meinem Buch *Secret Thoughts of an Unlikely Convert*[48] erkläre. Aber die Gemeinde in Wilkinsburg stand nun ohne einen Hirten da.

Warum blieben Drew und Lynne und eine kleine Handvoll anderer in der ums Überleben kämpfenden Gemeinde und in dieser verarmten und von Kriminalität geplagten Nachbarschaft? Weil Gott treu war. Drew und Lynne sowie die Familien, die blieben, fühlten sich dazu berufen, das zu tun. Sie hatten eine ausgeprägte Liebe zu der Gemeinde und den Leuten, die in der Nähe wohnten.

Einige Jahre später wurde ein anderer Pastor in die *Covenant Fellowship Church* berufen. Und ein ortsansässiger Theologiestudent bot an, in der Gemeinde ein Programm namens *KidZone* aufzubauen. Er fühlte sich zu einem Dienst im urbanen Kontext berufen. Der Theologiestudent war zuverlässig und hielt die *KidZone* schlicht: Jeden Dienstagabend bot die Gemeinde Pizza, Spiele und Bibelgeschichten für die Kinder in der Nachbarschaft an. Die *KidZone* kam wirklich gut an, und die Nachbarschaft begann, damit zu rechnen. Sie wurde zu einem wichtigen verbindenden Element zwischen der Gemeinde und der Nachbarschaft. Als der Theologiestudent seinen Abschluss machte und ging, führten die Butlers die *KidZone* weiter. Eine solche Arbeit zu leiten erfordert Liebe, Glauben und Opfer.

Und auf diese Weise hat die Gemeinde ihren Weg gefunden: Sie diente den Kindern in dieser Nachbarschaft, die so stark von Drogen, Banden und Gewalt betroffen war, und lernte diese Kinder allmählich kennen. Die Beziehungen, die zu den Kindern aufgebaut wurden, bahnten einen Weg nach vorne. Aus der Nähe und im Detail zu erleben, wie Armut Kinder leiden lässt, machte die Gemeindemitglieder zudem demütig. Wer hätte das gedacht? Jesus. Er sagt nämlich: *„Lasst die Kinder, und wehrt ihnen nicht, zu mir zu kommen! Denn solchen gehört das Reich der Himmel“* (Mt 19,14).

Ist das einfach eine weitere Weltverbesserer-Gemeinde? Nein. Das ist eine konservative Gemeinde, die der Bibel vertraut und auf das Westminster-Bekenntnis Wert legt. Aber sie legt auch Wert darauf, Gutes zu tun.

Als die Gemeinde in Fahrt kam und sich auf Jüngerschaft und Fürsorge für die Kinder in der Nachbarschaft konzentrierte, entstand ein weiterer geistlicher Dienst: *Wilkinsburg Christian Housing (WCH).* Dieser Arbeitsbereich entwickelte sich aus den Gebeten der Gemeinde. Sie hatte für eine Möglichkeit gebetet, heruntergekommene Häuser bewohnbar zu machen. Wilkinsburg ist bekannt für seine verlassenen Gebäude und seine obdachlose Bevölkerung. Also wurde WCH gegründet, und man begann, Häuserruinen, die verfallen zurückgelassen worden waren, aufzukaufen, sie zu restaurieren und wieder instand zu setzen. Anschließend wurden diese Häuser für geistliche Dienste und zum Wohnen genutzt. Mit der *KidZone* und WCH bekam die Gemeinde neuen Schwung. Die Gemeinde wurde zu einem Ort, an dem die Nachbarschaft Hilfe suchen konnte. Sie startete Nachbarschafts-Aufräumaktionen, legte

Gemeinschaftsgärten an, gründete Gefängnis-Seelsorgedienste und schaute zu, wie der Herr Menschen zu seinem Königreich hinzufügte.

2014 berief die *Covenant Fellowship* Peter Smith dazu, ihr Pastor zu sein und dabei zu helfen, *Wilkinsburg Christian Housing* einen Fokus und eine Struktur zu geben. Unter Peters Leitung ist die Gemeinde gewachsen, und WCH hat inzwischen den Status als gemeinnützige, steuerbefreite Organisation.

Kürzlich pflanzte die Gemeinde 20 Obstbäume neben dem Gemeindegebäude, um die Versorgung der Nachbarn mit Lebensmitteln zu unterstützen. Der Gemeinschaftsobstgarten und der Gemeinschaftsgarten sind ein erfrischender Anblick angesichts der zerbrochenen Betonplatten des Bürgersteigs, des Mülls und der Graffiti-Schmierereien.

Die unglaubliche Floy Smith ist am 7. April 2017 zum Herrn heimgegangen. Sie war 91 Jahre alt. Bei ihrem Gedenkgottesdienst einen Monat später weinte und sang ich und umarmte meine alten Freunde aus Wilkinsburg. Bei diesem Gottesdienst, der in der *Covenant Fellowship Church* gefeiert und von ihrem Sohn Pete, dem Pastor der Gemeinde, geleitet wurde, sang ich Psalmen im Choralsatz, mit Ken Smith zu meiner Rechten. Ich sang und betete und weinte mit Menschen, die für mich gebetet hatten, bevor ich selbst für mich beten konnte. Und nach einem Gedenkgottesdienst zu Gottes Ehre, in dem das Leben und der Heimgang einer geliebten Heiligen – einer Königstochter, meiner Mutter im Herrn – gefeiert worden waren, saß ich draußen auf Lynnes und Drews Veranda hinterm Haus.

Die Gordons redeten darüber, wie die Nachbarschaft sich im Laufe der Jahrzehnte, die sie dort gelebt haben, verändert hatte. Sie redeten über die Banden und die Schießereien und über die Gebetswachen, die die Nacht zurückerobert haben.

Und als wir uns zu unserer Rechten umschauten, winkten und grüßten wir in Richtung der Smiths – Ken und sein Sohn Pete mit der Großfamilie, die auf der Veranda der Smiths Eistee tranken. War es diesen Monat wirklich 17 Jahre her, dass Ken mich zum Traualtar geführt und ich Kent Butterfield geheiratet hatte? Es wirkt, als wäre es eine Ewigkeit her. Wie treu der Herr gewesen ist. Er hat mich während dieser Jahre in eine tiefere Einheit mit ihm und in einen tieferen Dienst für andere hineingeführt.

Und als wir uns zu unserer Linken umschauten, grüßten wir die Butlers, einen Ältesten der Gemeinde mit seiner Familie, die ebenfalls Tee auf der Veranda tranken. Und Wilkinsburg? Die Armut ist noch immer da. Die Kriminalität ist noch da. Die Bandengewalt hat abgenommen, aber auch sie ist noch da. Und dennoch ist dieses Haus hier von betenden christlichen Nachbarn umgeben – von christlichen Nachbarn, die eine Gemeinde und Christi Blut teilen. Es ist umgeben von christlichen Nachbarn, die für ihre Nachbarschaft gebetet haben und geblieben sind, selbst als es schwierig war.

Auf der Veranda der Gordons teilte ich mir eine Orange mit einer strahlenden jungen Christin, die bei den Gordons lebt und ein nahegelegenes College besucht, wo sie Operngesang studiert. Die Gordons sind ihr zum ersten Mal bei der *KidZone* begegnet. Einst waren sie Fremde. Und dann wurden sie Nachbarn. Und inzwischen sind sie Gottes Familie.

Und das ist es, was radikal einfache Gastfreundschaft in der Gnade des Herrn vollbringt. Sie begegnet Menschen als Fremden und macht sie zu Nachbarn; sie begegnet Nachbarn und macht sie zur Familie.

Radikal einfache Gastfreundschaft bezieht die Kinder mit ein und würdigt ihre Anliegen

Nachdem mein Nachbar Hank ins Gefängnis gebracht worden war, begann die Säuberungsaktion eines Crystal-Meth-Labors in Echtzeit, direkt vor meinen Augen. Die Haustür unseres Hauses liegt seiner direkt gegenüber. Daher erlebten wir jedes pikante Detail mit. Es war unmöglich, die Augen vor der Zerstörung und Verwüstung zu verschließen. Crystal Meth ist giftig. Alles in jenem Haus, das nicht niet- und nagelfest war – und sogar manche Dinge, die es eigentlich waren –, musste entfernt werden. Persönliche Sachen wurden aus dem Haus geschleppt, sie füllten sieben große Müllcontainer. Und dann nach der Reinigung folgte das Waschen der Wände, wieder und wieder. Und dann wurden die Luft und die Wände durch die Gesundheitsbehörde erneut überprüft.

Ein Crystal-Meth-Labor zu säubern ist außerdem ein großes Spektakel, und es gab üblicherweise eine Schlange von Autos mit Leuten, die aus anderen Wohngebieten hergefahren waren, um herumzulungern und bei den Reinigungsarbeiten zuzuschauen. Wochenlang sperrte das Flatterband den Rasen ab (beziehungsweise das, was davon übriggeblieben war und nur noch entfernt einem Rasen ähnelte – nach Hanks zwanghaftem Löcherbuddeln und dem dramatischen Einsatz der Polizei, die mit ihren schweren Stiefeln angerückt waren, um Hank und Aimee mit all dem Drogen-Brimborium zu entfernen). Man sagte uns, dass die Rückstände, die bei der Herstellung von Crystal Meth entstanden waren, in den Garten und den Wald gesickert waren und dass es gefährlich war, dort entlangzulaufen. Trotzdem stiefelten Gaffer durch den Wald und den Vorgarten geradewegs in die offene Garage. Sie nahmen den Inhalt hinter jeder offenen Tür unter die Lupe. Sie sahen Gartenwerkzeuge durch. Sie benahmen sich, als würden sie gerade eine Haushaltsauflösung besuchen, und alles wäre zum Mitnehmen.

Man hatte den Eindruck, als ob Hanks Süchte und sein Vergehen wieder und wieder an Licht gezerrt würden. War Hank einst die Verkörperung des Einsiedlers Boo Radley gewesen, als er hier lebte, so verwandelte er sich in ein legendäres Gespenst, nachdem er weggebracht worden war.

Meine Kinder waren fasziniert. Und entsetzt. Und ebenso ging es den Nachbarskindern, die sich bei uns sammelten. Tank, Hanks Hund, der schließlich bei uns einzog, wurde zum geliebten Haustier der ganzen Nachbarschaft. Kinder scharwenzelten um ihn herum. Nachbarn wechselten sich dabei ab, Spaziergänge mit ihm zu machen. Große Beutel mit Hundefutter tauchten auf unserer Veranda auf. Den Hund zu lieben wurde eine Art, wie wir alle um Hank trauerten.

Die Leute, die angeheuert wurden, um das Chaos aufzuräumen, schleppten sieben Müllcontainer voll von Hanks persönlichen

Sachen und seinen wertvollsten Besitztümern weg. Sie warfen jeden einzelnen Gegenstand weg, den er besaß.

Der Anblick von großen Müllcontainern veranlasste meine Kinder dazu, mich mit unbeantwortbaren Fragen zu bombardieren, mit Fragen über Verlust und Leid.

„Mom, wo ist die Zahnbürste von Mr. Hank?"

„Mom, haben sie die Bilder mitgenommen, die ich beim letzten Thanksgiving für Mr. Hank gemalt habe, das eine mit dem roten Fuchs in unserem Wald?"

„Mom, hat Mr. Hank den Schoko-Osterhasen gegessen, den ich ihm letztes Jahr gegeben habe, oder ist der jetzt im Mülleimer?" (Ja. Garantiert hat er die Schokolade gegessen. Hank ist kein Dummkopf.)

„Mom, warum mussten sie das Schlagzeug und die Gitarren von Mr. Hank wegwerfen?"

Meine Kinder und die Kinder aus der Nachbarschaft, die sich bei uns sammelten, wollten alles genau wissen – unter anderem auch, wohin die Habseligkeiten von Mr. Hank geworfen würden: Wenn seine Zahnbürste hier giftig und gefährlich war, war sie dann nicht auch auf der Müllhalde giftig und gefährlich? Wenn sie im festen Zustand giftig war, würde sie dann beim Verbrennen nicht umso giftiger? Wie würden der Schmutz und die Gefahr verschwinden? Warum mussten andere Leute die Last unseres giftigen Abfalls tragen? Unser Nachbarhaus wurde zu einem Podium, auf dem man über alles von Drogenabhängigkeit über das Strafrechtssystem, Abfallentsorgung bis hin zu Erbsünde und Umweltschutz besprechen konnte.

Kinder – und ich auch – wollten wissen, warum Menschen, die keine Gewaltverbrechen begehen, jahrzehntelange Inhaftierungen absitzen müssen.

Sie wollten verstehen, was *Sucht* bedeutet.

Die Fragen sprudelten schneller hervor, als die Müllcontainer mit dem Besitz unseres Freundes gefüllt werden konnten.

In der Nachbarschaft entstand eine Kluft zwischen den Generationen. Während Erwachsene angesichts einbrechender

Immobilienwerte die Fäuste ballten, vermenschlichten die Müllcontainer voller Schätze Hank in den Augen der Kinder. Sie fühlten den Schmerz, das Leiden, auf eine Art, wie es keiner sonst tat. Die Polizei und andere taten ihr Bestes, um Hank wie ein Monster wirken zu lassen. Doch die Traurigkeit, die mit dem Verlust eines Schlagzeugs und eines Hundes verbunden ist, entging den Kindern nicht. Regelmäßig fand ich ein weinendes Kind, wenn ein weiterer Müllcontainer befüllt und abtransportiert wurde.

Der Sommer bringt lange, heiße Tage. Das Trampolin, der Wald, der Teich, Eis am Stiel in einer Tiefkühltruhe im Garten und der Anblick von Müllcontainern zog die Nachbarskinder zu uns. Knox und Mary haben natürlich ihre eigene Art, Gastfreundschaft zu praktizieren. Dazu gehört der Gebrauch meiner Küchentassen zur Herstellung von Matschkuchen (Mary). Dazu gehört das Nachhausebringen von Schlangen, Eichhörnchen (normalerweise den gelähmten oder verletzten) und Kröten in unser Haus zur besseren Beobachtung oder um sie unserer naturentfremdeten Hauskatze zu zeigen (Knox). Einmal brachte Knox eine schwarze Schlange in mein Schlafzimmer und legte sie auf mein Kissen, damit Caspian, die Katze, ihr einen kleinen Besuch abstatten konnte. Ein anderes Mal fand Mary Kröten bei der Paarung, die im Teich in Zweierpärchen zusammenklebten. Sie hob ein paar von ihnen hoch, brachte sie in unser Homeschooling-Zimmer und setzte sie auf unseren Schultisch. Dann sang sie ein Einmaleins-Lied, das sie bei *Classical Conversations** gelernt hatte: „2, 4, 6, 8" gesungen zur Melodie von „Jesus liebt mich ganz gewiss". Sie bewegte den merkwürdigen Klumpen Kröten mit ihrer Hand behutsam hin und her. Abenteuer in der Natur verbanden Spiel und Trauer.

Kent und ich beobachteten, dass Spielen ein wichtiger Bestandteil von Trauer ist. Die Gastfreundschaft meiner Kinder gegenüber anderen hatte etwas damit zu tun, Hanks Menschlichkeit zu verteidigen. Kent und ich erlebten ihre Trauer mit. Wir erlebten auch, wie

---

* A. d. Ü.: Eine christliche Organisation, die Eltern beim Homeschooling unterstützt.

Kinder sich mit der Mischung aus Trauer und verschiedenen Weltanschauungen herumschlugen, darüber, was gute und schlechte Menschen ausmacht und wie all das hier passieren konnte.

Ich begann zu beten, dass unser Zuhause auch ein Ort sein würde, an dem die Kinder trauern und Hanks Verhaftung verstehen könnten.

Wir haben immer eine offene Tür für die Freunde unserer Kinder gehabt. Kinder wissen, dass sie hier ein Glas Milch oder Wasser oder Limonade bekommen, sich einen Snack aus dem Süßigkeitenschrank nehmen oder mich um einen Nachschlag bitten dürfen. Wir sind nicht pingelig oder knauserig im Umgang mit Kindern. Es bringt mich nicht aus der Fassung, wenn ein Kind die ganze Milch oder alle Schokoriegel verputzt. Wir machen uns verfügbar, um uns ihre Anliegen anzuhören. Aber wir mischen uns nicht allzu sehr ein, außer wenn Blut oder Schlangen im Spiel sind. (Da unser Haus direkt am Waldrand liegt, sind Blut und Schlangen allerdings durchaus manchmal im Spiel.) Ich musste Regeln dafür festlegen, wie viele Kinder gleichzeitig auf dem Trampolin springen dürfen und wie viel Wasser bei Wasserschlachten verbraucht werden darf. Kürzlich musste ich die Kinder daran erinnern, dass Faustkämpfe am Tag des Herrn gegen das Gebot der Sabbatheiligung verstoßen. (Tatsächlich verlangten sie an jenem Nachmittag von mir, meine Behauptung mit einer Bibelstelle zu belegen.)

Mary und Knox sind von zentraler Bedeutung für die radikal einfache Gastfreundschaft in unserem Haus. Abends laden sie ihre Freunde zum Abendessen ein. Weitere Kinder gesellen sich nicht nur zum Abendessen, sondern auch zur Familienandacht dazu. Doch mit dem Tatort direkt vor unserem Esszimmerfenster waren wir nie weit entfernt von der Trauer, die wie die drückende sommerliche Schwüle über uns hing, oder von dem Gegenstand, auf den sich die Fragen und die Angst bezogen. Trauer im Zusammenhang mit Familienandachten ist eine gute Kombination. Kinder kamen für mehr als für Hotdogs und Laserschwertkämpfe vorbei. Kinder wollten das Verbrechen durchsprechen, sich einen Reim darauf machen. Sie spielten und trauerten im selben Atemzug.

Regelmäßig rufen Kids zu Hause an, um zu fragen, ob sie noch bleiben können. Dann decken sie alle den Tisch. Wir versammeln uns, um gemeinsam zu essen, in der Bibel zu lesen und zu beten. Zurzeit ist es immer eine gemischte Gruppe. Ein paar aus der Gemeinde. Ein paar aus der Nachbarschaft. Jüngere und ältere. Manche der Nachbarskinder sind Gemeindekinder, andere nicht. Kinder haben gute Fragen – und sie stellen sie geradeheraus. Um viele der Fragen zu beantworten, die sie in Bezug auf das Verbrechen stellten, mussten wir uns ein wenig schlaumachen: Was ist Crystal Meth? Warum ist es so gefährlich? Warum müssen Leute für so viele Jahre ins Gefängnis? Was bedeutet es, drogenabhängig zu sein? Ist Sucht ein Verbrechen? Hat Mr. Hank ein Kissen und eine Decke? Manchmal lasen wir aus Hanks neuestem Brief vor.

Etwas tief in uns heilt, wenn wir ein Problem durchstehen und Augen dafür haben, die lenkende und fürsorgende Hand Gottes dabei zu sehen. Sogar wenn Gottes Vorsehung schmerzhaft ist, ist sie zielführend. Wenn der Crystal-Meth-Abhängige und Ausgestoßene der Nachbarschaft ein Bruder in Christus wird, nun, dann ändert das alles. Wir zitieren hier oft Hebräer 13,3: *„Denkt an die Gefangenen, als wärt ihr selbst mit im Gefängnis, und an die Misshandelten, als wär's euer eigener Körper!"* (NeÜ) Wenn wir uns daran erinnern, dass niemand sich außer Reichweite von Gottes Fürsorge befindet, dann werden wir in unserem Kummer heil.

Diese Krise hat unsere Nachbarschaft näher zusammengebracht, weil Christus schon vorher Christen hierhin gestellt hatte, um den Dingen einen Sinn zu geben. Gott irrt sich nie in der Adresse. Und nachdem die Müllcontainer abtransportiert worden waren, nachdem Hanks Haus gesäubert und verkauft worden war, blieb an unserem Esstisch ein unverkennbarer Eindruck zurück. Es war der Eindruck, der entsteht, wenn man zusammen mit Nachbarn und Kindern durch die Heilige Schrift, durch die Verheißungen Gottes und durch Gebet heil wird. Ich weiß, dass manche Leute von Hank immer noch als einem Negativ-Beispiel dafür reden, was man nicht tun soll, wer man nicht werden soll. Aber ich und die Kinder – wir sehen es nicht so. Wir sehen Hank als Menschen. Und jetzt sehen wir seinen Glauben.

Ich denke, dass Buße einen Menschen zum allerbesten Vorbild für Kinder macht.

Seit die Kinder älter werden, essen sie viel mehr. Außerdem helfen sie sich gegenseitig und auch uns mehr. Wir beten für sie. Wir beten mit ihnen. Wir beten, dass sie zu treuen Männern und Frauen Gottes heranwachsen. Und wer weiß: Vielleicht wird einer dieser schmächtigen Jungen – vielleicht mein Sohn oder einer seiner Freunde, die in unserem Wald Forts gebaut und unsere Hotdogs und Pizza bis auf den letzten Rest vertilgt haben – an Alter und Glauben zunehmen und eines Tages mein Pastor sein.

Es sind schon verrücktere Dinge geschehen.

9.

SELIG SIND DIE BARMHERZIGEN

Die Hoffnung der Gastfreundschaft

12. Mai 2016, Donnerstagnachmittag

„Die Butterfields kannten Hank. Sie waren befreundet. Wussten sie vielleicht von seinem Crystal-Meth-Labor?“

Das sagten unsere Nachbarn der Polizei an jenem Morgen, als diese unseren Nachbarn Hank und Aimee, seine Freundin, mit der er zusammenwohnte, festnahm, weil sie im Keller Crystal Meth gekocht hatten.

Alle Blicke waren auf uns gerichtet, weil wir so hart daran gearbeitet hatten, uns mit Hank anzufreunden und diesen einsamen Mann in unseren Lebensrhythmus zu integrieren. In Wahrheit hatte es trotz gemeinsamer Mahlzeiten, Feiertage und unzähliger Hundespaziergänge ein ganzes Jahr gedauert, bis wir überhaupt seinen Nachnamen erfuhren oder die Erlaubnis hatten, ihm SMS an sein Handy zu schicken. Aber als wir einmal Freunde geworden waren, liebten und schätzten wir ihn. Und er uns.

Nachdem Mary und Knox geholfen hatten, seinen verschwundenen Hund zu finden, vertraute Hank uns. Hank formulierte es eines Tages selbst am treffendsten. Er sagte: „Ihr seid mein Rudel. Das ist cool.“

Zuzuschauen, wie die Drogenbehörde Hank und Aimee aus dem Skandal und dem Rätsel ihrer Sucht herauszerrte, war schmerzhaft. Hank schämte sich. Er ließ den Kopf hängen und konnte uns nicht anschauen. Aimee war völlig zugedröhnt, ihre pinken Haare so wild wie ihre Augen. Sie nahm Blickkontakt zu mir auf und winkte. Sie warf meinen Kindern Kusshände zu wie eine Ballkönigin oder eine Prinzessin.

Die Polizei nüchterte Hank und Aimee mit weniger Würde aus, als sie Tank zugestanden. Sie spritzten die beiden mit dem Löschschlauch ab, bis sie wieder nüchtern waren, schubsten sie herum, als wären sie Stoffpuppen. Geschützt durch weiße Schutzanzüge konnten sie sie wie unmenschlichen Abschaum behandeln. Sie stießen sie auf den Boden wie Müll, als sie fertig waren, und ließen sie dort abtropfen, wo sie landeten. Es war unmenschlich und schlimm, das mitanzusehen. In diesen Prozess werden Träger von Gottes Ebenbild zu Häftlingsnummern, zu verlorenen Menschen, zu Niemanden. Hank war nicht länger unser Nachbar. Er war zum Paradebeispiel dafür geworden, was man nicht sein sollte.

Die Polizisten wussten, dass wir die Nachbarn waren, die Hank am besten gekannt hatten. Um 6:30 Uhr hatten wir sie bereits mit der Telefonnummer von Hanks Mutter versorgt. Wir sagten ihnen, dass wir die Verantwortung für Tank übernehmen würden, den riesigen und niedergeschlagenen 45 Kilogramm schweren Pitbull. Eine Polizistin war eine Pitbull-Liebhaberin. Sie war dankbar, dass sie Tank einfach bei uns abgeben konnte. Sie sagte: „Pitbulls aus Crystal-Meth-Laboren überleben nicht lange im Tierheim."

Doch nun war ihnen gesteckt worden, dass wir Freunde waren. Nicht nur informierte Nachbarn, sondern Freunde des Bösewichts. Das war sogar wahr. Und es warf ein anderes Licht auf uns.

Die Tatsache, dass die halbe Nachbarschaft uns zur Last legte, dass wir diesen Sünder liebten, war wahrscheinlich das beste christliche Zeugnis, das wir je hatten. Aber das bedeutet nicht, dass es angenehm war.

Gegen Mittag war unser Haus zu einer Art Notfallklinik geworden. Die Drogenbehörde und andere Mitarbeiter des Polizeiteams benutzten unsere Küche und unsere Toilette. Nachbarn kamen mit einem kontinuierlichen Schwall von Besorgnis, Klage und Kritik vorbei. Tank sonnte sich in Kinderliebe und spielte im Garten hinter dem Haus mit den anderen Hunden. Die Welt war unterteilt in Schnappschüsse von Normalem (Kinder, Hunde, Forts, Frösche) und Wahnsinn (Absperrband am Tatort; Nachbarn, die sich vor den Medien darüber beschwerten, dass die Häuserpreise jetzt sicher in den Keller fallen würden; Hank, der an der warmen Luft zitterte, tropfnass nach der Schmach einer öffentlichen Dusche). Um ein Uhr mittags verließ die Drogenbehörde unsere Küche endgültig und kehrte zu Hanks Haus zurück.

Bevor sie unser Haus verließen, warnten sie alle Nachbarn, sie sollten im Haus bleiben. Wenn sie alle Fenster und Türen von Hanks Haus öffneten, würden die schädlichen Gifte in die Luft entweichen, sodass wir sie einatmen könnten. Bis sechs Uhr abends wäre es draußen für uns nicht sicher. Insbesondere angesichts der Nähe unseres Hauses zu dem von Hank war die Warnung ernst zu nehmen. Kummer, Traurigkeit und Ärger vermischten sich mit dem verworrenen Gefühl, gefangen zu sein. Die Leute waren aufgebracht.

Bill ging in meiner Küche auf und ab und trank den letzten Schluck Kaffee vom Morgen aus. Dabei sagte er: „Ich kann nicht glauben, dass ihr mit ihm befreundet wart! Willst du wissen, was das Problem mit euch Christen ist?"

Nein, Bill, dachte ich, *aber du wirst es mir trotzdem sagen.*

„Ihr Christen seid so aufgeschlossen, dass euch dabei fast das Gehirn aus dem Kopf fällt!"

Man braucht Gottes Gnade, wenn jemand einem den letzten Schluck Kaffee wegtrinkt und einen im selben Atemzug beleidigt.

Sissy, eine liebenswerte ältere Dame, drückte mich einfach an sich und weinte.

„Dieser böse Drogenabhängige hätte fast deine liebenswerte Familie getötet!", schluchzte sie. Ihr breiter Dialekt verlieh jedem gesprochenen Vokal Vibrato und Stärke, und ihre knochigen Schultern wurden bei jedem Atemzug erschüttert.

Mehr als ein Nachbar fragte: „Wusstet ihr von dem Crystal-Meth-Labor?"

Mehr als ein Nachbar erklärte: „Ihr müsst doch davon gewusst haben!"

Andere fragten: „Habt ihr ihm die Polizei auf den Hals gehetzt? Wie konntet ihr es *nicht* wissen?"

Man bildete sich sein Urteil: Die Nachbarn hassten Hank. Bei uns waren sie sich nicht so sicher, was sie von uns halten sollten, da sie wussten, dass wir ihn zu unseren Freunden zählten.

Den gesamten Tag über leisteten Kent und ich ad hoc Trauerbegleitung. Nachbarn, Nachbarskinder, Hanks trauriger und verängstigter Hund.

Die Presse schwärmte unnachgiebig und hartnäckig durch unsere Nachbarschaft, und wir gingen ihr aus dem Weg wie einem Norovirus. Die Razzia bei uns war die bisher größte gegen ein Crystal-Meth-Labor in Durham, North Carolina. Sie machte Schlagzeilen. Die Presse tat, was sie am besten kann: Sie schürte Unruhe und Gerede und ließ die Nachbarn mit dem Gefühl zurück, entblößt und ausgeliefert zu sein.

Mein Sohn Knox war untröstlich. Hank war unser Freund. Hank, der wusste, wo die Rotschulterbussarde nisten und wo man im Februar nach Salamandern im Winterschlaf graben konnte. Er konnte Dinge erzählen, die Knox wichtig waren. Knox verbrachte den Tag mit dem Versuch, Tank aufzumuntern. Wie die meisten Pitbulls ist Tank eine sensible Seele. Tank kannte die Schrecken der vergangenen paar Tage (oder länger) besser als wir. Tank trauerte zudem um seinen einzigen menschlichen Herrn.

Knox tröstete sich, indem er SMS mit Onkel Christopher (Yuan) hin- und herschrieb und *Angry Birds* und *Line Rider* mit seinen Freunden aus der Nachbarschaft spielte. Meine Tochter Mary verbrachte den Tag in Tränen aufgelöst. Sie bürstete die Hunde, um sich zu trösten, und nähte Topflappen und Puppenkleidung aus Stoffresten.

Der Krach von *Star Wars* und das Surren der Nähmaschine sowie das Gelächter von Kindern, die versuchten, das Beste aus dem Wahnsinn zu machen, bildeten die Kulisse für verärgerte, vorwurfsvolle Gespräche unter Erwachsenen.

Am Ende des Tages (von dem wir dachten, es würde nie kommen) waren die Kinder und die Hunde alle zusammen in einem Zimmer eingekuschelt – um Gesellschaft und moralische Unterstützung zu haben –, und Kent und ich hatten zum ersten Mal an diesem Tag einen Moment, um uns in die Augen zu schauen und zu versuchen, die Dinge zu rekonstruieren. Wie konnten wir ein Crystal-Meth-Labor auf der anderen Straßenseite übersehen haben? War Hank – der vorsichtige, verängstigte, depressive, sanfte Hank – ein gefährlicher Mann?

Nachdem wir zusammen gebetet hatten, wandte Kent sich mir zu und sagte: „Hättest du irgendetwas anders gemacht?“

Ich wusste, was er meinte. Unsere Nachbarn schäumten vor Wut auf Hank. Ihr Zorn richtete sich auch gegen uns. Hatten wir irgendeinen wichtigen Hinweis übersehen? Die letzten zwei Jahre lang hatten uns unsere Nachbarn vor Hank gewarnt. Sie hätten einfach ein schlechtes Gefühl bei ihm, hatten sie gesagt. Hatten sie recht und wir unrecht? Es wirkte jedenfalls so.

„Absolut nicht. Jesus hat mit Sündern gegessen. Wir tun dasselbe", sagte ich.

„Richtig", sagte Kent, „obwohl: Als Freund von Sündern bekannt zu sein, hat einen Haken, den ich vorher noch nicht wahrgenommen habe. Aber es ist eigentlich ein Kompliment. Das ist es, was Jesus tut. Aber meine Güte – jetzt spüre ich den Haken."

Dieser Haken war jetzt unserer, ob es uns gefiel oder nicht.

Und das hier ist der Haken: Christen sind dazu berufen, *in* der Welt zu leben, aber nicht *wie* die Welt zu leben. Christen sind dazu berufen, mit Sündern zu essen, aber nicht mit Sündern zu sündigen. So oder so, wenn Christen sich mit Jesus eins machen, dann verlieren wir das Recht, unseren eigenen Ruf zu wahren.

An jenem Abend blieben wir lange auf. Wir schrieben zwei Briefe, einen an Hank und den anderen an die Nachbarn.

In unserem Brief an Hank stand, dass wir für ihn beteten und gerne für ihn da sein wollten.

Unser Brief an unsere Nachbarn, den wir in der *Nextdoor*-App posteten, lud sie am folgenden Tag des Herrn nach dem Gottesdienst zu einer Grillparty in unserem Haus ein. Wir wussten, dass unsere Nachbarn Zeit und Raum benötigten, um über das zu sprechen, was passiert war. Und wir wollten Jesus in dieses entmutigende Bild hineinbringen. Wir schickten die Einladung noch am selben Abend ab.

Am nächsten Morgen begannen Knox und Mary mit einer von Hand gezeichneten Zeitungskolumne für Hank mit dem Titel „Tanks Pfoten hoch und Pfoten runter". Die Kolumne war urkomisch. Sie dokumentierte, welch ungeheure Abscheu Prinz Caspian, der rotgetigerte Kater, angesichts der Tatsache empfand, dass wir gerade einen weiteren Hund ins Haus aufgenommen hatten. *Pfoten runter,* weil seine neurotische Katzenangst sich in ausgefahrenen Krallen und gesträubtem Fell äußerte und er Tank gemeine und feindselige Katzenflüche entgegenschleuderte. *Pfoten hoch* stand für Tanks freien Zugang zum Katzenklo, das Tank – wie wir auf die harte Tour lernten – mit einem Sandkübel voll leckerer *Rolo Toffees* verwechselte.

Wir versprachen, täglich für Hank zu beten und ihn zu besuchen, falls er uns empfangen würde. Das war eine Art, wie wir als Familie den Glauben auf die schrecklichen Tatsachen anwendeten. Wir wollten das hier gemeinsam mit Hank durchstehen, weil christliche Nachbarschaftspflege etwas Reales ist. Wir fragten uns, ob Hank uns empfangen würde.

Wir steckten den Umschlag in den Briefkasten und warteten, ob wir jemals wieder von unserem eigenartigen, schweigsamen, zurückgezogenen Nachbarn hören würden, der so großzügig mit seinen handwerklichen Fähigkeiten und seinem Hundewissen umging und der ein tiefes, dunkles, riesiges Geheimnis gehegt hatte.

15. Mai 2016, Tag des Herrn

Um neun Uhr morgens an jenem Tag des Herrn, nachdem das Crystal-Meth-Labor gefunden worden war, begannen Nachbarn, Dinge für unsere Grillparty herüberzubringen. Wir fuhren zur Gemeinde, während Nachbarn Tische und Gartenstühle aufstellten.

Kurz nach drei Uhr kamen wir aus der Gemeinde nach Hause. Fast die gesamte Gemeinde war mit uns nach Hause gekommen, genau wie sie es zwei Jahre zuvor nach dem Einbruch getan hatte. Es ist immer hilfreich, Christen in Reichweite zu haben, die den Leuten dabei helfen, ein Trauma zu verarbeiten.

Als wir zu Hause ankamen, sahen unser Vor- und Hinterhof wie bei einer Abiparty oder einer Hochzeit im Garten aus. Überall auf dem grünen Rasen waren Tische und Stühle, Kühlboxen und Decken verteilt. Es sah sehr einladend aus. Wir waren nicht ganz sicher, ob wir Gäste oder Gastgeber waren. Es war auf lebhafte Weise tröstlich, von dieser Atmosphäre umhüllt zu sein. Bekannte Gesichter. Offene Arme. Sträuße aus selbst gezogenen Blumen, gebündelt in der Schürze eines kleinen Mädchens. Eine heiße Pfanne voll mit selbst gemachten Baked Beans in Sams Händen, die mit Topflappen gepolstert waren. Unsere Nachbarn hatten sich etwas beruhigt. Wir würden gemeinsam über diese Geschichte trauern.

Wir umarmten einander herzlich. Wir hatten hier etwas Heiliges vor.

Nachdem literweise gekühltes Wasser und süßer Eistee über massenhaft Eiswürfel gegossen worden waren und Kent die erste Ladung Burger und Hotdogs heiß vom Grill geholt und auf eine rotkartierte Tischdecke gestellt hatte, versammelte er uns alle im Vorgarten. Er stand mitten in der Einfahrt und hielt eine Kombination aus Predigt über Nächstenliebe und Tischsegen für das Essen. Kent sprach insgesamt nur fünf Minuten, aber es waren eindrucksvolle fünf Minuten. Die Männer nahmen ihre Hüte ab, und wir neigten die Köpfe zum Gebet.

Hank war unser Nächster, sagte Kent, und Jesus ruft uns dazu auf, unsere Nächsten – alle unsere Nächsten – zu lieben. Das gilt sowohl für die, die leicht zu lieben sind, als auch für die, die es nicht sind. Kent beschrieb Hank als einen sanftmütigen Einsiedler, der uns geholfen hatte, Bäume zu fällen und Sully zu finden, als dieser aus dem Garten abgehauen war. Kent erzählte, dass Hank mit Depression und Angst gekämpft und eine Zeit lang bei der Armee gedient hatte. Kent warnte uns vor der zerstörerischen Macht von Tratsch und mangelnder Vergebungsbereitschaft. Er erinnerte uns daran, dass Drogenabhängigkeit Menschen zu Sklaven macht. Er sagte, dass jeder von uns zu jeder Sünde fähig ist. Und Kent ließ alle wissen, dass dieselbe Kraft, die unseren Herrn Jesus Christus aus dem Grab auferweckt hat, all denen verliehen wird, die Buße tun und an ihn glauben. Hanks Geschichte ist noch nicht vorbei. Unsere ebenfalls nicht. Jesus rettet Sünder wie uns.

Nachdem wir gegessen hatten, hauten die Kinder mit *Push-Up*-Eis ab, um sich eine Wasserschlacht zu liefern, im Wald Räuber und Gendarm zu spielen und mit nassen Klamotten auf dem Trampolin zu springen (wobei sie bei jedem Sprung einen Regenbogen produzierten). Kent versammelte uns wieder in der Einfahrt, damit wir uns unterhalten konnten. Manche Nachbarn waren zornig und stellten Kents gütige Interpretation von Hank infrage. Andere machten sich laut Sorgen um Immobilienwerte. Während die Erwachsenen sich unterhielten, ließen sich die Kinder und die Hunde ins warme Gras fallen, während ihnen das *Push-Up*-Eis von den Armen tropfte. Tank rollte sich auf den Rücken. Das bot allen Kindern reichlich Platz, um seinen Bauch zu streicheln oder ihn hinter den Ohren zu kraulen oder sich von ihm das schmelzende Eis vom Arm lecken zu lassen. Schriller Ärger vermischte sich mit weicheren, fröhlicheren Tönen.

Als die Sonne langsam unterging, holte ich die Kaffeetassen heraus. Schon allein wegen des Zaubers, den es verströmte, trotz Tragödie und Zwist zusammenzukommen, blieben die Leute noch eine ganze Weile. Wir blieben dort, tranken Kaffee und löffelten Kartoffelsalat, bis es zu dunkel geworden war, um unsere Löffel zu sehen.

Die Nachbarn gingen wie bei einem Trauerzug nach Hause. Sie waren getroffen von dem Schock, aber gewärmt von der Verbundenheit des Mitgefühls, gewärmt von der Gesellschaft von Menschen, die verstehen, und gewärmt von der Zugehörigkeit zu einer eingeschworenen Truppe, die gerade etwas zusammen erlebt hat, das sie immer verbinden wird. Nachbarn umarmten sich, als sie auseinandergingen.

Während sie ein paar Tränen mit dem Handrücken abwischte, sagte eine Nachbarin zu Kent, dass sie als kleines Mädchen in einer Baptistengemeinde aufgewachsen war und einst geglaubt hatte, was Kent gesagt hatte: dass Jesus solche Sünder wie uns rettet. Sie hatte 20 Jahre nicht mehr darüber nachgedacht. Sie fragte sich, ob Jesus noch auf sie wartete. Ein anderer Nachbar sagte, dass der Pastor seiner Gemeinde morgens über das Crystal-Meth-Labor in Durham gesprochen hatte. Doch er hatte der Geschichte kein persönliches Gesicht gegeben – weder das Gesicht von Hank noch das von Jesus. Eine andere Frau sagte, dass in der vergangenen Woche auf der Arbeit jemand gesagt habe, lebenslang im Gefängnis zu verrotten sei das gerechte Ende für diesen entsetzlichen Crystal-Meth-Abhängigen. Ein anderer Nachbar antwortete, dass Hanks christliche Nachbarn zu Hank halten würden, weil christliche Nachbarn das eben so machen. Es war eine hoffnungsvolle Prozession, eine verheißungsvolle Vision, ein Funke Erwartung, dass etwas Gutes aus alldem hervorgehen würde, obwohl gelbes Absperrband noch die Schande enthüllte: Ein Nachbar fehlte. Ein Haus war durch die Aufschrift „Tatort" unter Quarantäne gestellt. Die Hoffnung, die Jesus gibt, war bei einem einfachen Nachbarschaftsgrillen verkündigt worden.

7.–8. Januar 2017, Durham, North Carolina

Seit Freitag herrscht bei uns der Schneeausnahmezustand. Es ist ein merkwürdiger, karnevalsdienstagsähnlicher Tag hier in den Südstaaten. In der vergangenen Woche war das Wetter das einzige Gesprächsthema für die Leute. Die Erwartung von Schnee ist im Süden ein schöner Segen, und es hatte eine begründete Schneevorhersage gegeben. Wie viele Zentimeter? Wie kalt würde es werden? Junge und Alte hatten die Nachrichten mit Spannung verfolgt. Das Hauptgebetsanliegen meiner Kinder lautete: „Lass es schneien!"

Um vier Uhr am Samstagmorgen begann es zu schneien. Um sechs Uhr waren Mary und Knox auf den Beinen und bettelten darum, zum Nachbarhaus gehen zu dürfen. Kristin macht an Schneetagen Pfannkuchen für die Kinder. Und Ryan beaufsichtigt sie dabei, wie sie sich auf jeder glatten Unterlage, die sie finden können, die Straße hinunterstürzen: Wäschekörbe, Surfboards, eine alte Linoleumplatte.

Bevor der erste Tropfen Kaffee durchgelaufen war, sagten die örtlichen Gemeinden ihre Sonntagsgottesdienste ab. Daher bat Kent mich, alle Nachbarn für einen Familiengottesdienst zu uns nach Hause einzuladen. Also postete ich folgende Nachricht in unserer *Nextdoor*-App:

> *Liebe Nachbarn,*
> *aufgrund der gefährlichen Straßenverhältnisse werden viele unserer Gemeindegottesdienste morgen abgesagt (einschließlich des Gottesdienstes in der* First Reformed Presbyterian Church *in Durham, der Gemeinde, die wir besuchen und in der Kent Pastor ist). Deshalb laden wir alle ein, sich uns*

am Sonntag, den 8. Januar 2017, um 10:30 Uhr für einen informellen Gottesdienst in unserem Haus anzuschließen. Wir werden ein paar Psalmen singen, und Kent wird eine kurze Predigt halten. Rosaria wird den Kaffee vorbereiten und etwas Suppe auf dem Herd haben. Bleibt gesund und haltet euch warm. Und wenn ihr irgendjemanden in unserer Nachbarschaft kennt, der Hilfe benötigt, dann lasst es uns bitte wissen.
Gottes Segen euch!
Rosaria

Nach südlichen Maßstäben waren die Straßenverhältnisse am Samstagnachmittag schlecht. Das bedeutet, sie waren perfekt für Kinder und Schlittenfahren. 13 Zentimeter Schnee waren schon gefallen, und die Kinder flippten aus. Ich sah ganze Horden von Kindern mit ihren Surfboards auf den Schultern zu dem Hügel bei Kristins Haus laufen. Diejenigen mit Großeltern im Norden schleppten echte Schlitten an. Ich weiß, dass sie sich jetzt für ein paar Stunden verausgaben und dann hier herüberwandern werden, zu heißem Kakao und zum Schneehüpfen auf dem Trampolin. Sie werden sich gegenseitig und Sully, den dreibeinigen Wunderhund, mit Schneebällen bombardieren. Gegen fünf Uhr werde ich einen Haufen Kinder, denen der Rotz im Gesicht festgefroren ist, bei mir zum Auftauen im Haus haben. Sie werden einen Film auf Netflix schauen und dabei den Boden des Homeschooling-Raums volltropfen. Ein Haufen nasser, weißer Sportstrümpfe wird sich neben der Haustür auftürmen. Ich sollte das Arnika-Gel herausholen, weil sie es alle brauchen werden. Ich werde versuchen, Socken in den Trockner zu werfen, bevor Sully Löcher in sie beißen kann. Und ich werde je nach Bedarf Kinder abtrocknen. (Sully ist nicht die Sorte Hund, die Socken auffrisst. Er findet einfach den Geschmack von verschwitzt-salzigen Kinderfüßen unwiderstehlich.)

Kent wird sich die Straßen ansehen und das Auto freischaufeln. Dann wird er an einer kurzen Predigt für die Nachbarn arbeiten. Er hatte darüber gebetet, was er predigen sollte, darüber, was Heilung und rettende Gnade bringen und Menschen die Möglichkeit geben würde, Jesus Christus als Propheten, Priester und König kennenzulernen.

Ich hatte gebetet, dass Gott durch unseren Gottesdienst am Sonntag geehrt und dass der Gottesdienst uns Heilung bringen würde. Viele Nachbarn waren noch immer verbittert wegen Hank, wegen des Crystal-Meth-Labors, das er auf der anderen Straßenseite betrieben hatte, und wegen der öffentlichen Schande, die über uns hereingebrochen war, als die Drogenbehörde Hank vor acht Monaten verhaftet hatte. Es ist schwierig, die Last einer Nachbarschaft, die sich in Zorn und Scham verbissen hat, in Worte zu fassen. Solche Empfindungen durchdringen alles.

Ich staunte über die Gelegenheit, die Gott uns in unserer Nachbarschaft gegeben hatte, offen und ehrlich zu sein, selbst wenn wir von den Reaktionen der anderen enttäuscht waren. Es war sehr deutlich geworden, dass Menschen dieselbe Erfahrung teilen und sie trotzdem auf sehr gegensätzliche Weise erleben können. Diese Spannungen in der Nachbarschaft machten mir und meinen Kindern noch immer das Herz schwer. Wie sollte sich das alles wieder ändern? Wenn es um Veränderungen geht, erinnert Kent uns gerne daran, dass wir nicht bei Beziehungen oder Kultur oder Dingen da draußen beginnen. Wir beginnen bei uns selbst. Wir beginnen da, wo wir stehen. Wir beginnen, sobald wir uns von unserer Sünde überführt fühlen. Wir beginnen ungeachtet dessen, was die Menschen um uns herum tun oder nicht tun. Als Nachbarschaft hatten wir alle das große Haus angestiert, das von gelbem Polizeiabsperrband umgeben war. Es zog noch immer gaffende Autofahrer aus anderen Wohngebieten an. Es war nicht nur ein Schandfleck. Es zog unseren Blick in die völlig falsche Richtung.

Am Samstagnachmittag kochte ich für Sonntag vor, während ich die (wenig Vertrauen erweckenden) Straßenverhältnisse abschätzte. Meine Freundin Susanna hatte einen geplanten Nachsorgetermin beim Arzt. (Falls Sie sich erinnern, sie hatte am Freitag eine Augen-OP gehabt und erholte sich gerade in unserem Haus. Die Arme. Unser Haus versinkt normalerweise im Chaos. Und meine Kinder betrachten Susanna als die Tante ihrer Träume. Lesen Sie das folgendermaßen: Keine Privatsphäre. Keine Ruhe.) 13 Zentimeter Schnee in Durham entsprechen über 60 Zentimetern Schnee in Syracuse. Und es schneite noch immer. Vor Montagmorgen würde es keinen Schneepflug geben. Im Süden besteht die Schneestrategie häufig darin, einfach abzuwarten, bis er schmilzt.

Ich war zuversichtlich, dass wir am nächsten Tag Menschen in unserem Haus haben würden. Wir würden gemeinsam Gott anbeten und die Psalmen singen. Es würden Leute da sein, die niemals freiwillig einen Fuß in die *First Reformed Presbyterian Church* von Durham setzen würden. Kent und ich machen das jetzt seit 16 Jahren so: eine große Gruppe zum Gottesdienst in unserem Haus zu erwarten, wenn raues Wetter es verhindert, zur Gemeinde zu gehen. In all den Jahren unserer Ehe und unseres Dienstes hat Kent nie einen witterungsbedingt abgesagten Gottesdienst als freien Tag betrachtet. Nicht ein einziges Mal. Ein Schneetag ist für Kent in besonderer und geistlich strikter Weise ein *voller* Tag.

Nun ist der Sonntagmorgen gekommen, und vereister Schnee hat die Gegend zugedeckt. Unser Garten, unser Vorgarten, der grüne Klapptisch und die Reifenschaukel sind wie eine festgefrorene häusliche Festung. Die Straße ist eine Eisdecke. Die Einfahrt ebenfalls. Wir hatten alle eingeladen, die über unsere *Nextdoor*-App vernetzt sind – potenziell 300 Haushalte. Es gab also viel zu tun.

So gieße ich mir Kaffee ein und öffne meine Bibel – ich benutze eine Bibel mit einem Ein-Jahres-Leseplan für meine morgendliche Stille Zeit. Und ich beginne mit Gebet: „Lieber Vater, bitte öffne meine Augen und mein Herz durch deinen Geist, damit ich die Herrlichkeit deines Sohnes in jeder Einzelheit sehen kann, die sich heute durch deine Vorsehung ereignet." Nachdem ich die tägliche Textauswahl aus meinem Bibelleseplan gelesen habe, wende ich mich als Nächstes dem *Tabletalk*-Magazin zu, gefolgt von fünf Psalmen (Psalm 8 [weil heute der 8. Januar ist], 38, 68, 108, 138) und Sprüche 8. Ich öffne meinen Psalter und singe. Dann greife ich zu meinen Stricknadeln. Ich stricke gerade ein paar Wollsocken für meine Freunde in Chicago. Ich öffne mein Tagebuch auf der Seite mit meiner Fürbittenliste und beginne zu beten, während ich Runde um Runde stricke.

Nach der stillen Zeit gehe ich in die Küche. Ich hatte das Brot bereits am Abend zuvor gebacken und die Bohnen eingeweicht. Daher wende ich mich nun der Aufgabe zu, für eine Menschenmenge zu kochen. Ich koche immer für eine größere Gruppe. Daher unterschied sich dieser Morgen nicht von anderen Morgen – abgesehen davon, dass ich wirklich nicht wusste, wer kommen würde. Ich mache brasilianischen Schwarze-Bohnen-Eintopf (aus *The Moosewood Cookbook)*, indisches Dhal (basierend auf einem Rezept in meinem Kopf) und braunen Rundkornreis. Ich hackte rote Paprika für den Salat. Dann stelle ich einen Topf Haferbrei fürs Frühstück auf den Herd. Während ich koche, höre ich eine CD mit Psalmen, *Refuge: Selections from the Book of Psalms for Worship*.[49] Ich kenne die Stimmen seit Jahrzehnten. Da ist Ron, kräftig und dynamisch mit seiner wohlklingenden Baritonstimme. Irgendwo hinter Ron kann ich Sharis sanfte Sopranstimme ausmachen. Während die Suppen köcheln, hüllen mich die Lieder über Jesus wie alte und vertraute Arme ein.

Die Kinder sind auf den Beinen. Das Frühstück ist fertig. Die Hunde sind gefüttert und das Monopolyspiel (die *Jurassic-World*-Edition) ist vom Couchtisch weggeräumt, der zur behelfsmäßigen Kanzel werden wird. Kent betet, und ich stelle die große Kaffeemaschine an.

Was als Nächstes geschieht, ist atemberaubend heilig.

Meine geliebten Nachbarn kommen zum Gottesdienst durch die Tür herein: Missy; die beiden Millers; Ryan und sein Sohn Ben; die drei Mutters; Maeve; die fünf Shepherds; die zwei Harviews; und die fünf McKenzies. Susanna ist hier und erholt sich von der Augen-OP am Freitag. Sie kann nicht sehen. Aber mithilfe von Marys führender Hand findet sie den Weg nach oben, und wir setzen sie in einen bequemen Sessel. Meine Tochter Mary sagt, dass Susanna jetzt wie Mary in Laura Ingalls Wilders *Laura am Silbersee* ist, als ihre Augen von Scharlach befallen werden und sie erblindet. Glücklicherweise hatte sich Susanna in Wirklichkeit freiwillig einer PRK-Laser-OP unterzogen. Bald wird sie ein besseres Sehvermögen haben als wir alle, wenn sie erst einmal ein paar verschwommene Wochen überstanden hat.

Ich koche Wasser auf und fülle es in große Thermoskannen für Tee und heißen Kakao. Dann beginne ich, nach den Mini-Marshmallows zu suchen. (Ich verstecke sie vor den Kindern, und zwar so gut, dass ein paar Regale in der Vorratskammer spontan umsortiert werden müssen.) Die Kinder umarmen ihre Freunde und suchen einen Platz, um die Mäntel abzulegen. Bella, der kleine und elegante Shih Tzu, wird sich bald in den Mänteln, die auf dem Boden liegen, vergraben. Kent und Bob zählen Stühle. Mary Beth bringt einen großen Topf Suppe mit, und wir stellen ihn ebenfalls auf den Herd. Die Gute. Wir brauchten einen weiteren Topf. Wir sammeln Becher und Lächeln und pressen unsere kalten Wangen aneinander. Wir sind Nachbarn. Donna und ich umarmen uns, schauen uns in die Augen und sie flüstert: „Das ist größer als in meinen Träumen." Wir sind Protestanten, Katholiken, Kirchenferne, Junge, Alte – alle zusammen unter demselben Dach, unter demselben Wort versammelt. Ein Kreis von Nachbarn blickt zur anderen Seite des Raumes und sieht eine ältere Dame, für die sie seit zwei Jahrzehnten beten. Sie haben sich sehr gewünscht, sie in der Gemeinde zu sehen, in Christus. An den meisten Tagen wirken die Hindernisse, die dem im Weg stehen, unüberwindbar. Aber der Herr, der *„die Zahl der Sterne"* zählt und ihnen Namen gibt – der *„heilt, die zerbrochenen Herzens sind, er verbindet ihre Wunden"* (Ps 147,3-4). Und so ist diese Dame nun hier. Und hier sind sie alle, um die Früchte ihres Betens zu erblicken. Wir sind jetzt schon von Wundern umgeben.

Kent begrüßt alle und erinnert sie an die wichtige Rolle, die Jesus Nachbarn zuweist. Aus dem großen Fenster können wir noch immer das Polizeiabsperrband sehen, das Hanks Haus umgibt. Kent will genau darauf hinaus: „Jesus ruft uns dazu auf zu vergeben, weil wir ohne Vergebung weder Vermittler der Gnade sein, noch auf dem Weg der Gnade unterwegs sein können." Kent bittet mich, den Gesang anzustimmen. Und während wir singen, beobachte ich die Gesichter meiner Nachbarn.

Die Melodie zu dem Psalm, den wir singen, ist die walisische Crimond-Version – und für die musikalisch Versierten ist diese Interpretation bekannt und anmutig. Wir singen langsam. Wir kosten aus, wie mit einfachen Worten Zuspruch vermittelt wird: „Gott ist mein Hirt, nie werd ich Mangel leiden; / Er lagert mich auf ewig grünen Weiden. Er führet mich an kühle Wasserbäche." Die Wasserbäche draußen sind gefroren, und der grüne Klapptisch sieht aus, als sei er von Wasser ummantelt. „Er stärkt mein Herz, Er kennet meine Schwäche. Und seine Hand führt mich auf rechtem Steige, dass sich an mir Sein Name groß erzeige." Ich koste jedes Wort aus. Jede Empfindung. Jede Verheißung. „Und walle ich im finstern Todestale, so weiß ich, dass ich hier auch sicher walle; du bist bei mir, dein Stecken wird mich leiten; ich fürchte nichts, dein Stab wird für mich streiten." Meine Gedanken wandern zu der Dokumentation von Temple Grandin, einer Professorin für Tierzuchtwissenschaft und führenden Persönlichkeit im Kampf für die Rechte von Autisten. Sie erforscht Kühe und hat ein System entwickelt, mit dem Kühe durch einen Treibgang bewegt werden können, um Schlachthäuser *humaner* zu machen. So paradox. So geschmacklos (für mich, eine überwiegende Vegetarierin). Aber Kühe sind anders als Schafe – das bewies Temple. Kühe müssen von hinten getrieben werden; Schafe müssen von vorne geführt werden. Aus diesem Grund wandeln wir ohne Angst durch den Tod: Jesus, unser Hirte, leitet sanft. „Im Angesicht der Neider, die mich hassen, hast du ein Mahl mir zubereiten lassen; du salbst mein Haupt mit deinem Freudenöle, dein voller Kelch erquicket meine Seele."

Mit meinen Nachbarn in unserem Haus Anbetungs-Psalmen zu singen ist fast mehr, als ich ertragen kann. Gottes Wort erklingt so realistisch – Gott bewahrt uns inmitten von Gefahren. Er bewahrt uns nicht notwendigerweise vor Gefahr. Er sagt in Lukas 10,3: „Siehe, ich sende euch wie Lämmer mitten unter Wölfe." Wir singen langsam, langsamer, als wir es sonst in der Gemeinde tun. Viele singen diesen Text gerade zum ersten Mal. Die Worte Christi dringen ins Bewusstsein, tiefer und tiefer. Und dann schließen wir: „Mir folgen Heil und Seligkeit im Leben, einst wird dein Haus mir ewig

Ruhe geben.“ Wir holen tief Luft und schauen uns um. Psalmen mit Nachbarn zu singen ist eine sehr persönliche Angelegenheit. Wenn wir einen Psalm gemeinsam singen, sprechen wir einander die Wahrheit von Gottes Wort zu, vielleicht zum ersten Mal in unserem Leben. Diese Wahrheit ist unabhängig von unseren Problemen und Ärgernissen. Menschen können 20 Jahre lang Nachbarn sein und das nie tun.

Kent betet für unseren Gottesdienst und bittet Gott, bei uns zugegen zu sein, Heilung zu bewirken, wo Heilung benötigt wird, Buße, wo Buße benötigt wird, und Rettung, wo Rettung benötigt wird. Kent nimmt kein Blatt vor den Mund. Er ist auf der Kanzel kein anderer Mann als zu Hause. Während ich beobachte, wie er die Bibel aufschlägt, bin ich dankbar, dass Gott mir erlaubt hat, diesen Mann zu heiraten.

Kents Predigt ist kurz und auf den Punkt gebracht. Die Textpassage, über die er predigt, ist Matthäus 5,7: *„Glückselig die Barmherzigen, denn ihnen wird Barmherzigkeit widerfahren.“* Der Text ist kurz und pointiert. Doch die verborgene Wahrheit hinter den Seligpreisungen ist, dass sie den Jüngern gegeben wurden und es Glauben erfordert, sie umzusetzen. Kent sagt unseren Nachbarn: „Ihr könnt nur Erbarmen haben, wenn ihr Gottes Frieden kennt. Wenn ihr noch immer wütend auf Hank seid, dann liegt geistliche Arbeit vor euch. Habt ihr Gottes Frieden? Habt ihr Frieden mit Jesus geschlossen? Kennt ihr ihn? Habt ihr Buße über eure Sünde getan und eure Hoffnung allein auf Christus gesetzt?“ Und dann betet Kent. Er betet, dass wir die Nachbarn sein mögen, die zu sein er uns berufen hat, zu unserem Wohl und zu Gottes Ehre. Er betet für Rettung, wo sie benötigt wird. Er betet, dass Gott unserem Unglauben helfen möge.

Nachdem wir einen weiteren Psalm gesungen haben (Psalm 104 – meinen Lieblings-Schneepsalm), spricht Kent den Segen:

> *Dem aber, der euch ohne Straucheln zu bewahren und vor seine Herrlichkeit tadellos mit Jubel hinzustellen vermag, dem alleinigen Gott, unserem Retter durch Jesus Christus, unseren*

Herrn, sei Herrlichkeit, Majestät, Gewalt und Macht vor aller Zeit und jetzt und in alle Ewigkeiten! Amen. (Jud 24-25)

Und dann nach dem Segen lädt Kent jeden ein, in die „Esszimmer" zu treten und Suppe und warmes Brot, heißen Kakao und Kaffee zu genießen. Meine Tochter Mary geht herum und bittet die Hundebesitzer, ihre Hunde herüberzuholen, damit sie im Garten mit Sully spielen können. Bald sieht der Garten aus wie eine Hundepension. Das Haus ist voller Nachbarn, die Suppe und Scheiben von frischem, warmem Brot essen. Behagliche Düfte und der Singsang von sich unterhaltenden Nachbarn verheißen Gutes.

Wir decken für 25 Leute ein und versammeln uns um drei Tische. Wie gewöhnlich nutzen wir alles als Stuhl: Küchenschemel, Klavierbänke und Gymnastikbälle kommen zum Einsatz, wenn uns die Esstischstühle ausgehen. Wir bilden eine Kette und reichen Suppenteller durch den engen Flur. Wir raunen bewundernde Ohs und Ahs beim Anblick des warmen Brotes, das Maisie mitgebracht hat, und des fantastischen weißen Hühner-Chilis, das Tina serviert. Die Kinder laden sich die Teller und Schüsseln voll und begeben sich auf die gefrorene Veranda hinter dem Haus, um ohne Erwachsene zu essen. Wir reden über Kinder, den Schnee und die Arbeit, Krebs und kaputte Knie und Politik. Und dann kommen wir auf Hank zu sprechen.

„Kent, erzähl uns, wie es Hank gerade geht. Ich weiß, dass du ihn im Gefängnis besuchst", fordert David auf, während das warme Brot ein weiteres Mal an den Tischen herumgereicht wird.

„Hank ist natürlich labil. Das Gefängnis bricht einen Menschen. Aber Hank hat vor Kurzem sein Leben Jesus anvertraut. Und Jesus wird ihn nicht im Stich lassen. Jesus wird ihn da hindurchführen. Die Situation ist auch sehr beängstigend für ihn. Daher beten und schreiben wir viel und setzen unsere Hoffnung auf Jesus."

Das ist kostbare Wahrheit. Es war etwas, worüber Kent und ich und die Kinder noch immer staunen. Und obgleich wir diese gute Neuigkeit mit unseren Nachbarn teilen wollen, wollen wir darauf achtgeben, sie auf eine Art weiterzugeben, die sowohl Gott als auch

Hank ehrt. Das ist keine billige Neuigkeit. Es ist nicht die Art von Neuigkeit, die Kent zu etwas herabwürdigen würde, mit dem man in einem Blogbeitrag oder einem Facebook-Post angibt. Kent ist ein christlicher Mann. Christliche Männer stehlen Gott nicht die Ehre. Das ist die Sorte Neuigkeit, die Berge versetzt. Es ist etwas, das in den heiligen Momenten der Tischgemeinschaft angesprochen werden muss.

Stille macht sich breit. Ein heiliges Schweigen liegt über dem Tisch. Kent erklärt, dass Hank dringendst Hilfe gebraucht hat. Aber für ihn gibt es keine rein irdische Hilfe. Kent erklärt, dass Hanks Verhaftung die Tür zu einer neuen, lebenswichtigen und dringend benötigten Nähe zwischen unserer Familie und Hank geöffnet hat. Da darf man sich nichts vormachen: Hank braucht Jesus, den Retter, weil niemand anders dorthin gehen kann, wohin er gebracht worden ist. Er hat einen Crystal-Meth-Entzug gemacht und fühlt sich nun absolut und völlig verloren. Hank braucht keine Schwimmweste oder ein Motivationsgespräch. Gott selbst muss ihn retten. Hank weiß jetzt: Er hat es nötig, dass Jesus – sein Hirte – ihn durch die langen, dunklen Tage begleitet, die vor ihm liegen. Hank ist nicht in einer Gemeinde aufgewachsen. Deshalb ist das alles sehr neu für ihn. Aber er liest täglich in seiner Bibel. Und er betet. Er betet für uns alle. Er ist dankbar dafür, dass wir für ihn beten.

Kent spricht jetzt ganz ruhig, und der ganze Raum – der zuvor vor Gesprächen und Gelächter übersprudelte – schweigt gefesselt. Kent erklärt, dass Hank nicht mehr der Crystal-Meth-Abhängige auf der anderen Straßenseite ist. Er ist jetzt ein Bruder im Herrn.

Das ist das Evangelium in Echtzeit!

Es ist schwierig zu erklären, was mit einer Nachbarschaft geschieht, wenn der Drogenabhängige von nebenan sein Leben Jesus anvertraut. Aber ich vermute, dass Sie es sich vorstellen können. Es ändert alles.

Langsam nehmen die Leute ihre Gespräche wieder auf. Wir haben den Großteil des Essens aufgegessen, sodass das Aufräumen schnell geht. Wir räumen die Spülmaschine ein und finden Mäntel, Mützen und Stiefel. Die Kinder bleiben noch länger, um einen Film zu schauen und im Schnee zu spielen. Während die Schatten länger werden und einen dunklen, späten Winternachmittag einläuten, holen Nachbarn ihre Hunde und Suppentöpfe ab. Langsam ziehen wir uns alle in unsere getrennten Häuser zurück. Wir wissen, dass wir etwas Heiliges erlebt haben: Nachbarn jeder Couleur sind zusammengekommen, um Gott anzubeten und ihr Brot miteinander zu teilen. Und Boo Radley ist nicht länger der gruselige Typ mit Tattoos und einer unheimlichen Sucht. Er ist noch immer mein Nachbar und er ist nach Gottes Bild geschaffen.

Ich denke oft an jenen Tag zurück.

Unsere Nachbarn auch.

Monate nach diesem eingeschneiten Gottesdienst merkte eine meiner Nachbarinnen an: Als wir aus dem Wohnzimmer ins Esszimmer gegangen waren und sie die drei gedeckten Tische sah, die für uns alle bereitstanden, da fühlte sie sich so geliebt wie noch nie in ihrem ganzen Leben. Das waren wirklich ihre Worte.

Die Zutaten waren einfach: Töpfe voll Suppe und Brotlaibe. Ein gedeckter Tisch (alles bunt durcheinandergewürfelt natürlich, aber trotzdem wartete er vorbereitet auf jeden, der kommen wollte). Gottes Wort, das Menschen nach Hause holt.

Warum ist es so schwierig, etwas so Einfaches zu tun?

Im Film *AIDS – Kampf ums Leben* berichtet der Journalist und Autor David France von einer Begegnung zwischen Cliff Callen und Richard Berkowitz, zwei Männern, die in den frühen 1980er-Jahren mit AIDS lebten – zu einer Zeit, als positiv getestet zu werden mit einer Lebenserwartung von zwei Jahren einherging. Als wir ihnen in der Szene begegnen, litten Callen und Berkowitz unter fehlender medizinischer Hilfe. Sie wettern gegen die Homophobie im Mainstream-Amerika. Als sie darauf zu sprechen kommen, was sie denken, wie es sein wird zu sterben, sagt Callen zu Berkowitz: „Ich kann sehen, dass du im Gegensatz zu all den Dragqueens da draußen nicht bereit bist, das Sterben zu glorifizieren oder anzunehmen. Und so krank ich bin, ich bin dazu auch nicht bereit. Ich hoffe, wenn meine Zeit kommt, dass ich dem Sterben ins Auge sehen kann, ohne mich Gott oder der Religion zuzuwenden. Würde ich das tun, wäre das ein Verrat an allem, wofür ich gekämpft habe und woran ich glaube."[50]

Als ich heute das Buch zum Film las, ließ die heftige Macht dieser Worte mir den Atem stocken.

Die größte Angst eines Mannes, der am Rande der Ewigkeit steht, besteht darin, sich dem Gott zuzuwenden, der ihn geschaffen hat.

Was würden Sie hören, wenn Sie gerade mit diesen beiden Männern am Tisch säßen und zu Mittag essen würden?

Was würden Sie sagen?

Würden Sie an diesem Tisch sitzen wollen?

Warum sitzen wir nicht an diesem Tisch und essen mit diesen beiden Männern zu Mittag?

In unserem verschneiten Gottesdienst hörten die normalen Gräben, die zwischen den meisten von uns klaffen, auf zu existieren.

Flüchtlinge und Terror

Später im selben Monat, am 30. Januar 2017, schloss Präsident Trump vier Monate lang die Grenzen für Flüchtlinge. Die Hölle brach los, sowohl im ganzen Land als auch in meiner Nachbarschaft.

Meine Nachbarn und ich verarbeiteten die Traurigkeit darüber unterschiedlich. Doch wir trafen uns zu einer Mahlzeit in unserem Haus, um darüber zu sprechen. Wir hatten als Gastgeber schon die nötige Beziehungsvorarbeit geleistet. Daher wussten meine Nachbarn, als eine Krise kam, dass es ungefährlich war, mit uns zu reden. Dass es ungefährlich war, zu uns zu kommen und hier zu weinen. Bei unserem Homeschooling-Kooperationstreffen fragte meine Nachbarin Cassy mich, ob wir zu einem weiteren Gespräch über Politik einladen würden. Wir hatten das schon am Abend vor der Wahl getan. Damals hatten wir für unser Land und für unsere Freundschaften gebetet aus Angst, dass unsere unterschiedlichen Positionen uns leicht entzweien könnten. Und unsere Positionen waren sehr verschieden. Manche Nachbarn bei unserem Treffen wählten Clinton, manche wählten Trump, und Kent und ich wählten keinen von beiden.

Ty war stinksauer, als sie in die Küche kam, sprach hektisch und wütend darüber, dass sie demonstrieren gehen wolle, und unterstrich ihre Wut mit einem „Nicht mein Präsident!". Beth war beherrschter, trauriger. Sie fragte sich, was wir als Nächstes tun sollten. Terry marschierte mit einer kleinen Predigt herein und verkündete, Jesus sei ein Flüchtling gewesen, und jede Regierung und alle Leute, die Grenzschließungen für Flüchtlinge unterstützen, verhielten sich nicht christlich. Manche stimmten zu. Andere nicht. Ich bin mit Leuten beider Seiten befreundet, es sind meine Nachbarn. Es war zweifellos ein polarisierender Moment. Er bewegte Beth zu der Frage, während sie in meiner Küche weinte: „Wenn Menschen zusammen anbeten, wenn sie zusammen zum Tisch des Herrn kommen, ist es dann von Bedeutung, ob sie dieselben Dinge glauben? Wenn ich an das biblische Bild von Ehe glaube, und die Person, die neben mir auf der Kirchenbank sitzt, glaubt an die Ehe für alle, ist das dann okay?"

Zum Abendessen gab es Suppe, Salat und ein fantastisches und riesiges handgemachtes Brot von *Whole Foods,* das Cassy gekauft hatte. Wir versammelten uns. Wir redeten. Wir beteten. Wir gaben unseren Kindern Essen und umarmten einander. Wir stützten uns auf diese Realität:

Gott ist uns Zuflucht und Stärke,
als Beistand in Nöten reichlich gefunden.
Darum fürchten wir uns nicht, wenn auch die Erde erbebt
und die Berge mitten ins Meer wanken.
Mögen seine Wasser tosen und schäumen,
die Berge erbeben durch sein Aufbäumen!
(Ps 46,2-4)

Wir erinnerten uns daran, dass Gott unser Schöpfer ist und dass er heilig, gut und souverän ist:

Der HERR verschafft Gerechtigkeit
und Recht allen, die bedrückt werden. (Ps 103,6)

Es hat etwas, wenn man auf dem Hintergrund von Gottes Wort trauert. Es bewirkt, dass wir uns nach der Kraft von Gottes Wort sehnen – und es gleichzeitig mit heiliger Ehrfurcht fürchten. Der Kummer ist noch da. Die Angst, dass diese Welt gerade in wütende Teile zersplittert, bleibt. Aber deutlich sichtbarer ist da Gott – unsere Zuflucht in Zeiten der Not.

Irgendetwas beim Trauern über eine weltweite Flüchtlingskrise lässt einen auf tiefe und umfassende Weise wissen, dass die Menschheit ohne Jesus verloren ist. Und Jesus, der starb, um sein Volk zu erlösen, gibt uns eine verlässliche Richtschnur, eine starke Kraft, einen inneren Frieden und eine stille Entschlossenheit. Dieselbe Kraft, die Jesus aus dem Grab auferweckte, hat er denen gegeben, die ihm ihr Leben anvertraut haben. Dadurch können wir dem Frieden des Evangeliums dienen und in dieser dunklen Welt eine Brücke zum Herrn selbst sein. Doch es gibt viel Arbeit zu tun.

Barmherzigkeit bringt das alles zusammen. Gottes Barmherzigkeit wurde am Kreuz vergossen. Sie macht uns Mut, die Türen unserer Häuser für andere offen zu lassen.

Der Konflikt in unserer Nachbarschaft brachte die Leute zusammen – führte einen Nachbarn zum anderen.

Wenn wir so zusammenkommen, ersetzt das nicht die Gemeinde – sie bringt die Gemeinde zu den Menschen. Sie begegnet Menschen mit dem Evangelium der Gnade da, wo sie sind. Sie lässt sie mit einem Verlangen nach mehr zurück.

Es gibt natürlich auch andere Möglichkeiten, wie Sie Ihre Tage, Ihre Zeit, Ihr Geld und Ihr Zuhause nutzen können. Aber Ihre Haustür zu öffnen und Nachbarn mit Suppe, Brot und den Worten Jesu zu begrüßen ist die wichtigste. Wer weiß, ob diese einfache Aufgabe, das Evangelium dort weiterzugeben, wo Sie sind – wo immer Sie gerade sind –, nicht vielleicht von Gott benutzt werden kann, um die Welt zu verändern?

10.

DEN EMMAUSWEG GEHEN

Die Zukunft der Gastfreundschaft

Frühling und Sommer 2016, Durham, North Carolina

Und siehe, zwei von ihnen gingen an diesem Tag nach einem Dorf mit Namen Emmaus, sechzig Stadien von Jerusalem entfernt. Und sie unterhielten sich miteinander über dies alles, was sich zugetragen hatte. Und es geschah, während sie sich unterhielten und miteinander überlegten, dass sich Jesus selbst nahte und mit ihnen ging; aber ihre Augen wurden gehalten, sodass sie ihn nicht erkannten. Er sprach aber zu ihnen: Was sind das für Reden, die ihr im Gehen miteinander wechselt? Und sie blieben niedergeschlagen stehen. (Lk 24,13-17)

Diese Verse des Lukasevangeliums quellen über vor Gnade und Fürsorge. Jesus lebt hier vor, worum es künftig bei unserer täglichen, einfachen, radikalen Gastfreundschaft im Kern gehen soll.

Zunächst kommt Jesus nicht mit einer Lektion in Apologetik an. Er stellt eine Frage. Und dann hört er voller Mitgefühl zu, während die beiden erzählen – von ihrem Schmerz, ihrer Enttäuschung und ihrem Gefühl, im Stich gelassen und verraten worden zu sein. Der Schmerz in ihrem Herzen ist heftig, so heftig, dass sie im Gehen innehalten, um sich wieder zu beruhigen. Und sie halten nicht nur an – sie erstarren förmlich. Die Dramatik dieser Schilderung gipfelt in der Tatsache: *„Und sie blieben niedergeschlagen stehen.“*

Sie gehen gerade irgendwohin, aber sie wissen selbst nicht, warum. Sie verlieren ihre Vision. Eine Frage wirft sie aus der Bahn.

Das passiert vielen Menschen.

Jesus drängt sie nicht zur Eile. Er muntert sie nicht auf. Er fürchtet sich nicht vor ihrem Schmerz, nicht einmal vor ihren falschen Vorstellungen, wer der Christus sein sollte oder ist. Er weiß, dass der Prozess von Bedeutung ist. Er weiß, dass Trauer und Klage lebenswichtig für die Seele sind. Das Leben als Christ ist kein Mathe-Test. Es geht um weit mehr als um eine bloße Antwort. Deshalb begleitet er sie in ihrem Leiden. Und wir müssen dasselbe tun. Wenn Menschen bereit sind innezuhalten, um mit uns über ihren Schmerz zu reden, dann sollten wir Gott dafür loben. Dann müssen wir aufhören mit dem, was wir gerade tun, den Mund halten und sorgfältig zuhören.

Die Männer erzählen ihre Version der Geschichte: Jesus war der Christus oder zumindest hatten sie das geglaubt. Er wurde gekreuzigt. Und an diesem, dem dritten Tag danach, ist das Grab leer, und Engel haben berichtet, dass Jesus lebt. Aber als sie ins Grab schauen, sehen sie nur Leere (Lk 24,19-23). Nachdem Jesus ihre Version der Geschichte gehört hat, spricht er Worte der Gnade. Es sind Worte, die die ganze Geschichte erzählen. Worte, die die Freundlichkeit sowohl des Gesetzes als auch der Gnade aufdecken. Und genau das tut die Bibel immer. Sie erzählt die ganze Geschichte. Und die ganze Geschichte ist eine Geschichte von Hoffnung, die in viele Richtungen strahlt – Hoffnung für die Vergangenheit, die Gegenwart und die Zukunft. Hoffnung darauf, was geschehen wird und was erfüllt werden muss, damit das Erhoffte sichtbar wird.

Jesus sagt seinen Reisegefährten, dass nichts geschehen ist, was nicht schon im Alten Testament prophezeit worden war: Die Leiden des Christus sind der vorbestimmte Weg zur Herrlichkeit. Das Alte Testament hatte sie darauf vorbereitet, dies zu verstehen. Doch das Kreuz selbst wurde ihnen zum Stolperstein. Härte. Demütigung. Sie kannten die Schriften. Aber sie vor dem Hintergrund des Kreuzes zu lesen war mehr, als sie ertragen konnten. Weil es mehr ist, als wir ertragen können. Aus diesem Grund nimmt Jesus sie – und uns – an der Hand und geht mit uns. Gnade lässt das Schwere nicht verschwinden. Gnade erleuchtet das Schwere mit ewigem Sinn und Ziel. Gnade gibt Ihnen Begleitung in Ihrer Not – durch Christus selbst und durch Gottes Familie. Matthew Henry schreibt:

Ein goldener Faden der Evangeliumsgnade zieht sich durch das gesamte Netz des Alten Testaments. Christus ist der beste

Ausleger der Schrift. Und auch nach seiner Auferstehung leitete er Menschen dazu an, das Geheimnis, das ihn selbst umgab, zu erkennen. Er tat das nicht, indem er ihnen neue Konzepte vorstellte, sondern indem er ihnen zeigte, wie die Schrift erfüllt wurde. Er brachte sie dazu, diese Schrift ernsthaft zu studieren.[51]

Jesus war kein *Red-Letter-Christian*, also jemand, der nur die Jesusworte als verbindlich anerkennt. Und das sollte uns allen eine ernste Warnung sein. Jesus leitet Menschen dazu an, das Geheimnis um seine Person zu erkennen. Auf dem Weg nach Emmaus nimmt er sie mit zurück ins Alte Testament. Er zeigt ihnen, dass Gottes Moralgesetz, welches seit der Schöpfung existiert und noch immer verbindlich ist, zu unserem Wohl und zu Gottes Ehre dient. Alles, was darin mit einem „Geheimnis" zu tun hat, führt in ein tiefes Gespräch – köstlich, langsam und unbedingt notwendig –, und man sollte es nicht überstürzen. Matthew Henry schreibt: „Wer Christus sucht, der wird ihn finden: Er wird sich denen zeigen, die nach ihm fragen; und er wird denen Erkenntnis geben, die die Hilfen zur Erkenntnis nutzen, die sie haben."[52]

Wer Christus sucht, der wird ihn finden.

Doch oftmals muss manches unserem sicheren Griff entrissen werden, bevor wir zu suchen beginnen. Und wenn uns unsere Zukunftsträume weggerissen werden, müssen wir trauern. Gottesfürchtige Trauer schafft Raum für Gottes heilsamen Segen der Vergebung, Versöhnung und Wiederherstellung.

Aimee

Einen Monat, bevor Hank verhaftet wurde, zog Aimee in sein Haus – eine schmächtige Frau mit pinken Haaren. Sie hatte eingefallene Wangen und diese wunden Stellen in ihrem Gesicht, die allen Drogenabhängigen gemein sind, die ich kenne. Sie murmelte leise Hallos mit abgewandtem Blick und gesenktem Kopf.

Nachdem Aimee eingezogen war, geschahen merkwürdige Dinge.

Tank fing wieder an wegzulaufen. Er verbrachte mehr und mehr Zeit damit, durch die Straßen zu streifen. Ganze Gesprächsverläufe in der *Nextdoor*-App liefen folgendermaßen:

„Tank ist wieder unterwegs."

„Weiß irgendwer, zu wem der große graue Pitbull gehört? Ich rufe jetzt den Hundefänger!"

„Hier muss was geschehen: Ich habe den verdammten Hund gestern Abend fast überfahren, als ich von der Arbeit nach Hause kam."

Eines Morgens um 4:30 Uhr öffnete ich die Hintertür, um den Müll hinauszubringen. Und da saß Tank einfach da und wartete auf mich, blickte mich mit seinem rührenden Hundeblick an, der eine Geschichte erzählte, die zu lesen ich zu blöd war. Ich holte ihn herein und fütterte ihn, und er rollte sich für ein Nickerchen auf dem Sofa zusammen. Als Mary und Knox aufwachten, kuschelten sie mit ihm. Wir gingen mit ihm spazieren und spielten mit ihm. Dann versuchten wir, ihn zu Hank zurückzubringen. Wir liefen hinüber und klingelten, klopften an der Tür und schrieben SMS, aber es kam keine Antwort.

Das wurde zu unserem Ritual.

Hank hörte auf, mit uns spazieren zu gehen oder in seinem Garten zu arbeiten. Wir vermissten ihn.

Sein Verhalten wurde immer seltsamer. Hank kaufte einen brandneuen Pick-up. Und nachdem er zwei Tage in seiner Einfahrt gestanden hatte, setzten sintflutartige Regenfälle ein. Aimee ließ die Beifahrertür die ganze Nacht über offenstehen. Ein ganzer Sturzbach strömte in den Pick-up, über die Sitze und den Teppich, die Kabel standen unter Wasser. Ruiniert. Der makellose neue Pick-up wurde durch eine Gedankenlosigkeit zu Schrott.

Aimee liebte Kinder. Das sagte sie zumindest. Und sie erzählte mir von ihrer Trauer darüber, das Sorgerecht für ihre eigenen Kinder verloren zu haben. Eines Tages kam sie mit zwei schweren schwarzen Müllsäcken voller Kleidungsstücke herüber. Sie sagte, sie habe die ganze Nacht wach gelegen und an unsere Familie gedacht. Sie wolle etwas für uns tun. Deshalb hatte sie am Tag der Müllabfuhr die Mülltonnen durchsucht und ein paar Kleidungsstücke gefunden, die perfekt wären, wie sie meinte. Sie hatte sogar etwas für mich gefunden. Der Wunsch zu gefallen, sprach aus ihren traurigen grauen Augen, als sie verkündete: „Ich habe ein süßes, kleines schwarzes Kleid in Größe 38 gefunden. Der Saum liegt knapp oberhalb der Knie. Es wird sehr elegant an dir aussehen, wenn du deine Vorträge hältst."

Ich umarmte Aimee, deponierte die Mülltüte jedoch gleich im Carport. Ich plante, sie in den Müll zu stecken, sobald ich das unbemerkt tun konnte. Aimee fühlte sich so leblos an. Sie zu umarmen, fühlte sich an, als würde ich sie umbringen. Sie war knochendürr und zerbrechlich. Ich schreckte zurück.

Am Sonntag vor der Verhaftung stand Aimee im Vorgarten. Sie sah einsam aus. Ich kam gerade von einem Hundespaziergang zurück, und sie lief über die Straße, um mich zu begrüßen. Sie sah furchtbar aus – knochig, offene Wunden im Gesicht, ihr dünnes, ausfallendes Haar klebte ihr fettig und verfilzt an der Kopfhaut und den Schläfen. Ihre Augen waren vor Erschöpfung gerötet. Sie fing an zu reden. Aber ihre Stimme war so krächzend heiser, dass ich sie kaum hören konnte. Ich beugte mich vor und wich instinktiv wieder zurück. Ihr Atem und ihr Körpergeruch waren übel, schlimmer als Zigaretten und Erbrochenes. Aber ich hörte ihre Bitte deutlich:

„Rosaria, kann ich allein mit dir über etwas sprechen? Hank verhält sich, ähm, komisch. Etwas stimmt nicht. Überhaupt nicht", sagte sie unter Aufwendung all ihrer Kräfte.

Ich schäme mich, Ihnen zu erzählen, was ich darauf sagte.

Ich sagte: „Diese Woche ist es eng bei mir – Hausunterricht und Reisen. Können wir uns nächste Woche unterhalten?"

Das sagte ich.

Erfahren im Umgang mit Ablehnung, die sie schon ihr ganzes Leben lang erfahren hatte, steckte Aimee auch die meine mühelos weg.

Ich dachte nicht weiter an meine Sünde gegen sie – in diesen kostbaren, wenigen letzten Tagen, in denen sie unterschwellig in der Luft hing und unerledigt blieb.

Erst als die Drogenbehörde das Haus stürmte und meine Nachbarn wie zwei Säcke Müll herauszerrte, tippte mir der überführende Finger Gottes auf die Schulter. Der barmherzige Samariter scheute keine Mühen. Ich hingegen hatte meine Zeit und meine Freiheit geschützt.

Während ich zuschaute, wie das Gefahrstoffteam sich die Schutzanzüge anzog und durch die Haustür hineinstürmte, erinnerte ich mich. Die Tatsache, dass ich einem Gespräch mit Aimee ausgewichen war, kam mit einer Wucht zurück, die nur Gottes Überführung von Sünde besitzt. Und erst da hielt ich inne, um darüber nachzudenken. Was hatte Aimee mir sagen wollen? Dass sie Hilfe brauchte? Dass sie im Keller in einem Gartenbottich Crystal Meth kochten? Vielleicht hätte sie mich gebeten, ihr zu helfen, da herauszukommen. Wer weiß? Ich werde nie wissen, was sie gesagt hätte. Aber eines weiß ich sicher: Ich hätte ihr helfen können. Aber ich war zu beschäftigt und zu selbstsüchtig, um es zu bemerken.

Die Briefe, die Hank aus dem Gefängnis schreibt, sind trostlos, finster und deprimiert. Die Inhaftierung verschlimmert seine Angststörung, seine chronische Depression, PTBS und ADHS. Für ihn als von Natur aus stillen und zurückgezogenen Menschen verstoßen offene Zellen und Gemeinschaftstoiletten gegen alle Regeln und Grenzen dessen, was für ihn normal ist. Er lebt jede Minute jedes Tages in Angst. Ein Crystal-Meth-Entzug ist kein Zuckerschlecken. Diese Erfahrung bricht ihn. Und der Retter, dem er erst so kurze Zeit und so kraftlos nachfolgt, das Wort, das er kraftlos liest, und das Gebet, das er kraftlos spricht, sie alle weisen auf die krasse Realität hin, dass Gott all das bestimmt hat. Auf die Verhandlung bezüglich einer Strafmilderung zu warten, mit einem Staatsanwalt, der sich nicht einmal an seinen Namen erinnern kann, ist an den meisten Tagen mehr, als er ertragen kann.

Aber er schreibt uns.

Und wir schreiben zurück.

Kent besucht ihn im Gefängnis.

Und wir schicken ihm Bücher.

Wir haben ihm eine Bibel (eine Ausgabe, die zusätzlich praktische Hilfen zum Leben enthält) und Bücher über Selbstfürsorge geschickt sowie die Romane, die ich den Kindern gerade vorlese. So kann er weiterhin auf einer Wellenlänge mit uns bleiben.

Christopher Yuan hat ihm sein Buch *Christopher: Ein Sohn auf dem Weg zum Abgrund. Eine Mutter, die betet* mit einem Notizzettel mit den Worten „Ich verstehe" geschickt. Lynne und Drew Gordon vom Verlag *Crown & Covenant Publications* haben ihm andere Bücher über das Leben als Christ zusammen mit herzlichen Briefen geschickt, die ihn in Gottes Familie willkommen heißen und ihm ein Gefühl der Zugehörigkeit vermitteln.

Freunde aus der Gemeinde, Freunde, denen er das erste Mal in unserem Haus an Thanksgiving, Weihnachten oder Ostern begegnet ist, schicken ihm Briefe und Geschichtsbücher und Tagebücher. Ich halte oft inne und denke darüber nach. Gottes Vorsehung hatte vorherbestimmt, dass Hank Feiertage bei Christen verbringen würde, die ihre Arme weit öffneten und ihn bei sich aufnahmen. Wo sonst wäre mein Crystal-Meth-abhängiger Nachbar seiner Gemeindefamilie begegnet, wenn nicht an unserem Tisch? Wo wäre ich meiner Gemeindefamilie begegnet, wenn nicht an Kens und Floys Tisch?

Wenn Hank einen guten Tag hat, dann schreibt er einen Brief an Mary und Knox und dankt ihnen dafür, dass sie sich um Tank kümmern. Er dankt ihnen für die schönen Erinnerungen, die er durch unsere gemeinsamen Hundespaziergänge hat. Und er dankt ihnen dafür, dass sie für ihn im Gefängnis beten. Er schließt seine Briefe an meine Kinder folgendermaßen: „Bitte betet, dass Gott mir mehr Gnade gibt, um durch den Tag heute zu kommen. Ich will hier herauskommen, damit wir wieder zusammen unsere Hundespaziergänge machen können. Euer Bruder in Christus, Mr. Hank." Sie schreiben immer zurück und sagen Dinge wie „Lieber Mr. Hank, der Fuchs ist zurück im Wald, und die Rotschulterbussardbabys haben das Nest verlassen. Hier passiert so viel. Tank schläft bei mir. Ich liebe und vermisse dich und bete jeden Tag für dich."

Ich weiß mit Sicherheit, dass Hank noch nie zuvor Briefe von betenden Kindern, die ihn gut kennen, erhalten hat – sie erreichen ihn jetzt in dieser Hölle von Bezirksgefängnis.

Es ist schwierig, Gott zu lieben, wenn man sieht, dass seine Hände auch diese Gitterstäbe weiter bestehen lassen.

Hank bittet um Gebet und Briefe und Bilder. Er dankt mir für unsere Hundespaziergänge. Er dankt mir für unsere Gespräche.

Doch eines Tages hatte er eine besondere Bitte an mich.

Hank schrieb: „Rosaria, würdest du Aimee schreiben? Sie hat niemanden. Das war alles meine Schuld. Sie braucht Hilfe. Sie braucht Essen."

Zu der Zeit, als Hank diese Bitte äußerte, schrieb ich Aimees Namen noch falsch (Amy) und kannte ihren Nachnamen nicht.

Ein Trauma schmiedet Bande der Vertrautheit und zweiten Chancen.

Das war meine zweite Chance.

Also begann ich, Aimee zu schreiben.

Ich begann mit einer Entschuldigung.

Sie antwortete sofort und mit aufrichtiger Dankbarkeit.

In ihrem ersten Brief bat sie mich, für ihre Kinder zu beten. Sie bat mich, dafür zu beten, dass sie ihr irgendwie all das würden vergeben können, was sie getan hatte. Sie fragte mich außerdem, was ich mit den Kleidungsstücken gemacht hätte, die sie mir gegeben hatte. Sie sagte mir, dass sie jedes einzelne Kleidungsstück geprüft und jede Tasche durchsucht hätte aus Angst, dass sie irgendwelche giftigen Kristalle zurückgelassen haben könnte. Sie sagte mir, dass sie im Umgang mit mir aufpassen und vorsichtig sein und dass sie versuchen wolle, mich zu schützen. „Denk daran", schrieb sie, „ich bin sowohl eine Drogensüchtige als auch eine Mutter." Sie bat mich außerdem um Essen – um monatliche Essenspakete.

Im Gefängnis ist das Essen unzureichend und spärlich. Und wenn die Leute vom Entzugsprogramm ein Treffen haben, während die Kantine geöffnet ist, dann verpasst man die Mahlzeit. Und hungrig durch den Entzug zu müssen ist schieres Elend.

Ich schickte Aimee ein iCare-Paket und suchte dabei das Paket mit dem meisten Büchsenfleisch aus. iCare ist ein Programm, das Nahrungsergänzungen für das Bezirksgefängnis verwaltet. Die Pakete sind teuer und spärlich, aber sie sind wenigstens etwas.

Aimee begann, die Gottesdienste im Gefängnis zu besuchen, und sie versuchte, im Untersuchungsgefängnis die King-James-Bibel zu lesen. Die Wörter waren schwierig und klein gedruckt, und sie konnte sich keinen Reim darauf machen. Sie fragte mich, ob ich ihr eine Bibel schicken würde.

Am nächsten Tag schickte ich ihr eine Andachtsbibel für Frauen in Großschrift (in der *New Living Translation)*, nachdem Susanna mir geholfen hatte, auf Amazon nach einer Bibel zu suchen, die zu ihr passen würde.

Aimee sagte mir, dass sie ihre neue Bibel liebte. Und die einfachen Verheißungen der Bibel, die in Schönschrift auf den ersten Seiten standen, die Worte über Jesu Liebe und Treue, brachten ihr Herz dazu zu fragen: *Könnte Jesus auch mein Hirte sein?*

In ihrem nächsten Brief schrieb Aimee, dass sie Hilfe beim Lesen ihrer Bibel bräuchte. Ob ich ihr bitte ein Buch schicken könnte, in dem auch Platz sei, um aufzuschreiben, was Gottes Wort für sie bedeute? Und zwar ein möglichst einfaches Buch? Ihr tat der Kopf weh, sie hatte sich jahrelang nicht die Mühe gemacht, Gedrucktes zu lesen, und sie hatte die High School nie abgeschlossen.

Meine Freundin Hope begab sich bei Amazon auf die Suche und fand etwas, das perfekt war. In diesem bestimmten Gefängnis müssen Bücher und Carepakete entweder durch Amazon oder iCare geprüft werden. Man darf nichts direkt von zu Hause aus schicken. Das wäre zu riskant. Jemand könnte ein Messer zwischen die Seiten der Familienbibel legen oder Cannabis in einem selbst gebackenen Blaubeermuffin verstecken.

Aimee benötigte monatliche iCare-Nahrungsergänzungspakete und tägliches Gebet. Meine Kinder malten Bilder für ihre Zelle und ich antwortete etwa mit einem Brief auf jeden vierten von ihr. Aimee ist eine ehrgeizige und produktive Schreiberin mit einer wunderschönen Handschrift (was mit den Bleistiftstummeln, die sie im Gefängnis bekommt, gar nicht so leicht ist) und einer Vorliebe für farbenfrohe Notizzettel. Bei fast jeder Karte war etwas auf der Innenseite des Umschlags geschrieben. Eine Notiz sah aus wie ein Bibelleseplan: „1. Mose – Maleachi". Eine andere sah nach einem Gebetsanliegen aus: „CGH in Zelle 5-S". Manchmal kann ich einen Namen erkennen: „Clarissa 3-E Tarish Zelle Block R". Ich weiß nicht, was diese Botschaften bedeuten, also bete ich für jeden Namen, den ich dort geschrieben sehe.

Gefängnis ist hart. Entzug ist hart. Aimee wartet scheinbar seit einer Ewigkeit darauf, dass der Pflichtverteidiger ihr ein Angebot für eine Strafmilderung machte. Sie fühlt sich vergessen und abgelehnt.

Als sich letzten Monat eine junge Frau in der Zelle neben Aimees erhängte und die Todesschreie auf hilflose Ohren und rücksichtslose Wachen trafen, konnte Aimee kaum atmen, schlafen oder sich bewegen. Die ganze Nacht lang hing ein Leben an einem Seil über dem Abgrund. Es stellte sich heraus, dass es ein 17-jähriges Mädchen gewesen war.

Auf meinem Schreibtisch liegt ein Brief von Aimee, den ich hoffentlich diese Woche beantworten werde. Dieser Brief klingt hoffnungsvoll. Sie schreibt darin: „Ich bin jetzt schon seit fast einem Jahr hier. Ich habe an dich gedacht. Also denke ich, dass es mir soweit gut geht angesichts der Tatsache, dass ich so lange hier bin. Gott segne dich, meine Freundin. Bestell allen meine Grüße."

Bevor ich auf diesen Brief antworten konnte, kam ein weiterer mit der Post:

Ich habe große Neuigkeiten. Ich habe ein Angebot für eine Strafmilderung angenommen – für eine Haftstrafe von zehn Jahren. Es heißt „open plea", was bedeutet, dass der Richter entscheidet, wie lange die Strafe ausfällt. Ich hoffe, ich habe die richtige Entscheidung getroffen. Zehn Jahre sind eine lange Zeit, aber ich habe vor, meine Zeit gut zu nutzen. Ich hoffe, dass ich meine mittlere Reife nachholen und im Gefängnis einen Job bekommen kann.

Ich bin nicht traurig, mach dir also keine Sorgen um mich. Ich mache mir Sorgen um Hank. Und um meine Kinder. Ich weiß, dass zehn Jahre lang sind, aber das ist Gottes Wille. Ich habe jetzt mehr in meinem Leben, als ich je zuvor hatte: Ich bin clean, habe Glauben, Rettung und Hoffnung in Gott. Bitte bestell allen meine Grüße. Und danke für das zusätzliche iCare-Paket, das du und Susanna mir letzte Woche geschickt habt. Ich hoffe, dass ich euch das alles eines Tages vergelten kann. Ich bete jeden Tag für euch.

Aimee hat mich gelehrt, dass wir die Hand der Leidenden in die Hand des Retters legen, wenn wir mit ihnen zusammen den Weg nach Emmaus gehen. Und das ist das Herz des Evangeliums.

Aimees Situation erinnert mich an Psalm 147,2-4:

Der HERR baut Jerusalem auf,
die Zerstreuten Israels sammelt er.
Er heilt, die zerbrochenen Herzens sind,
er verbindet ihre Wunden.
Er zählt die Zahl der Sterne,
er ruft sie alle mit Namen.

Der Gott, der die Sterne mit Namen kennt und zählt, hält die Scherben Ihres gebrochenen Herzens in seinen von Narben gezeichneten Händen. Dessen bin ich mir sicher.

Die Bibel liefert gute, realistische und starke Antworten. Doch diese Antworten greifen zu kurz ohne die durchbohrten Hände und Füße Jesu. Einfache Gastfreundschaft steht für die Hände und Füße Jesu. Sie hält Menschen zusammen, mit Briefen ins Gefängnis oder mit einer Umarmung. Gastfreundschaft reicht die Hand über Weltanschauungen hinweg, um eine Brücke der Evangeliumsgnade zu sein. Als Jesus kam, war er nicht darauf bedacht, sein Privatleben zu verteidigen. Er kam mit Brot. Er kam mit Fisch. Das müssen wir auch tun.

Kurz bevor Aimee aus dem Bezirksgefängnis verlegt wurde, um ihre Gefängnisstrafe in Georgia anzutreten, wurde sie getauft.

Sie beschrieb, wie es war, aus dem Wasser aufzutauchen und ihre Hände mit Ketten und Handschellen gefesselt zu sehen – unter dem für Carolina typischen blauen Himmel, der für sie einen hoffnungsvollen Hintergrund jenseits der Ketten darstellte. Ich vermute, dass sie vor dem Hintergrund von Ketten und Handschellen etwas über Jesus begriffen hatte, was mir noch verborgen ist, weil ich dafür zu dumm bin.

SCHLUSS: DIE FÜNFTAUSEND SPEISEN

Die praktischen Details, Bohnen und Reis

Radikal einfache Gastfreundschaft betrachtet unsere christlichen Häuser als Krankenhäuser und Brutkästen. Wir nehmen die geistlich Armen, Verkrüppelten, Blinden und Gebrochenen auf, weil wir das selbst erlebt haben – und das ist noch gar nicht so lange her. Wir kennen die Auswirkungen und Verlockungen unseres früheren Atheismus. Wir sind zu jedem denkbaren Übel fähig, und wir wissen das. Unsere Lieblingsversuchungen kennen noch immer unseren Namen und unsere Adresse. Wir sind schwach. Wir kommen mit leeren Händen zu Christus – wir bringen nichts mit, was zu unserer eigenen Errettung etwas nützen könnte. Wir sind durch die Sünde gelähmt. Wir sind nicht von uns aus in der Lage, Gottes Wahrheit zu erkennen. Wir haben es nötig, dass Gott zu uns kommt und uns rettet, weil wir nicht die Kraft haben, uns selbst zu retten. Und selbst wenn wir die Kraft besäßen, wüssten wir nicht, wie wir es anstellen sollen. Doch genau das ist es, was Jesus Christus getan hat. Und genau das tut er auch heute noch. Durch die Einheit mit Christus und indem wir in ihm wachsen, werden wir erneuert. Wir sind erlöst, uns wurde vergeben und wir sind als adoptierte Kinder Gottes angenommen. Wir sind dazu berufen, uns selbst und unseren selbst gewählten Sünden zu sterben – auch unseren Lieblingssünden, die uns begleitet haben, solange wir zurückdenken können. Wir sind dazu aufgefordert, Buße über die Erbsünde zu tun, die uns entstellt, über die Tatsünde, die unsere Aufmerksamkeit vereinnahmt, und über die uns innewohnende Sünde, die uns manipuliert. Das ist eine hohe und schwierige Berufung. Uns wird übernatürliche Kraft gegeben, um die Dinge zu lieben, die Gott liebt, und uns von jenen

Dingen fernzuhalten, die er hasst. Wir feilschen mit der Bibel nicht um diese Dinge. Und während wir mit Christus unterwegs sind, erneuert er uns und stellt uns wieder her, sodass wir anderen viel zu geben haben.

Christen hamstern nicht ängstlich. Wir geben furchtlos.

Psalm 112 sagt uns warum:

Denn in Ewigkeit wird er nicht wanken,
zu einer ewigen Erinnerung wird der Gerechte sein.
Er wird sich nicht fürchten vor böser Nachricht.
Fest ist sein Herz, es vertraut auf den HERRN. (V. 6-7)

Oder wie die Neues Leben Bibel übersetzt: „*Er fürchtet sich nicht vor schlechter Nachricht, sondern vertraut fest darauf, dass der Herr für ihn sorgt.*" Radikal einfache Gastfreundschaft vertraut fest darauf, dass der Herr für uns sorgen wird und dass er durch unseren Gehorsam für andere sorgen wird.

Doch wie vermehrt Gott die Fische und die Brote? Wie speist er die Fünftausend? Wie gebraucht er uns?

Alle Christen sind dazu berufen, in ihrem Zuhause Gastfreundschaft zu praktizieren. Haushalte von alleinstehenden Christen sind für die Praxis von Gastfreundschaft ebenso entscheidend, nötig und gefragt wie die von verheirateten Christen. Haushalte ohne Kinder und Haushalte mit Kindern sind beide Beispiele für Christi Segnungen. Die erlösten Reichen und die erlösten Armen und alle dazwischen sind dazu berufen, christliche Gastfreundschaft in Haushalten, in Studentenwohnheimen, an Bushaltestellen und in öffentlichen Parks zu praktizieren.

Grenzen

In Haushalten von Verheirateten ist es wichtig, dass sowohl der Ehemann und als auch die Ehefrau die Berufung zur Gastfreundschaft teilen und zusammenarbeiten, um ein Budget für Zeit, Essen und Personen aufzustellen. Ehefrauen, lasst eure Männer leiten. Und Ehemänner, habt Verständnis für die Leistungsfähigkeit eurer Frau.

Kent und ich verwenden das Trainingsmodell des Marathons. Der Schlüssel für einen Marathonlauf liegt darin, ein langsames und gleichbleibendes Tempo zu wählen. Wenn zwei Leute gemeinsam für einen Marathon trainieren, dann gibt der langsamere Läufer das Tempo vor. Dasselbe gilt für die Gastfreundschaft von Ehemann und -frau im Team: Das Tempo wird von dem vorgegeben, der am schwächsten ist. Kent und ich sind nun schon seit über einem Jahrzehnt ein Gastfreundschaftsteam. Wir sehen die unterschiedlichen Gaben und Grenzen des jeweils anderen. Aber Gastfreundschaft sollte niemals eine Familie entzweien; sie sollte uns in Christus stärker machen. Wenn Gastfreundschaft zu einem Streitpunkt wird, dann läuft etwas schief. Halten Sie inne und wägen Sie erneut ab. Beten Sie. Legen Sie Ziele und Werte genau fest. Arbeiten Sie als Team.

Zeitpläne

Ich liebe Bohnen und Reis.

Jasminreis oder brauner Rundkornreis – beides funktioniert. Reis ist das perfekte Korn. Schwarze Bohnen, die sanft mit ein wenig Kreuzkümmel, Cayennepfeffer, Salz, Olivenöl und Knoblauch köcheln. In letzter Zeit habe ich indisches Dhal aus roten Linsen, Ingwer, Curry, Garam Masala und Cayennepfeffer aufgetischt. So viele Leute hier in der Gegend essen das gern, also mache ich es jeden Tag. Wir nennen es „Daily Dhal". In meiner Küche könnten Sie ebenfalls ein Biohühnchen im Schmortopf finden, das in der Ecke langsam bei niedriger Temperatur gegart wird. Die Grundbestandteile unseres gastfreundschaftlichen Dienstes bestehen aus Bohnen, Reis, Gemüse und manchmal Hühnchen.

Tägliche Gastfreundschaft ist in keiner Weise glamourös. Sie ist nicht auffällig oder aufwändig. Aber es hilft, wenn die Grundlagen für unsere täglichen Mahlzeiten bereitstehen, bevor ich morgens mit den Hunden spazieren gehe. Tischgemeinschaft ist ein wesentlicher Bestandteil unserer täglichen Arbeit, und gutes Essen ist wichtig. Aber andere Dinge gehören zu den dringlicheren Prioritäten: Homeschooling mit Knox und Mary, meiner Gemeindefamilie und meinen Nachbarn dienen und dieses Buch schreiben. Deshalb gilt: Wenn um 6:45 Uhr – also um die Zeit, zu der ich normalerweise mit den Hunden spazieren gehe – der Reis zieht, die Bohnen köcheln und das Hühnchen gart, dann weiß ich zumindest, dass ich die Grundlagen fertig habe, um Menschen Essen anbieten zu können, wenn sie kommen.

Diese Grundlagen für tägliche Tischgemeinschaft sind für mich zur Gewohnheit geworden. Doch die meisten anderen Dinge erfordern Zeitpläne, die ich in ein Ringbuch schreibe, das in der Küche liegt. Dieser Zeitplan erinnert uns daran, dass wir unser Haus täglich staubsaugen und die Badezimmer sauber halten müssen. (Eine Grundreinigung gibt es jede zweite Woche.) Das Ringbuch enthält außerdem weitere Hausarbeitslisten und die wöchentlichen Einkaufslisten. Leute, die bei uns wohnen, und Leute, die an unserer Gastfreundschaft teilhaben, schreiben oft zusätzliche Sachen auf die Liste. Oder sie bieten an, aufgelistete Sachen zu besorgen oder bestimmte Aufgaben zu übernehmen. Radikal einfache christliche Gastfreundschaft ist eine Gemeinschaftsaufgabe.

Ich führe die Stundenpläne für das Homeschooling separat, aber auch dafür verwende ich Ringbücher wie dieses – jeweils eins pro Kind. Ich empfinde Zeitpläne – insbesondere solche auf Papier, die für andere zugänglich sind und täglich überarbeitet werden können – als äußerst hilfreich.

Unser Zuhause ist für uns ein wunderschöner, chaotischer Segen. Wir verwenden es für viele, viele Dinge. Hier arbeiten wir und hier kümmern wir uns um Menschen. Unser großer Mahagoni-Esstisch ist 1,40 m breit und lang genug, um 25 Leuten Platz zu bieten. Außer an Feiertagen bleibt er auf mittlere Länge ausgezogen – so lang, dass wir 15 Stühle um den Tisch stellen können. Dieser Tisch ist seit fünf Generationen in Kents Familie. Er war der Schauplatz für mehr Gespräche über das Evangelium als ich aufzählen kann. Wenn dieser Tisch bloß sprechen könnte! Ich liebe unseren Tisch. Ich versuche, gut auf ihn aufzupassen.

Ein Tag im Leben

Ich bereite mich auf tägliche Gastfreundschaft in unserem Haus und an unserem Tisch vor. Wenn wir aus irgendeinem merkwürdigen Grund die Einzigen sind, dann habe ich Essen, das ich einfrieren kann. Kein großes Problem. Gewöhnlich sind in unserem Haus täglich zur Essenszeit ein oder zwei Freunde aus der Gemeinde, ein oder zwei Leute aus der Nachbarschaft und eine Gruppe von Kindern. Wir haben uns so oft gemeinsam getroffen, dass sich alle darum kümmern, dass Leute, die neu dazukommen, sich sofort wohlfühlen.

In unserem Haus übernehmen Leute sowohl die Rollen und Pflichten von Gastgebern als auch von Gästen. So ist es auch in der Bibel. Unsere Routine täglicher Gastfreundschaft bedeutet, dass meine Kinder viele Vorbilder für einen christlichen Lebensstil haben – einschließlich des wichtigen Vorbilds von dynamischen und lebensfrohen christlichen Singles. Unsere täglichen Gewohnheiten haben zur Folge, dass unsere Kinder mitbekommen, wie Erwachsene, die sie respektieren, vor dem Herrn mit großen Problemen ringen. Das macht ihre eigenen persönlichen Probleme weniger Furcht erregend. In unserem Haus ist es normal, mit Sünde zu kämpfen und das offen zu tun. Buße ist eine christliche Frucht, keine gesellschaftliche Schande.

Als ich letztes Jahr mit Donna und einer Gruppe aus der Nachbarschaft unterwegs war, um Weihnachtslieder zu singen, erhielt ich eine SMS von meiner Freundin Aileen. Sie hatte gerade erfahren, dass bei einem anderen Nachbarn Krebs diagnostiziert worden war. Aileen und ihre Familie waren erschüttert von der Ungerechtigkeit dieses Schicksals. Der Kranke war der alleinerziehende Vater eines behinderten Kindes. Warum hatte Gott das zugelassen? Zwischen „Oh kommt, lasst uns anbeten“ und „Stille Nacht“ lud ich Aileens Familie für abends zum Essen zu uns ein. Dann haben wir jede ebene Oberfläche im Haus zu einem Esstisch umgebaut, da gerade noch eine Missionarsfamilie zu Besuch war. Aileen brachte einen zusätzlichen Topf Suppe mit, was wunderbar war.

Nach dem Abendessen und der Bibellesung sagte ein Nachbar: „Ich sitze hier in einem Raum voller Theologen.“ Dann wandte er sich an Kent und die Missionare und fuhr fort: „Warum hat Gott Kevin das angetan? Warum hat er zugelassen, dass er unheilbaren Krebs hat, wo seine Tochter ihn doch so braucht?"

So gute und wichtige Fragen. So eine gute und wichtige Zeit und so ein guter Ort, um solche Fragen zu stellen. Kent und andere öffneten ihre Bibeln und ihre Herzen. Ein Missionar und Freund, Michael, sagte etwas, was die Kinder stark berührte: „Die beste Zeit, um etwas über das Geheimnis von Gottes Vorsehung zu lernen, ist, bevor die Krise eintritt. Jetzt ist es für uns alle an der Zeit, Gott als unseren Schöpfer und Retter kennenzulernen."

20 Leute scharten sich um zwei Tische und beteten für unseren frisch diagnostizierten Nachbarn. Und dann stellten wir einen Plan auf, um ihn abwechselnd mit Essen zu versorgen. Nach dem Abendessen spielten die Kinder Monopoly und *Vier gewinnt,* und die Erwachsenen redeten noch ein wenig länger über Krankheit, Ewigkeit und Gottes Erbarmen.

Und als auch dieser Tag zu Ende ging und wir dankbar auf all sein Gutes zurückblickten, staunten wir darüber, wie gnädig Gott unseren gedeckten Tisch gebraucht hatte, um zu beherbergen und zu heilen, um Gastgeber zu sein und zu geben. Woher wussten wir im Voraus, dass eine Familie eine Krisennachricht erhalten würde und darüber reden musste? Wir wussten es nicht. Aber als die Krise eintrat, wussten sie, dass sie sich an uns wenden konnten. Sie wussten, dass sie zu uns kommen konnten. Sie wussten, dass es keine Umstände bereiten würde. Sie wussten, dass wir in unserem Haus über alles reden können, und dass wir dann mit all unseren Ängsten, Zweifeln und Schmerzen gemeinsam vor den Thron der Gnade treten. Und woher wussten sie das? Ein gastfreundliches Haus spricht für sich selbst. Schauen Sie sich all die Autos an, die draußen parken. Schauen Sie sich die Lichter an. Schauen Sie sich die Kinder an, die auf der Reifenschaukel spielen. Schauen Sie sich die Nachbarn an, die sich schon versammeln. Schauen Sie sich die offene Tür an. Es ist für alle sichtbar hier.

Wir nehmen uns Zeit, um unser Haus und unsere Herzen für tägliche Gastfreundschaft vorzubereiten. Sie ist gewollt und gut eingespielt. Doch wir wissen auch, dass es viele weit verbreitete Hindernisse für tägliche Gastfreundschaft gibt. Gewiss gibt es unvermeidliche, begründete Hindernisse. Aber allzu oft ist etwas anderes das eigentliche Hindernis: ein falsches Anspruchsdenken, das auf Begabung und Interessen beruht, die Gefahren schlechter Gewohnheiten und verborgener Sünde, unechte Gastfreundschaft und die Götzen von Leistung und Besitz. Täglich kämpfen wir gegen diese Sünden an, die der Gastfreundschaft im Weg stehen.

Ein falsches Anspruchsdenken, das auf Begabung und Interessen beruht

Der Myers-Briggs-Typenindikator lieferte bei mir das Ergebnis INTJ: Introvertierter - Intuitiver - Denker - Beurteiler. Ich habe zudem ein Problem mit Lichtempfindlichkeit, das sich in den letzten fünf Jahren verschlimmert hat, da ich bei öffentlichen Vorträgen im grellen Scheinwerferlicht stehe. Ich bin eine klassische Introvertierte. Das bedeutet, dass ich innerlich auflade und auftanke, wenn ich alleine bin, vorzugsweise mit einem Buch, einer Katze und Strickzeug. Ich weiß, wie ich Menschen mitreißen kann, aber unter Menschen zu sein ist anstrengend für mich. Deshalb stehe ich früher als alle anderen im Haus auf, weil ich meine Zeit für mich brauche. Ich hantiere in der Küche, ich lese meine Bibel, ich schreibe meine Bücher, ich falte die Wäsche. Und ich erneuere meine Energie und meinen Fokus, indem ich die Zeit für mich genieße.

Wir Introvertierten lassen uns großen Segen entgehen, wenn wir uns herausziehen und keine Gastfreundschaft praktizieren, weil sie uns erschöpft. Ich empfinde Menschen oft als sehr anstrengend. Aber im Laufe der Jahre habe ich gelernt, wie ich meine Kräfte einteilen kann, wie ich ungestörte Zeit für mich bekommen kann, die notwendig ist, um neue Kräfte zu tanken, und wie ich an dem Unbequemen wachsen kann. Ihre Persönlichkeit und Ihre Sensibilitäten zu kennen entbindet Sie nicht vom geistlichen Dienst. Es bedeutet lediglich, dass Sie sich darauf anders vorbereiten müssen, als andere das möglicherweise tun.

Die Gefahr schlechter Gewohnheiten und verborgener Sünde

Wir alle kommen mit schlechten Angewohnheiten zu Christus. Wir alle sind dazu aufgefordert, neue Gewohnheiten zu entwickeln und uns andere abzugewöhnen (Eph 4,22-24). Schlechte Angewohnheiten sind schwierig zu erkennen und sogar noch schwieriger aufzugeben.

Haben Sie sich die Zeit genommen, sich schlechte Angewohnheiten abzugewöhnen? Oder haben Sie sich mit Menschen umgeben, die Ihre schlechten Gewohnheiten unterstützen, in dem Trugschluss, Ihre Begabung würde Sie dazu berechtigen? Meine (und Ihre) Gaben sind bestenfalls ein beflecktes Kleid (Jes 64,5). Gott beruft uns zum Dienen und Geben - und nicht dazu, für beides Anerkennung zu bekommen.

Manchmal ist es schwierig, schlechte Gewohnheiten zu identifizieren, die unter dem Deckmantel von Persönlichkeitsmerkmalen oder der eigenen Vergangenheit daherkommen. Bitten Sie andere, die Sie gut kennen, Ihnen zu helfen, sich selbst klarer zu sehen – das ist der beste Anfang, um sich selbst zu erkennen. Bitten Sie Ihre Ältesten und Menschen, die Ihnen nahestehen. Sie können Ihnen dabei helfen, jene Sünden selbstsüchtigen Ehrgeizes zu erkennen, die Ihnen möglicherweise verborgen sind. Stellen Sie solche Fragen. Und dann töten Sie diese Sünde. Entschuldigen Sie sie nicht. Schließen Sie keinen falschen Frieden damit. Sterben Sie sich selbst. Wachsen Sie in Christus.

Unechte Gastfreundschaft

Wir leben in einer Welt, die voll von unechter Gastfreundschaft ist. Das Wissen um den Unterschied zwischen der Gnade Gottes und ihrer Fälschung ist entscheidend für einen christlichen Lebensstil.

Etwas ist eine Fälschung, wenn eine Sache in Täuschungsabsicht nachgeahmt wird. Ein falscher Dollarschein imitiert den echten in der Hoffnung, dass Sie auf die Fälschung reinfallen.

Falsche Gastfreundschaft ist manchmal so gefährlich und düster wie Sexhandel und Pornografie. Beide versprechen Intimität, liefern aber Versklavung und schaffen eine Kultur unvorstellbaren

Missbrauchs, von Gewalt, Unmenschlichkeit und Ungerechtigkeit (größtenteils) für Frauen und Kinder, die auf entsetzliche Weise an so ein Leben gekettet werden. Sexhandel steht in Zusammenhang mit Pornografie. Wenn eine Gemeinde ein sündhaftes Muster bei ihren Leuten identifiziert (wie zum Beispiel Pornografie), dann trägt sie auch Verantwortung dafür, die Opfer zu schützen, die durch diese Sünde entstanden sind. Buße fordert ganz genau das. Falsche Gastfreundschaft zwingt uns dazu, Lebensbereiche gewissermaßen mental abzuspalten und Ausflüchte für sündhaftes Verhalten zu finden. Das Evangelium ist umfassend und ganzheitlich. Es macht keine Kompromisse. Jesus starb für all das. Und als er wieder auferstand, kam er mit der Kraft, anders zu leben, aufopferungsvoll zu leben.

Manchmal ist falsche Gastfreundschaft harmlos. Die Bedienung bei Starbucks bietet keine echte Gastfreundschaft, aber das ist keine Sünde. Wenn Sie ein freies Zimmer bei Booking.com als Gästezimmer anbieten, ist das ebenfalls keine echte Gastfreundschaft und auch das ist keine Sünde. Es ist nicht zwangsläufig etwas daran auszusetzen, eine Bedienung bei Starbucks zu sein oder das Gästezimmer bei Booking.com anzubieten. Aber es ist sehr wohl etwas daran auszusetzen, wenn Sie denken, Sie würden damit Gastfreundschaft praktizieren, obwohl Sie für diese Dienste bezahlt werden.

Wenn Sie meinen, unechte Gastfreundschaft würde Sie von echter Gastfreundschaft entbinden, dann beginnen Sie, die Dinge verzerrt zu sehen. Unechte Gastfreundschaft trennt Gastgeber und Gast auf eine Art, die keine Vermischung der beiden Rollen zulässt. Eine solche Trennung sollte das erste Warnsignal sein. Unechte Gastfreundschaft schafft falsche Grenzen und falsche Gegensatzpaare: noble Geber und bedürftige Empfänger. Oder angestellte Geber und privilegierte Empfänger. Wohltäter und Nutznießer werden beide von unechter Gastfreundschaft verdorben. Unechte Gastfreundschaft ist an Bedingungen geknüpft. Christliche Gastfreundschaft hingegen macht Fremde zu Nächsten und dann zu Gottes Familie und versammelt sie in der großen Erwartung von Gottes kommender Welt.

Ein Grund dafür, dass allzu viele Christen es versäumen, einfache, radikale, christliche Gastfreundschaft zu praktizieren, besteht darin, dass wir durch deren Imitation so getäuscht und abgelenkt wurden, dass wir nicht wissen, was wir wirklich brauchen.

Die Götzen von Leistung und Besitz

Es gibt eine Sorte Haushalt, die absolut ungeeignet für Gastfreundschaft ist – vollkommen ungeeignet. Ein solcher Haushalt ist nutzlos, wie ein Haschen nach Wind. Ein Haushalt, der Dinge zu sehr und Menschen zu wenig liebt, kann Gott nicht durch radikal einfache Gastfreundschaft ehren. Ein Haushalt, der zu viel hat und zu viel von materiellem Besitz hält, ist von den Götzen von Besitz und Leistung verführt worden. Wenn Sie Besitz und Leistung lieben, dann werden Sie niemals Gastfreundschaft praktizieren. Möglicherweise haben Sie gleichgesinnte Leute, die kommen und sich vor Ihren Götzen verneigen. Aber Sie werden niemals Gastfreundschaft praktizieren. Wenn der weiße Teppich ein Götze ist – oder der neue Anstrich oder das Sofa oder Ihr privater Spirituosenschrank oder Ihre halbpornografische Filmesammlung oder irgendein anderer schändlicher, toter Gegenstand – dann leben Sie zu sehr in Sünde, um die grundlegendste christliche Praxis auszuüben: Ihr Zuhause hier und jetzt zu öffnen.

Manchmal sagen Christen mir, dass sie keine Gastfreundschaft praktizieren, weil sie nicht genug Platz, genug Geschirr oder Essen haben. Sie fürchten, dass sie nicht genug zu geben haben. Das ist eine irreführende Angst, der niemand Beachtung schenken sollte. Gastfreundschaft teilt das, was da ist; das ist alles. Sie ist kein Unterhaltungsprogramm. Das soll sie auch nicht sein.

In Wirklichkeit sind Christen, die zu viel haben, diejenigen, denen es unmöglich ist, Gastfreundschaft zu praktizieren. Sie haben so viele angehäufte Götzen, dass sie überhaupt nichts geben können. Aus diesem Grund sind es oft die gut Betuchten und Reichen, die für ihren Mangel an Gastfreundschaft bekannt sind, und die Bedürftigen und sogar Armen, die für ihre großzügige Gastfreundschaft bekannt sind. Also, lieber Christ, töten Sie Ihre Götzen. 1. Johannes 2,15-17 sagt uns, wie man das macht:

Liebt nicht die Welt noch was in der Welt ist! Wenn jemand die Welt liebt, ist die Liebe des Vaters nicht in ihm; denn alles, was in der Welt ist, die Begierde des Fleisches und die Begierde der Augen und der Hochmut des Lebens, ist nicht vom Vater, sondern ist von der Welt. Und die Welt vergeht und ihre Begierde; wer aber den Willen Gottes tut, bleibt in Ewigkeit.

Vor vielen Jahren entwickelte eine Familie in unserer Gemeinde einen, wie sie meinte, heiligen Zorn auf unseren gastfreundschaftlichen Dienst. Als wir einem ausländischen Theologiestudenten und seiner Familie für das akademische Studienjahr unseren Van überließen, äußerte sich diese Familie lautstark und kritisch. Um die Wahrheit zu sagen: Wenn unsere Gemeinde größer wäre und die Kasse für Diakonie auf diese Weise helfen könnte, dann müsste der Pastor nicht seinen Zweitwagen aufgeben. Aber Kent und ich schränkten uns gern ein und brachten dieses Opfer. Und unsere Nachbarn Kristin und Ryan waren gleich um die Ecke, um uns auszuhelfen, wenn wir eine Mitfahrgelegenheit brauchten. Es war gut, um Hilfe zu bitten, wenn wir sie benötigten. Und es war gut, etwas Wertvolles aufzugeben, um einer anderen Familie zu helfen. Wir glauben, dass Opfer uns auf wichtige Weise auf den geistlichen Dienst vorbereiten, also gaben wir die Schlüssel ab. Langsam sprach sich die Sache herum, und es wurde klar, dass die Familie, die uns kritisch sah, das Empfinden hatte, dass irgendetwas an der Art falsch war, wie wir Gastfreundschaft praktizierten. Sie hielten sie für prahlerisch. Zu viel. Sie kochten innerlich deswegen.

Einmal nach dem Gottesdienst unterhielten sich mein Sohn und eines der Kinder dieser Familie über Thanksgiving.

„Wer war bei euch dabei?“, fragte mein Sohn.

Der Junge sagte: „Zwei Stühle und nicht mehr!“

Verwirrt bat mein Sohn um eine Erklärung. Der Junge sagte, ihr Familienmotto laute: „Die Familie geht vor, also zwei Stühle und nicht mehr!“ Was meinte er? Er meinte, dass das Familienoberhaupt bewusst nur zwei zusätzliche Esszimmerstühle in seinem großen prunkvollen Haus hatte, damit sie nie mehr als zwei Gäste gleichzeitig dahaben konnten. So wurde sichergestellt, dass sie Zeit als Familie hatten.

Mein Sohn fragte: „Welche zwei Leute waren da?"

Der andere Junge antwortete: „Keine. Wir waren alleine. War irgendwie langweilig."

Während mein Sohn an jenem Abend beim Abendessen von diesem sonderbaren Wortwechsel erzählte, meinte er, dass er noch immer nicht verstand, warum „zwei Stühle und nicht mehr" eigentlich ein Hindernis dafür darstellen sollten, an Thanksgiving Gäste dazuhaben. Knox ist äußerst buchstäblich in seiner Interpretation der Dinge. Und er zog nicht den Schluss, der in manchen Häusern gilt: Wenn Leute nicht auf Stühlen sitzen können, dann können sie auch nicht hereinkommen. In unserem Haus stellen Stühle kein Hindernis dar. Leute haben schon Essteller mit dem Thanksgivingessen aufs Gras gestellt, auf das Trampolin, den neongrünen Klapptisch, die Veranda und – routinemäßig – den Couchtisch und den Fußboden.

Die „zwei Stühle und nicht mehr"-Familie war nicht knausrig. Aber ihre Götzen ließen keinen Platz für Gastfreundschaft. Sie hatten einfach zu viel. Und Menschen, die zu viel haben, nehmen sich oft selbst zu ernst, um sich selbst anderen wirklich auf die Art zu geben, die Gottes Gebote im Hinblick auf Gastfreundschaft fordern.

Was wäre, wenn?

Stellen Sie sich eine Welt vor, in der jeder Christ radikal einfache Gastfreundschaft entweder als Gastgeber oder als Gast praktiziert.

Stellen Sie sich eine Welt vor, in der jeder Christ verbindliche Gemeindemitgliedschaft lebt.

Stellen Sie sich eine Welt vor, in der jeder Christ den Zehnten gibt, und wir bewusst unter unseren finanziellen Möglichkeiten leben, damit wir genug haben, um zu teilen und in Gegenden zu ziehen, die uns mehr brauchen als wir sie.

Stellen Sie sich eine Welt vor, in der das Leben als Ebenbild eines heiligen Gottes die Art und Weise verändert, wie wir uns selbst und andere sehen.

Stellen Sie sich eine Welt vor, in der Nachbarn sagen, dass Christen die besten Partys in der Stadt schmeißen und außerdem die erste Adresse sind, an die man sich bei großen Problemen und Nöten auch ohne Einladung wendet.

Stellen Sie sich vor, die Kinder in der Nachbarschaft wüssten, dass Christen vertrauenswürdige Leute sind, die man um Hilfe bitten kann, wenn schweres Leid sie persönlich oder ihr Familienleben einholt.

Stellen Sie sich eine Welt vor, in der Männer als Männer Gottes und Frauen als Frauen Gottes leben und Kinder – einschließlich der noch ungeborenen – als Kinder Gottes wertgeschätzt werden. Eine Welt, in der gesellschaftliche Geschlechterrollen und biologische Geschlechterrollen als ein Segen für andere betrachtet werden, selbst wenn sie große Opfer erfordern. Eine Welt, in der als Mann oder als Frau geboren zu werden mit verschiedenen Segnungen und Limitierungen einhergeht. In der unsere Rollen als Männer und Frauen als hohe und unverwechselbare Berufungen wertgeschätzt werden.

Stellen Sie sich eine Welt vor, in der jeder Christ seine Nachbarn gut genug kennt, um ihnen irdisch und geistlich wohlzutun.

Stellen Sie sich eine Welt vor, in der jeder Christ Menschen mit Namen kennt, die in Armut oder im Gefängnis leben, sich mit ihnen und ihrer Zukunftsperspektive verbunden fühlt und deshalb anders lebt.

Stellen Sie sich eine Welt vor, in der Sexualität innerhalb der biblischen Grenzen sicher ist und nicht in Vergewaltigung, Inzest, Pornografie und selbstverletzendem Verhalten entfesselt wird.

Stellen Sie sich eine Welt vor, in der ein *biblisches* Patriarchat – die wohlwollende Leitung durch Väter mit dem Herzen eines Dieners – uns alle erleichtert aufatmen lässt, weil gute Väter uns vor den umherstreifenden Banden böser Menschen beschützen.

Stellen Sie sich eine Welt vor, in der die Frucht der Buße und die Praxis von Gastfreundschaft den Ruf von Christen bei jenen Menschen ausmachen, die noch nicht glauben, dass Jesus heute mit derselben Kraft rettet, die ihn aus dem Grab auferweckt hat.

Stellen Sie sich eine Welt vor, in der Menschen die Finsternis im Gebet vertreiben.

Stellen Sie sich eine Welt vor, in der Sie die Namen Ihrer Nachbarn kennen. In der Sie mit ihnen Karten spielen und zusammen essen, während Sie für die Kinder in der Nachbarschaft beten und helfen, bevor Sie gefragt werden.

Stellen Sie sich eine Welt vor, in der niemand in erdrückender Einsamkeit verkümmert. Eine Welt, in der keine missbrauchte Frau, kein missbrauchter Mann und kein missbrauchtes Kind mehr alleine leidet. Eine Welt, in der Leute mit ihren wirklichen und bedrängenden Problemen zu Christen kommen, die den Ruf haben, Helfer zu sein. Eine Welt, in der Opfer nicht abgetan, verloren oder vergessen sind.

Stellen Sie sich eine Welt vor, in der Menschen Gott mehr fürchten als andere Menschen und Gott mehr dienen als ihrer eigenen Bequemlichkeit.

Stellen Sie sich eine Welt vor, in der wir die lebensverändernde Kraft des Evangeliums beobachten können.

Das ist die Welt, die die Bibel sich für uns vorstellt. Das ist die Welt, von der Jesu betet, dass wir sie in seinem Namen gestalten sollen. Nicht weil irgendetwas davon – den Zehnten geben, verbindliche Gemeindemitgliedschaft, Gastfreundschaft, sich für Opfer einsetzen – der Himmel auf Erden ist. Das ist es nicht. Vielmehr tun wir diese Dinge, um uns gemeinsam auf das vorbereiten zu können, was als Nächstes kommt – auf die Wiederkunft Christi, auf unser Erbe im neuen Himmel und auf der neuen Erde. Wir tun es, um unsere Nachbarn vor dem kommenden realen Gericht zu warnen. Wir tun es, um unseren Gott und König zu ehren.

Das sind die fundamentalen Grundlagen, oder? Es beginnt mit Ihnen und mir und unserer offenen Tür, unserem Esstisch und unserem Haustürschlüssel, der bereitliegt, um weitergegeben zu werden. Das ist nicht kompliziert. Radikal einfaches, tägliches Christsein ist keine Doktorarbeit in Christsein. Das Evangelium, das mit einem Haustürschlüssel kommt, ist das ABC des Christseins. Radikal einfache und tägliche Gastfreundschaft ist der grundlegende Baustein für einen lebendigen christlichen Lebensstil. Fangen Sie irgendwo damit an. Aber fangen Sie an.

DANKSAGUNGEN

Dem aber, der euch ohne Straucheln zu bewahren und vor seine Herrlichkeit tadellos mit Jubel hinzustellen vermag, dem alleinigen Gott, unserem Retter durch Jesus Christus, unseren Herrn, sei Herrlichkeit, Majestät, Gewalt und Macht vor aller Zeit und jetzt und in alle Ewigkeiten! Amen. (Jud 24-25)

Als Pastor segnet mein Mann Kent die Gemeinde jeden Sonntag mit einem Segenswort. Er hat in den 16 Jahren unserer Ehe auch andere Segensworte verwendet, aber Judas 24-25 ist mein Favorit. Diese Worte heben mich empor. Diese Worte setzen mich in Bewegung. Ich bin so dankbar, dass mein Herr Jesus Christus mich davor bewahrt zu straucheln. Ich bin so dankbar für Brüder und Schwestern, die mich beim Schreiben dieses Buches davor bewahrt haben zu straucheln oder mich im Fallen aufgefangen haben.

Ich bin Kent dankbar für seine Liebe, seine innere Stärke, seinen unerschütterlichen Glauben, sein Mitgefühl und sein Engagement für Gastfreundschaft. Gott hat uns beide radikal bekehrt. Wir hatten beide nichts, was einer Familiengeschichte christlichen Glaubens nahekam. Daher erinnern wir uns beide an den eigenartigen Widerspruch, einerseits frisch bekehrt und andererseits grauenhaft einsam zu sein. Kents Überzeugung, dass christliche Gastfreundschaft und ihre Gottes Reich bauende Vitalität wichtiger sind als persönliche Erfolge oder Besitz, ist unauslöschlich auf jeder Seite dieses Buches eingeprägt.

Die Ermutigung durch unsere Kinder gibt mir jeden Tag neue Kraft. Zuzusehen, wie Knox und Mary heranwachsen, ihren Glauben an Christus bekennen, in der Gemeinde und der Nachbarschaft dienen und Herausforderungen beim Lernen und im Leben entgegentreten, hat mich dazu inspiriert, ein besserer Diener Christi zu werden. Das tägliche Schreiben und Redigieren dieses Buches wurde immer wieder unterbrochen: von geretteten (oder entführten) Schildkröten, verlorenen und wiedergefundenen Hunden (unseren und denen von anderen, wobei wir es irgendwie immer schafften, am Ende mehr zu haben als am Anfang) und Amphibien und Reptilien, die auf rätselhafte Weise in verschiedenen Lebensphasen (einschließlich der unzertrennlichen, sich paarenden Kröten, die Teil eines Einmaleins-Spiels wurden, aber sagen Sie es nicht PETA) im Homeschooling-Raum (oder schlimmer, in meinem Schlafzimmer) auftauchten. Dass das Leben zugleich chaotisch und wunderbar ist, ist dank Euch beiden meine tägliche Realität.

Zuzuschauen, wie Michael, unser ältester Sohn, den wir im Alter von 17 Jahren adoptierten, sich in seinem Job auszeichnet, für seine Frau sorgt und sein Baby liebt und beschützt, ist eine große Freude. Ich bin so froh, dass Du in unserer Nähe wohnst. Und ich bin so froh, dass ich in diesem Jahr Großmutter wurde. Ich liebe Euch, Ihr Lieben, und ich danke Gott dafür, dass er mir erlaubt hat, Eure Mom zu sein.

An meine Freunde, von denen viele die schwierigen Begegnungen miterlebt haben, die hier im Buch festgehalten sind – ich danke Euch und liebe Euch: Bob und Donna Mutter, Hope und Will Roberts, Susanna Stevens und Ryan und Kristin Stults. Donna, dieses Buch wäre nicht geschrieben worden, wenn Du meine Kinder nicht so treu unterrichtet hättest. Hope, dass Du das treue Team betender Schwestern und Brüder organisiert hast – und Ihr, meine lieben und geschätzten betenden Schwestern und Brüder! – Ihr habt für so viele Menschen an den Himmelspforten gerüttelt, die ich bei meinen Vorträgen und Reisen treffen und kennenlernen durfte. Wenn Du ein Fünfcentstück für jede Mahlzeit, die Du mir gekocht hast, bekommen hättest, und für jede Saft-Lieferung, dann wärst Du jetzt eine reiche Frau. Susanna, Deine Bereitschaft, Entwürfe dieses Buches zu lesen und mir Feedback zu geben, mich auf meinen Vorträgen zu begleiten, trotz meiner vielen Macken meine Freundin zu sein und Essen vom Chipotle-Grill zu holen, wenn ich hin- und hergerissen bin zwischen Bücherschreiben und dem Kochen für Menschenmassen – all das hat mich bei mehr Gelegenheiten gerettet, als ich zählen kann. Kristin, ich bin so auf Deine mitanpackende Art, Deine Offenheit und Klarheit und Deinen aufrichtigen Wunsch, Christus ähnlicher zu werden, angewiesen. Es ist mir eine Ehre, mit Dir gemeinsam zu Hause zu unterrichten und den Alltag zu teilen. Kinder zu haben, die sich gegenseitig so lieben und unterstützen, wie wir das tun, ist so ermutigend! Ich danke Euch allen für die unzähligen Abende, die mit gemeinsamem Gebet enden.

An Freunde in der Ferne, die im Gebet aber so nah sind: Dr. David Noe, danke für Deine Freundschaft während all dieser Jahre und danke für Latinperdiem.com – die Lieblingslateindosis am Morgen jeder Homeschooling-Mutter. (Wenn Sie, liebe Leser, davon noch nicht gehört haben, dann steht Ihnen eine wunderbare Überraschung bevor.) An M. K., meinen lieben Sohn im Herrn, danke dafür, dass Du dieses Manuskript gelesen und mir dabei geholfen hast, bei meinem Schreibstil andere wichtiger als mich selbst zu nehmen. An Pastor Ken Smith, danke für Deinen treuen Dienst an mir, für Deine täglichen Gebete um Bewahrung für mich und Brauchbarkeit im Dienst für den Herrn sowie für Deinen fortwährenden guten Rat. Danke, dass Du mein Vater im Herrn bist. An Drew und Lynne Gordon, danke für die vielen fruchtbaren und herausfordernden Jahre des gemeinsamen geistlichen Dienstes, in denen wir so an die Frontlinien eines entscheidenden öffentlichen Dialogs über Glauben an das Evangelium und biblische Sexualität geschoben wurden. Danke, dass Ihr es als Erste riskiert habt, meine Texte zu veröffentlichen.

Meiner Gemeindefamilie in der *First Reformed Presbyterian Church of Durham* danke ich dafür, dass sie Gastfreundschaft so liebt, wie Gott es tut.

Christopher Yuan, ich danke Dir für Deine täglichen Gebete und Deine dringend nötigen (und oftmals täglichen) guten und gottesfürchtigen Ratschläge. Ich danke Dir für Dein großzügiges und fröhliches Leben im Glauben an Christus und im Dienste Gottes und dafür, dass Du mein schlagfertiger Bruder im Herrn bist. Unser Zeugnis lässt mich wissen, dass ich in dieser Welt nicht allein bin.

Sam Allberry, ich danke Dir dafür, dass Du mit mir glaubst, dass das Blut Christi dicker ist als das biologische Blut.

All den Profis, die sich von Anfang bis Ende um mich und dieses Buch gekümmert haben: Robert Wolgemuth und Austin Wilson, Ihr seid treue und unerschrockene Agenten und habt Euch gekonnt um alle Einzelheiten gekümmert, die eine gewandte Feder ausmachen. Justin Taylor, Du bist mir ein unbestechlicher und treuer Lektor gewesen, der von Anfang bis Ende auf mich und dieses Buch geachtet hat. Danke. Lydia Brownback, ich danke Gott für Deine vorausschauende Vision davon, wie dieses Buch genutzt werden könnte, um Gott und seinem Volk zu dienen. Ich danke Dir für die weisen und starken Bücher, die Du geschrieben hast. Und ich danke Dir dafür, dass Du mir dabei geholfen hast, tief einzutauchen in die Kunst und die Schönheit des Schreibens, ein Handwerk, das wir beide so lieben. Es war wunderbar, mit Dir – ebenfalls einem Morgenmenschen – in den dunklen, frühen Morgenstunden zu arbeiten und zu wissen, dass eine um 4:30 Uhr geschriebene E-Mail an eine Mitschwester geht, die gerade ebenfalls Kaffee trinkt und Bibel liest.

Meinen Nachbarn danke ich dafür, dass sie rücksichtsvoll und liebevoll, witzig und präsent sind. Ich danke Euch dafür, dass Ihr diese vielen Jahre schon mit mir unterwegs seid (gewöhnlich mit unseren Hunden und Kindern im Schlepptau), während wir gemeinsam versuchen, Gemeinschaft zu gestalten. Ich habe Eure Namen verändert (es sei denn, Ihr habt mir die Erlaubnis erteilt, die echten zu benutzen!) und viele unserer Anekdoten gestrafft (denn tägliche Gastfreundschaft bedeutet, dass ich mehr Anekdoten als Seiten hatte!). Bitte verzeiht mir, falls ich etwas ausgelassen habe, was ihr gerne hier gesehen hättet. Ihr seid geliebt und geschätzt. Gemeinsam mit Euch durchs Leben zu gehen ist die reinste Freude.

Schließlich bin ich meinem Herrn dankbar: für die fremde Gerechtigkeit, die mir zugerechnet wird, für seine belebende Kraft, die schafft und erneuert, die vergibt und versöhnt, wiederherstellt und die uns in seinem Namen in die Welt sendet; und für die Bibel, meine Ontologie (Seins-Lehre), meine Richtschnur im Glauben und im Leben, mein Herzblut. Nur Gottes Liebe ist grenzenlos. In Christus und für Christus zu leben erfordert keinen Rückzug aus der Welt und kein mentales Doppelleben. Menschen, Ideen, Geschichten oder Identitäten werden nicht zum Sündenbock gemacht oder manipuliert. In Christus und für Christus zu leben ist ganzheitlich, schlüssig, hoffnungsvoll und stimmig, und es reicht bis in die Ewigkeit. Wenn das, was ich hier schreibe, ganz neu für Sie ist, dann fassen Sie bitte meine Hand und lassen Sie sich von der Hand des Retters zu Versöhnung und Frieden mit ihm in Ewigkeit einladen. Es ist real. Es ist wahr. Nichts ist wichtiger als das.

LESEEMPFEHLUNGEN

Allberry, Sam. *Why Bother with Church?: And Other Questions about Why You Need It and Why It Needs You.* Surrey, UK: Good Book Company, 2016.

Bauman, Stephan, Matthew Soerens, & Issam Smeir. *Seeking Refuge: On the Shores of the Global Refugee Crisis.* Chicago: Moody, 2016.

Bence, Evelyn. *Room at My Table: Preparing Heart and Home for Christian Hospitality.* Nashville, TN: Upper Room Books, 2014.

Blomberg, Craig L. *Contagious Holiness: Jesus' Meals with Sinners. New Studies in Biblical Theology.* Downers Grove, IL: InterVarsity Press, 2005.

Calvin, Johannes. *Vom Leben eines Christen,* übers. P. G. Bartels Neudr., Sain-Quentin, FR: Communio Sanctorum, 2018.

Chester, Tim. *A Meal with Jesus: Discovering Grace, Community, and Mission around the Table.* Wheaton, IL: Crossway, 2011.

Clark, Marion, ed. *The Problem of Good: When the World Seems Fine without God.* Phillipsburg, NJ: P&R, 2014.

Clarkson, Sally und Sarah Clarkson. *The Life-Giving Home: Creating a Place of Belonging and Becoming.* Carol Stream, IL: Tyndale, 2016.

Clements, Brandon, and Dustin Willis. *The Simplest Way to Change the World: Biblical Hospitality as a Way of Life.* Chicago: Moody, 2016.

Douglas, Mary. *Implicit Meanings: Selected Essays in Anthropology.* 2nd ed. London: Routledge Press, 1999.

Douglas, Mary. *Reinheit und Gefährdung: Eine Studie zu Vorstellungen von Verunreinigung und Tabu.* Berlin: Dietrich Reimer Verlag, 1985.

Ehman, Karen. *A Life That Says Welcome: Simple Ways to Open Your Heart and Home to Others.* Grand Rapids, MI: Revell, 2006.

Ennis, Pat und Lisa Tatlock. *Practicing Hospitality: The Joy of Serving Others.* Wheaton, IL: Crossway, 2007.

France, David. *How to Survive a Plague: The Inside Story of How Citizens and Science Tamed AIDS.* New York: Alfred Knopf, 2016.

Furman, Gloria. *Missional Motherhood: The Everyday Ministry of Motherhood in the Grand Plan of God.* Wheaton, IL: Crossway, 2016.

Hellerman, Joseph H. *When the Church Was a Family: Recapturing Jesus' Vision for Authentic Christian Community.* Nashville, TN: B&H, 2009.

Mains, Karen. *Open Heart, Open Home: The Hospitable Way to Make Others Feel Welcome and Wanted.* Downers Grove, IL: InterVarsity Press, 1976.

Moore, Russell. *Onward: Engaging the Culture without Losing the Gospel.* Nashville, TN: B&H, 2015.

Nichols, Stephen J. *A Time for Confidence: Trusting God in a Post-Christian Society.* Orlando, FL: Reformation Trust, 2016.

Niequist, Shauna. *Brot und Wein: Eine Einladung, das Leben zu feiern und Gemeinschaft zu genießen.* Aßlar: Gerth Medien, 2015.

Nouwen, Henri J. M. *Die dreifache Spur: Orientierung für ein spirituelles Leben.* Freiburg: Herder, 2012.

Oden, Amy G. *God's Welcome: Hospitality for a Gospel-Hungry World.* Cleveland, OH: Pilgrim Press, 2008.

Palmer, Parker J. *The Company of Strangers: Christians and the Renewal of America's Public Life.* New York: Crossroad, 1981.

Pathak, Jay und Dave Runyon. *The Art of Neighboring: Building Genuine Relationships Right Outside Your Door.* Grand Rapids, MI: Baker, 2012.

Pohl, Christine *D. Living into Community: Cultivating Practices That Sustain Us.* Grand Rapids, MI: Eerdmans, 2012.

Pohl, Christine D. *Making Room: Recovering Hospitality as a Christian Tradition.* Grand Rapids, MI: Eerdmans, 1999.

Schaeffer, Edith. *L'Abri: Die Geschichte und die Ursprünge von L'Abri.* Holzgerlingen: Hänssler-Verlag, 1999.

Sicks, Christopher. *Tangible: Making God Known through Deeds of Mercy and Words of Truth.* Colorado Springs, CO: NavPress, 2013.

Strauch, Alexander. *Platz ist in der kleinsten Hütte: Vom Segen der Gastfreundschaft.* Dillenburg: Christliche Verlagsgesellschaft, 2015.

Sutherland, Arthur. *I Was a Stranger: A Christian Theology of Hospitality.* Nashville, TN: Abingdon Press, 2006.

Ten Boom, Corrie. *Die Zuflucht: Corrie ten Boom erzählt aus ihrem Leben 1892–1945,* übers. Dr. Hansjürgen Wille und Barbara Klau, Holzgerlingen: SCM Hänssler, 2015.

Vos, Johannes G. *The Westminster Larger Catechism: A Commentary.* Hrsg. G. I. Williamson. Phillipsburg, NJ: P&R, 2002.

Wilbourne, Rankin. *Einheit mit Christus: Gott erkennen und sich an ihm erfreuen,* übers. Wilhelm Schneider, Waldems-Esch: 3L Verlag, 2020.

Wilken, Robert Louis. *Die frühen Christen: Wie die Römer sie sahen,* übers. Gregor Kirstein, Graz, Wien & Köln: Styria, 1986.

Williamson, G. I., Hrsg. *The Westminster Confession of Faith for Study Classes.* Phillipsburg, NJ: P&R, 2004.

Willis, Dustin. *Life in Community: Joining Together to Display the Gospel.* Chicago: Moody, 2015.

Wilson-Hartgrove, Jonathan. Strangers at My Door: A True Story of Finding Jesus in Unexpected Guests. Minneapolis, MN: Convergent, 2013.

Wolgemuth, Robert. *Like the Shepherd: Leading Your Marriage with Love and Grace.* Washington, DC: Regnery Faith, 2017.

BIBELSTELLENVERZEICHNIS

ANMERKUNGEN

Kapitel 1: Unbezahlbar

1 Die Namen vieler Freunde, die auf diesen Seiten erscheinen, wurden verändert, um ihre Privatsphäre zu schützen.

Kapitel 2: Das Jesus-Paradox

2 Susan Hunt hat in ihrem Buch *Women's Devotional Bible* (Wheaton, IL: Crossway, 2014) eine schöne Andacht dazu geschrieben: *From Empty to Full*, 1269.

3 Ebd.

4 *Habitus* ist eines meiner Lieblingskonzepte. Ich verwende hier die Definition von Pierre Bourdieu, *Die feinen Unterschiede. Kritik der gesellschaftlichen Urteilskraft* (Frankfurt a. M.: Suhrkamp, 1982).

5 Douglas, Mary: *Das Entziffern einer Mahlzeit* (1972). In: Kashiwagi-Wetzel, Kikuko & Meyer, Anne-Rose (Hgg.): *Theorien des Essens*. 2017, Berlin: Suhrkamp. S. 91-122.

6 Mary Douglas, *Implicit Meanings: Selected Essays in Anthropology*, 2. Auflg. (London: Routledge University Press, 1999), 231-252.

7 Alain Badiou, Pierre Bourdieu, et al., *Was ist ein Volk?*, übers. Richard Steurer-Boulard (Hamburg: LAIKAtheorie, 2017).

8 Übersetzt nach: Russell Moore, *Onward: Engaging the Culture without Losing the Gospel* (Nashville, TN: B&H, 2015), 227.

Kapitel 3: Unsere nachchristliche Welt

[9] *The Promise Keepers' Message Is a Threat to Democracy*, 15. April 1997. Siehe auch Anne M. Stiles, *Prof. Decries Promise Keepers: Syracuse Professor Speaks at the Barker Center about Her Upcoming Book, The Harvard Crimson*, 24 Oktober 1997.

[10] Theo Hobson, *Reinventing Liberal Christianity* (Grand Rapids, MI: Eerdmans, 2013).

[11] Übersetzt nach: Tim Challies, *Marks of a Moral Revolution*, Challies.com, Zugriff am 8. Mai 2017, https://www.challies.com/final-call/final-call-january-17/.

[12] Für eine Einführung in die Geschichte der sexuellen Orientierung siehe Rosaria Champagne Butterfield, *Openness Unhindered: Further Thoughts of an Unlikely Convert on Sexuality and Union with Christ* (Pittsburgh, PA: Crown & Covenant, 2015), S. 93–112.

[13] Übersetzt nach: John Calvin, *365 Days with John Calvin: A Collection of Daily Readings from the Writings of John Calvin*, Hrg. Joel Beeke (Grand Rapids, MI: Reformation Heritage, 2008), Eintrag zum 9. Mai.

[14] Übersetzt nach: David Gushee, *Christians, Conflict, and Change, Religion News Service*, Zugriff am 9 Mai 2017, https://religionnews.com/columns/david-gushee/.

[15] Für eine verständliche Einführung in die Lehre von der Einheit mit Christus siehe Rankin Wilbourne, *Einheit mit Christus: Gott erkennen und sich an ihm erfreuen*, übers. Wilhelm Schneider, (Waldems-Esch: 3L Verlag, 2020). Für ein konkretes Verständnis der drei verschiedenen Formen von Einheit mit Christus, siehe Joel R. Beeke und Mark Jones, *Systematische Theologie der Puritaner* (Waldems-Esch: 3L Verlag, 2019), S. 631ff. Theologen verwenden auch andere Begriffe, um diese dreifache Einheit zu beschreiben: (1) *predestinarian* (vorherbestimmt); (2) *redemptive-historical* (heilsgeschichtlich); und (3) *existential* (existenziell). Die Worte mögen sich unterscheiden, aber die Vorstellungen sind dieselben.

[16] Gloria Furman, *Missional Motherhood: The Everyday Ministry of Motherhood in the Grand Plan of God* (Wheaton, IL: Crossway, 2016).

Kapitel 4: Gott irrt sich nie in der Adresse

[17] Übersetzt nach: Wesley Hill, *If the Church Were a Haven, First Things*, Institute of Religion and Public Life, 27. Juni 2016, Zugriff am 1. August 2017, https://www.firstthings.com/web-exclusives/2016/06/if-the-church-were-a-haven.

[18] Übersetzt nach: Dictionary.com, s.v. *symposium*, Zugriff am 11. April 2017, http://www.dictionary.com/browse/symposium?s=t.

[19] Übersetzt nach: Tim Chester, *A Meal with Jesus: Discovering Grace, Community, and Mission around the Table* (Wheaton, IL: Crossway, 2011), S. 38-39.

[20] Übersetzt nach: *KJV Study Bible*, Hrsg. Joel Beeke (Grand Rapids, MI: Reformation Heritage, 2014), Anmerkung zu Lukas 7,50.

[21] Übersetzt nach: Johannes Geerhardus Vos, *The Westminster Larger Catechism: A Commentary*, Hrsg. G. I. Williamson (Phillipsburg, NJ: P&R, 2002), 53. Frage 21: „Blieben die Menschen in dem Zustand des Gutseins, in dem Gott uns anfangs erschuf?“ Antwort: „Unsere ersten Eltern, da sie ihrer eigenen Willensfreiheit überlassen waren, übertraten durch die Versuchung Satans das Gebot Gottes, indem sie die verbotene Frucht aßen; und dadurch fielen sie aus dem Stand der Unschuld, in dem sie geschaffen worden waren.“

Kapitel 5: Das Evangelium kommt mit einem Haustürschlüssel

[22] Das beste Buch, um sich über die AIDS-Krise zu informieren und darüber zu lesen, wie sie die LGBTQ-Gemeinschaft zusammengebracht hat, ist David France, *How to Survive a Plague: The Inside Story of How Citizens and Science Tamed AIDS* (New York: Alfred Knopf, 2016). A. d. Ü.: Das Buch ist zwar nur auf Englisch

erschienen, der Dokumentationsfilm dazu ist aber auch auf Deutsch erhältlich.

23 Das Westminster Bekenntnis von 1647 mit den Texten biblischer Belegstellen in: Thomas Schirrmacher (Hg.), *Der evangelische Glaube kompakt*, Kap. 7

24 Das beste Buch, in dem Männer die Rolle des Ehemanns als Hirte lernen und verstehen können, ist Robert Wolgemuth, *Like the Shepherd: Leading Your Marriage with Love and Grace* (Washington, DC: Regency Faith, 2017).

25 Christopher Yuan und Angela Yuan, *Ein Sohn auf dem Weg zum Abgrund. Eine Mutter, die betet*, übers. Michelle Träger, (Dillenburg: Christliche Verlagsgesellschaft, 2014). A. d. V.: Christopher Yuan ist auch Autor des Buches *Heilige Sexualität*, das 2020 in der Christlichen Verlagsgesellschaft Dillenburg erschienen ist.

26 Dietrich Bonhoeffer, *Gemeinsames Leben* (München: Chr. Kaiser Verlag, 1988), 23. Aufl., S. 94.

27 http://safe-families.org/. A. d. Ü.: Diese Organisation vermittelt in den USA landesweit Kinder kurzfristig auf Zeit in Pflegefamilien. Die Besonderheit dabei ist, dass Eltern ihre Kinder aufgrund einer akuten Notlage freiwillig in eine Pflegefamilie geben, nie das Sorgerecht verlieren und die Kinder zurückholen, sobald sich ihre Lage verbessert hat.

28 Übersetzt nach: Viet Thanh Nguyen, „Points of No Return: book Review of *Exit West*, by Mohsin Hamid", *New York Times* Buchrezension (12. März 2017), 1.

29 Übersetzt nach: Marit Newton, *Mass Migration, 2016 Personal Prayer Diary* (Seattle: YWAM, 2016), 20-21. Siehe auch Thomas Albinson, *A Christian Response to the Humanitarian Crisis in the Mediterranean, Christian Post* (26. April 2015), Zugriff am 13. Juli 2017, http://www.christianpost.com/news/a-christian-response-to-the-humanitarian-crisis-in-the-mediterranean-138151/.

30 Eine hervorragende Quelle zur weltweiten Flüchtlingskrise ist Stephan Bauman, Mathew Soerens und Issam Smeir, *Seeking*

Refuge: On the Shores oft he Global Refugee Crisis (Chicago: Moody, 2016).

Kapitel 6: Judas in der Gemeinde

31 *Restoring the Soul of a Church: Healing Congregations Wounded by Clergy Sexual Misconduct*, Hrsg. Nancy Myer Hopkins und Mark Laaser (Collegeville, MN: Liturgical Press, 1995).

32 F. W. Krummacher, *Der leidende Christus: Ein Passionsbuch* (1854, Neukirchen-Moers: Buchhandlung des Erziehungsvereins), S. 135.

33 Übersetzt nach: Matthew Henry, *Complete Commentary*, Zugriff am 2. August 2017, http://www.biblestudytools.com/commentaries/matthew-henry-complete/matthew/26.html. [Anmerkung: Als Printausgabe in deutscher Übersetzung erhältlich: *Der Neue Matthew Henry Kommentar: Matthäus-Johannes* (Waldems-Esch: 3L Verlag, 2013)]

34 Alfred Edersheim schreibt: „Die aufgewendete Summe war sehr groß, wenn man bedenkt, dass 200 Denare (circa sechs Pfund) fast ausreichten, um 5000 Männer und ihre Familien mit Brot zu versorgen, und dass der gewöhnliche Lohn eines Arbeiters nur einen Denar am Tag betrug.", übersetzt nach: *The Life and Times of Jesus the Messiah* (Peabody, MA: Hendrickson, 1993), 721.

35 Übersetzt nach: ebd.

36 Übersetzt nach: ebd., 722.

37 Krummacher, *Der leidende Christus*, S. 135-36.

38 Ebd., S. 137.

39 Ebd., S. 138.

40 Ebd., S. 140.

41 Ebd., S. 143.

Kapitel 7: Die Geister loswerden

[42] https://www.bobsflakes.com/.

[43] Genfer Psalter, Psalm 23, https://psalmboek.nl/zingen.php?psID=23&psvID=1#psvs, Zugriff am 4. März 2021.

[44] Ebd.

[45] Ebd.

Kapitel 8: Der Alltagstrott

[46] Weitere Informationen finden Sie unter https://songsforsaplings.com/.

[47] Jen Wilkin, *Women of the Word: How to Study the Bible with Both Our Hearts and Our Minds* (Wheaton, IL: Crossway, 2014).

[48] Rosaria Champagne Butterfield, *The Secret Thoughts of an Unlikely Convert: An English Professor's Journey into Christian Faith* (Pittsburgh, PA: Crown & Covenant, 2012).

Kapitel 9: Selig sind die Barmherzigen

[49] Crown & Covenant, *Refuge: Selections from the Book of Psalms for Worship* (Syracuse, NY: Syracuse RPC, o. D.).

[50] Übersetzt nach: David France, *How to Survive a Plague: The Inside Story of How Citizens and Science Tamed AIDS* (New York: Alfred Knopf, 2016), S. 48.

Kapitel 10: Den Emmausweg gehen

[51] Übersetzt nach: Matthew Henry, *Matthew Henry's Concise Commentary on the Whole Bible* (Nashville, TN: Thomas Nelson, 1997), S. 976–77 [Auf Deutsch erschienen unter folgendem Titel: *Der Neue Matthew Henry Kommentar: Gesamtausgabe* (Waldems-Esch: 3L-Verlag, 2019)].

[52] Übersetzt nach: ebd., S. 976.

Christopher Yuan
Heilige Sexualität
Lust, Sex und Beziehungen im Licht des Evangeliums gestalten
Pb., 13,5 x 20,5 cm, 288 S.
Best-Nr. 271 689
ISBN 978-3-86353-689-3

Christopher Yuan hat etwas Tiefgreifendes und dringend Notwendiges getan: Er erklärt den Plan Gottes und was die Bibel über Sexualität sagt – und über gleichgeschlechtliche Empfindungen – und zwar in einer Art und Weise, die weder die Wahrheit verschweigt noch die Liebe, die das Herzstück dieser Geschichte Gottes mit den Menschen ist.

„Heilige Sexualität" ist ein Buch, das von jedem ernsthaften Christen gelesen werden sollte. Yuan schafft eine erstaunliche Balance zwischen biblischer Erkenntnis und praktischer Anwendung. Er zeigt, wie man in der heutigen Zeit als Christ heikle Themen wie Beziehungen und Sexualität umsichtig ansprechen kann. Und dennoch hält er konsequent am Evangelium fest.

Sam Allberry
Ist Gott homophob?
Und andere Fragen über Homosexualität, die Bibel und gleichgeschlechtliche Anziehung
Tb., 11 x 18 cm, 144 S.
Best.-Nr. 271 765
ISBN 978-3-86353-765-4

Es ist *das* brisante Thema unserer Zeit. Christen, die Kirche und die Bibel scheinen mit der modernen Haltung zur Homosexualität nicht im Einklang zu stehen. Und es gibt eine wachsende Feindseligkeit gegenüber denen, die die moderne Sicht nicht teilen. Ist Gott etwa homophob?

David Gooding, John Lennox
Was sollen wir tun?
Was ist das beste Konzept für Ethik?
Gb., 15,1 x 22,8 cm, 464 S.
Best.-Nr. 271 727
ISBN 978-3-86353-727-2

Was sollen wir tun? Wir sind nicht die erste Generation, die mit der ethischen Frage ringt. Deshalb präsentieren Gooding und Lennox im 3. Band der Reihe die Suche nach Wirklichkeit und Bedeutung die wichtigsten ethischen Theorien. Diese Konzepte erheben alle den Anspruch, allgemeingültige Grundprinzipien zu vertreten. Die Autoren vergleichen die Vorteile und Schwächen, prüfen die Grundlagen und obersten Ziele jedes Systems und seine konkreten Regeln für den Alltag. Dabei wird deutlich, dass selbst die besten Theorien unmöglich konsequent befolgt werden können. Die christliche Ethik unterscheidet sich hier an einem ganz entscheidenden Punkt. Für Oberstufe und Studium geeignet.

Stephen McQuoid
Die Gute Nachricht GUT weitergeben
Evangelisation.heute
Pb., 13,5 x 20,5 cm, 240 S.
Best.-Nr. 271 731
ISBN 978-3-86353-731-9

Die größte Herausforderung für christliche Gemeinden heute ist die Verbreitung des Evangeliums. Aber wie erreicht man heute Menschen mit der Guten Nachricht von Jesus Christus? Stephen McQuoid macht deutlich, dass vor allem zwei Dinge dafür wichtig sind: Wir müssen neu verstehen lernen, wie Menschen heute denken und empfinden, d. h. wir müssen den Kontext erkunden, in dem Menschen heute leben. Und dann müssen wir Wege zu den Menschen finden, d. h. wir müssen konkrete Möglichkeiten der Begegnung und Gemeinschaft entdecken.

Das Buch ist voll von praktischen Vorschlägen, wie wir heute das Beste aus unseren Möglichkeiten machen können und welche Strategien eine Ortsgemeinde für Evangelisation entwickeln kann. Dabei geht der Autor schwierigen Fragen nicht aus dem Weg und schlägt konkrete Hilfen fürs Gespräch vor.

Norman L. Geisler, Patrick Zukeran
Wie kann ich meinen Glauben verteidigen?
Von Jesus Apologetik lernen
Pb., 13,5 x 20,5 cm, 240 S.
Best.-Nr. 271 680
ISBN 978-3-86353-680-0

Jesus war der ultimative Verteidiger der Wahrheit und des Glaubens. Lernen Sie direkt von ihm, wie sie ihre Überzeugungen wirksam verteidigen können. Es gibt viele Bücher zum Thema Apologetik, aber wie hat Jesus selbst den Glauben verteidigt? Dieses Buch zeigt, wie unser Erlöser Menschen überzeugte. Zaghafte Christen – oder streitlustige Skeptiker – können in den Gleichnissen, Predigten und Prophezeiungen Jesu entscheidende Argumente für seine Göttlichkeit finden. Die Autoren bieten überzeugende Hilfen, wie Christus Neugierige in die Entscheidung stellte. Durch einen neuen Blick auf die Botschaft und die Wunder der Bibel wird Christi fürsorgliche Herangehensweise im Umgang mit Zweiflern neu lebendig. Ein Buch, das vielen helfen wird, überzeugend von Jesus zu reden.